MODERN HUMANITIES RESEARCH ASSOCIATION

CRITICAL TEXTS

VOLUME 4

Editor
RITCHIE ROBERTSON
(*Germanic*)

MACHT DES WEIBES:
ZWEI HISTORISCHE TRAGÖDIEN VON
MARIE VON EBNER-ESCHENBACH

MHRA Critical Texts

This series aims to provide affordable critical editions of lesser-known literary texts that are not in print or are difficult to obtain. The texts will be taken from the following languages: English, French, German, Italian, Portuguese, Russian, and Spanish. Titles will be selected by members of the distinguished Editorial Board and edited by leading academics. The aim is to produce scholarly editions rather than teaching texts, but the potential for crossover to undergraduate reading lists is recognized. The books will appeal both to academic libraries and individual scholars.

Malcolm Cook
Chairman, Editorial Board

Editorial Board

Current titles

1. *Odilon Redon: 'Écrits'* (edited by Claire Moran, 2005)

2. *Les Paraboles Maistre Alain en Françoys* (edited by Tony Hunt, 2005)

3. *Letzte Chancen: Vier Einakter von Marie von Ebner-Eschenbach* (edited by Susanne Kord, 2005)

4. *Macht des Weibes: Zwei historische Tragödien von Marie von Ebner-Eschenbach* (edited by Susanne Kord, 2005)

For details of how to order please visit our website at www.criticaltexts.mhra.org.uk

MACHT DES WEIBES:
ZWEI HISTORISCHE TRAGÖDIEN VON
MARIE VON EBNER-ESCHENBACH

Herausgegeben und eingeleitet von

Susanne Kord

MODERN HUMANITIES RESEARCH ASSOCIATION
2005

Published by

The Modern Humanities Research Association,
1 Carlton House Terrace
London SW1Y 5DB

First published 2005

ISBN 0 947623 69 8

ISSN 1746-1642

Copies may be ordered from www.criticaltexts.mhra.org.uk

INHALT

EINLEITUNG

Kraft erwart ich vom Mann, des Gesetzes Würde behaupt er,
Aber durch Anmut allein herrschet und herrsche das Weib.
Manche zwar haben geherrscht durch des Geistes Macht und der Taten,
Aber dann haben sie dich, höchste der Kronen, entbehrt.
Wahre Königin ist nur des Weibes weibliche Schönheit,
Wo sie sich zeige, sie herrscht, herrschet bloß weil sie sich zeigt.

Friedrich Schiller, „Macht des Weibes"

Schillers Gedicht, entstanden 1797, ist Teil einer weitverbreiteten Debatte um die Definition weiblicher „Natur", die gegen Ende des 18. Jahrhunderts einsetzt und das ganze 19. Jahrhundert hindurch andauert. Ungefähr gleichzeitig mit seinem Gedicht erschien eine Flut von Schriften, die die Frau als Hausfrau und Mutter von Natur aus definierten und sie von allen anderen Berufen oder Berufungen ausschlossen.[1] Eigenschaften, die bis dahin als erstrebenswert für Frauen, aber nicht als inhärent weiblich gesehen wurden — wie Schönheit, Passivität, Zärtlichkeit, Entsagung, Ergebenheit — wurden nun als die „natürliche Bestimmung" der Frau bzw. als ihr „Geschlechtscharakter" gedeutet.[2] Im nachrevolutionären Zeitalter, in dem sich nach der Einforderung der „Rechte des Mannes und Bürgers"[3] die Frage nach den Rechten der Frau geradezu

---

[1] Die wichtigsten Texte zum Thema stammen von Fichte, Kant („Metaphysik" und „Anthropologie"), Schiller („Über Anmut und Würde"), Humboldt („Vergleichende Anthropologie", „Über den Geschlechtsunterschied" und „Über männliche und weibliche Form"), und Hegel; vgl. Cocalis für eine Darstellung dieser Texte und ihrer Bedeutung für die zeitgenössische Geschlechterdebatte. Eine Auswahl von philosophischen und pädagogischen Schriften über die Natur der Frau findet sich bei Sigrid Lange.

[2] Der Terminus „Geschlechtscharakter" ist Karin Hausens immer noch richtungweisendem Aufsatz entnommen; weitere wichtige Thesen zur Etablierung eines verbindlichen „Geschlechtscharakters" finden sich u. a. bei Bovenschen, Duden, Hoffmann, und Wartmann. Die gemeinsame Basis aller dieser Werke ist die Feststellung, daß die „natürliche Bestimmung" der Frau zur Haus- und Ehefrau gegen Ende des 18. Jahrhunderts erfunden wurde.

[3] Am 26. August 1789 hatte die Nationalversammlung in Frankreich die *Déclaration des droits de l'homme et du citoyen* verabschiedet. Das französische „l'homme" kann durch „Mann" oder „Mensch" übersetzt werden, so daß es sich hier zumindest grammatikalisch um „Menschen- und BürgerInnenrechte" handeln könnte. Daß das nicht so gemeint war, belegt u. a. die Hinrichtung der Olympe de Gouges kurz nach der Anfertigung ihrer ergänzenden Frauenrechtserklärung, der

aufdrängte, bot diese Inhärenz eine neue ideologische Basis für den Ausschluß der Frau aus dem öffentlichen Leben.

Zwei Charakteristika unterscheiden die Debatte um die Natur der Frau am Ende des 18. Jahrhunderts von allen früheren, einschließlich der bekannten „Querelles des femmes" und der Diskussion um die Bildung der Frau während der Frühaufklärung. Erstens erscheint in dieser neuen Debatte jede intellektuelle oder öffentliche Tätigkeit als der weiblichen „Natur" direkt entgegengesetzt. Und zweitens wird die notwendige Unterdrückung der Frau durch den Mann, die noch ein zentraler Bestandteil von Kants Eheauffassung war,[4] durch die Vorstellung der *freiwilligen* Unterwerfung der Frau, wie sie z.B. Fichte in seinem „Grundriß des Familienrechts" beschreibt, abgelöst. Die Verlegung der weiblichen Unterdrückung von außen nach innen ermöglichte die unveränderte Übernahme der alten Machtverhältnisse bei gleichzeitiger — zumindest theoretischer — Behauptung der „Gleichheit" der Geschlechter. Es ist der Beginn der Idee, die später auf den Nenner *separate but equal* gebracht wird.

In der literarischen und philosophischen Debatte um die Natur der Frau nimmt Friedrich Schiller eine imposante Position ein. Seine theoretischen Schriften sowie seine didaktischen Gedichte „Die Würde der Frauen" (1796), „Macht des Weibes" (1797) und „Das Lied von der Glocke" (1799) etablierten ihn als einen der einflußreichsten Vertreter der neuen, restriktiven Vorstellung weiblicher Natur. Forscher des 20. Jahrhunderts haben versucht, dieses Bild zu mildern, indem sie Schillers Gedichte mit seinen Dramen verglichen und daraus schlossen, er sei „als Prosaist und Lyriker Paternalist, als Dramatiker hingegen Feminist" gewesen.[5] Im Gegensatz zu der „züchtigen Hausfrau", die in seinen Gedichten waltet, vertreten — so wird häufig behauptet — seine dramatischen Heldinnen ein „fortschrittliches Frauenbild".[6] Von diesen Frauenbildern wurden Maria Stuart und ihre Gegenspielerin

Déclaration des droits de la femme et de la citoyenne (1793; siehe Kord, „The Right to Mount the Scaffold").

[4] Siehe seine „Metaphysik der Sitten" und „Anthropologie in pragmatischer Hinsicht".

[5] So z. B. bei Fuhrmann, S. 357.

[6] S. u. a. Mansouri, S. 519.

Elisabeth in Schillers Drama *Maria Stuart* (1800), das uns hier als Vorbild für Ebners historische Tragödien kurz beschäftigen wird, bei weitem am häufigsten untersucht.[7] Ein Großteil dieser Forschung betont die Rolle von Schillers Königinnen als Kontrastfiguren, eine Konstellation, in der Maria als Inbegriff weiblicher Schönheit und Sinnlichkeit, kurz als „vollkommene [...] Weiblichkeit" erscheint, Elisabeth dagegen als „Zerrbild des Weiblichen, als ein die natürliche Disposition ihres Geschlechts pervertierendes Wesen... ein unweibliches Weib: Politikerin".[8] Marias „vollkommene Weiblichkeit" wird meist sowohl in ihrer anfänglichen Rolle als unwiderstehliche Verführerin gesehen als auch in ihrer schließlichen Ergebung in ihr Schicksal, die in ihre Apotheose als Schillers „schöne Seele" mündet;[9] ihre politische Rolle hat sie schon zu Beginn des Dramas abgelegt. Elisabeth dagegen wird sowohl als Frau verurteilt (durch ihre Weigerung, zu heiraten und dadurch ihre politische Macht aufzugeben) als auch als Königin disqualifiziert (durch ihre Heuchelei, ihre „weibliche" Eitelkeit und Eifersucht auf die jüngere, schönere Maria, und ihren Mord an Maria aus persönlichen Motiven). Was hier letztendlich dargestellt wird, ist, in Sagmos Formulierung, die Unfähigkeit beider Frauen, „die Synthese aus der [...] liebenden Hingabe an den Mann und der ‚männlichen' Aufgabe des Herrschens [zu erreichen]. [...] Nach patriarchalischen Normen — und also auch in der Vorstellungswelt Schillers — schließen sich die Rollen der Frau und der Regentin gegenseitig aus."[10]

Sagmos Interpretation deutet auf eine allgemeingültige und kategorische Aussage zum Thema Weiblichkeit hin: *jede* Herrscherin handelt durch Übernahme der „männlichen" Aufgabe des Herrschens ihrer weiblichen Natur zuwider. Für diese Interpretation gibt es tatsächlich in Schillers Drama mehrere Anhaltspunkte. So übernahm er, der Historiker, der sicherlich die

---

[7] Von (u. a.) Mansouri, Witte, Gutmann, Scher, Scholz, Ehrlich, Leistner, Sagmo, Hartmann, Paulson, van Ingen, Brandwein, Diecks, Henkel, und Lamport.

[8] Leistner, S. 177 und 174-75; siehe auch Mansouri, S. 309 und Henkel, S. 402-04.

[9] Vgl. Leistner, S. 168; ähnlich bei Mansouri, S. 287-98 und S. 305-08.

[10] Sagmo, S. 16-17. Leistner (S. 175), Mansouri (S. 316-26), Fuhrmann (S. 340) und Sautermeister (S. 185) kommen zu demselben Schluß.

Geschichte der Mary Stuart sehr gut kannte, einige freie
Erfindungen aus früheren Dramatisierungen des Stoffes. Die drei
wichtigsten ahistorischen Übernahmen aus früherer Literatur sind
die Liebesgeschichte zwischen Maria und Leicester, die
Begegnung beider Königinnen im Garten, und die Verjüngung
beider Königinnen, die in seinem Drama ca. 20-25 Jahre jünger
sind als ihre historischen Vorbilder.[11] Diese Abweichungen von der
Geschichte — Schiller bestand darauf, daß Elisabeth von einer
Schauspielerin gespielt würde, die normalerweise Liebhaberinnen
darstellte[12] — charakterisieren Maria und Elisabeth als
Konkurrentinnen um die Liebe eines Mannes, nicht als politische
Figuren, und genau so erscheinen sie auch in der Auslegung vieler
Zeitgenossen und späterer Leser. Goethe zum Beispiel
kommentierte die Begegnung der Königinnen im 3. Akt wie folgt:
„Mich soll nur wundern, was das Publikum sagen wird, wenn die
beiden Huren zusammenkommen und sich ihre Aventuren
vorwerfen."[13] Über zweihundert Jahre später dramatisierte Bertolt
Brecht dieselbe Begegnung unter dem bezeichnenden Titel „Der
Streit der Fischweiber".

Auch Schillers Charakterisierung der Königin Elizabeth weicht
von der historischen Überlieferung merklich ab. Im Bezug auf den
Hinrichtungsbefehl für Mary scheiden sich die Geister:
verschiedenen Darstellungen zufolge wurde Elizabeth von Marys
Hinrichtung überrumpelt oder sie beugte sich der politischen
Notwendigkeit[14]; auch für Schillers alternative Charakterisierung
der Figur als Heuchlerin und Intrigantin gibt es historische
Vorbilder.[15] Was dagegen bei Schiller neu ist, ist Elisabeths völlige

---

[11] Zu früheren Dramatisierungen des Stoffes, siehe Diecks, S. 240; Brandwein, S.
163 und Gutmann, „Tronchins *Marie Stuart*", S. 243-44.

[12] Vgl. Schillers Brief an Iffland: „Weil mir alles daran liegt, daß Elisabeth in
diesem Stück noch eine junge Frau sei, welche Ansprüche machen darf, so muß
sie von einer Schauspielerin, welche Liebhaberinnen zu spielen pflegt, dargestellt
werden. Marie ist in dem Stück etwa fünfundzwanzig und Elisabeth höchstens
dreißig Jahr alt..." (*Werke in drei Bänden*, Bd. 3, S. 718).

[13] Zit. in Henkel, S. 400-01.

[14] Zu historischen Darstellungen der Elizabeth I., siehe Sautermeister, S. 175; zu
anderen Dramatisierungen Diecks, S. 238; Gutmann, „Tronchins *Marie Stuart*", S.
244-47; Scher, S. 160 und 164; van Ingen, S. 298-99.

[15] U.a. bei David Hume und in Schillers Hauptquelle für sein Drama, William
Robertsons *History of Scotland*.

Gewissenlosigkeit (im Drama stiftet sie Mortimer zum Mord an Maria an), die am Ende der Tragödie durch ihre politische und persönliche Vereinsamung bestraft wird. In der historischen Überlieferung gilt sie, trotz ihrer umstrittenen Entscheidung in Bezug auf Mary, als einer der erfolgreichsten und angesehensten Monarche Englands; am Ende von Schillers Drama dagegen erscheint sie als korrupte Tyrannin, der selbst ihre treuesten Diener weitere Dienste verweigern. Schillers Elizabeth-Porträt bricht also in einzelnen Aspekten mit früheren Darstellungen (sowohl historischen als auch dramatischen) und muß auch Schillers Publikum einigermaßen frappiert haben. Aber nur diese Umdeutung der Elizabeth ermöglichte Schiller die Gegenüberstellung von Maria als „vollkommene Weiblichkeit" und Elisabeth als „unweibliches Weib: Politikerin" sowie die daraus folgende Moral der prinzipiellen Widersprüchlichkeit von Weiblichkeit und Politik. Die Darstellung von Elisabeths Unweiblichkeit wird auch auf andere Weise dramatisch untermauert: dazu gehören das Fehlen weiblicher Dienerschaft (alle Berater der Elisabeth, im Gegensatz zu Marias Anhang, sind männlich), das Fehlen einer häuslichen Rolle (Elisabeth ist die einzige weibliche Figur im Drama, die weder Tochter, Ehefrau, Liebende, noch Mutter ist), und schließlich ihr Bestehen auf ihrer Rolle als Königin, die sie zwingt, „männlicher [...] als ein Mann" zu sein.[16] Im krassen Gegensatz dazu steht Marias offensichtliche Anziehungskraft auf die Männer des Dramas, die Elisabeth dagegen als geschlechtslos und unattraktiv empfinden. Mortimers Verdammung der Elisabeth ist ein direktes Echo des Pauschalurteils über Königinnen in „Macht des Weibes": „Die Frauenkrone hast du nie besessen,/ Nie hast du liebend einen Mann beglückt!"[17]

Von den vielen dramatischen Entgegnungen auf Schillers Drama im neunzehnten Jahrhundert ist Ebners Drama *Maria Stuart in Schottland* (1860) eine der wenigen, die seinen zentralen Punkt — die Unvereinbarkeit von Weiblichkeit und politischer Macht —

---

[16] Leistner, S. 175; Diskussion von Elisabeths fehlender weiblicher Rolle und weiblicher Dienerschaft bei Mansouri, S. 483 und 318.

[17] Schiller, *Maria Stuart,* S. 290.

direkt aufgreifen.[18] Ebners erste dramatische Versuche, ihre Konzentration auf historische Tragödien zu Beginn ihrer Karriere, und ihr ungeheurer dramatischer Ehrgeiz — ein „Shakespeare des neunzehnten Jahrhunderts"[19] wollte sie werden — sind Folgen einer Schillerbegeisterung, die begann, als sie von ihrer Stiefmutter Schillers gesammelte Werke zu ihrem 12. Geburtstag bekam. *Maria Stuart in Schottland*,[20] ihr erstes uns vollständig erhaltenes Drama, könnte man als kritische Reflexion über Schillers *Maria Stuart* verstehen. Aus anderen Schriften Ebners wissen wir, daß sie Schiller, bei aller Verehrung, sein restriktives Weiblichkeitsbild ankreidete: „Gehorsam ist des Weibes Pflicht auf Erden, sagte mein angebeteter Schiller",[21] ist der sarkastische Kommentar, den sie einer ihrer Heldinnen in den Mund legt. Fast noch wichtiger ist, daß sie die um den Anfang ihres Jahrhunderts erfundene „Natur" der Frau nicht als angeboren, unabänderlich oder „ewig" verstand, sondern als *historisch*. Außerdem war sie sich völlig darüber im Klaren, daß es sich dabei um jüngste Geschichte handelte: „Bei uns hat eine neuerfundene Naturgeschichte die Entdeckung gemacht, daß die Frau an und für sich nichts ist, daß sie nur etwas werden kann, durch den Mann..."[22]

Maria Stuart in Schottland wurde innerhalb weniger Wochen geschrieben; Ebners noch erhaltene Notizbücher weisen es als Resultat jahrelanger historischer Studien aus.[23] Formell hält sich die Autorin streng an Schillers Schema (fünf Akte, Blankvers); dagegen beschäftigt sich Ebners Drama mit einem anderen Teil der Geschichte ihrer Heldin und verkehrt Schillers Schlußfolgerung in ihr Gegenteil. Die Vermeidung eines direkten Konfliktes zwischen Elisabeth und Maria gibt Ebners Maria eine Chance, als politisch Handelnde und als komplexer Charakter, dessen Motivation über

---

[18] Ein weiteres Drama mit derselben Zielsetzung ist Charlotte Birch-Pfeiffers Drama *Elisabeth* (1840; erste Interpretation im Kontext von Schillers und Ebners Maria Stuart-Dramen bei Kord, „Performing Genders").

[19] Alkemade, S. 20.

[20] Interpretationen finden sich bei Sievern, Rose, Colvin und Kord, „Performing Genders".

[21] Ebner-Eschenbach, *Bettelbriefe*, S. 640.

[22] Zit. in Harriman, S. 30.

[23] Rose, „Disenchantment", S. 149.

die Rivalität mit einer anderen Frau hinausgeht, wahrgenommen zu werden. Schiller interessierte sich für Maria als potentielles Weiblichkeitsideal und Prototyp der „schönen Seele"; Ebners Stück dagegen ist im eigentlichsten Sinne ein realpolitisches Drama, in dem politischen Intrigen und religiösen Konflikten mehr Raum zugestanden wird als der Liebesgeschichte zwischen Maria und Bothwell. Während Schiller seine Heldin als wehr- und machtlose Frau zeichnet — zu Beginn seines Dramas ist sie Elisabeths Gefangene, am Ende die reuige Sünderin —, konzentriert sich Ebner auf die Geschichte der Maria Stuart als Königin und beschreibt ihre Regentschaft bis zu ihrer erzwungenen Abdankung. Wenn in Schillers letzter Szene Elisabeth von ihren männlichen Ratgebern verlassen wird, bestraft Schiller sie für ihre Unweiblichkeit sowohl als Frau (durch völlige Vereinsamung) als auch als Königin (durch ihren Machtverlust über ihre Höflinge). Umgekehrt erwirbt sich seine Maria gerade durch die freiwillige Machtaufgabe (u.a. über die Männer des Dramas) und durch Sühnung ihres Machtmißbrauchs als Herrscherin ihre „vollendete Weiblichkeit". Ebner dagegen zeigt uns dieselbe Geschichte unter umgekehrtem Vorzeichen: ihr Drama beschreibt den politischen und moralischen Abstieg der Maria von der kompetenten Herrscherin zur liebenden Frau.

Die prinzipielle Unvereinbarkeit von Weiblichkeit und Königtum, die den philosophischen Grundstein für Schillers Tragödie stellt, wird in Ebners Drama von den hinterhältigsten Verrätern der Königin propagiert: von ihrem Bruder Murray, der das gesamte Drama hindurch gegen sie intrigiert; von ihrem Mann Darnley und ihrem Geliebten Bothwell, die beide Maria dazu benutzen wollen, die Macht an sich zu reißen, und zähneknirschend gegen das „schmählich Joch" ankämpfen, „eines Weibes/ Geschöpf" zu sein. Auch die stete Gegenüberstellung ihrer Rollen als Königin und Frau und das Verständnis dieser Rollen als direkten Widerspruch finden sich nur im Munde dieser Figuren, wie z. B. in Darnleys Fluch: „Sei groß als Königin,/ Als Weib sei Du verachtet!" Zu Beginn des Dramas steht Maria als kompetente Herrscherin auf der Bühne, die politischer Revolte und privatem Verrat mit großer Würde entgegentritt. Daß sie zu diesem Zeitpunkt noch auf die Unterstützung einiger Adliger und des Volkes rechnen kann, zeigt sich schon daran, daß die Rebellen bemüht sind, sie vom Thron zu stoßen, „Indeß das Volk noch athemlos gespannt/ Unschlüssig, was es thun soll oder lassen". Marias großer Fehler im Drama besteht in ihrer Akzeptanz ihrer

Rolle als „das schwache Weib", in ihrer freiwilligen Unterwerfung unter Bothwell „Als meinen Herrn, Gebieter und Gemal".

Anders als Schillers Elisabeth ist Maria nicht mit einer Gefühlskälte ausgestattet, die als Beweis ihrer Unweiblichkeit gelten könnte, im Gegenteil: in der ersten Szene mit Darnley zeigt sie sich vertrauensvoll, liebevoll, und vergebend. Anders als Schillers Maria ist Ebners Charakter wesentlich weniger frivol. In Schillers Drama erscheint ihr Vertrauter Rizzio als Marias „Liebling" und „der schöne Sänger Rizzio"[24]; bei Ebner ist Rizzio ihr Kanzler, und es finden sich in ihrem Drama (wie übrigens auch in historischen Quellen[25]) keinerlei Hinweise auf ein Liebesverhältnis zwischen ihr und Rizzio. Bei Schiller ist Maria an dem Anschlag auf ihren Mann beteiligt und heiratet den Mörder aller Legalität und der öffentlichen Meinung zum Trotz; ihre Mitschuld an dem Mord Darnleys führt schließlich zu ihrer Ergebung in ihr Schicksal: „Gott würdigt mich, durch diesen unverdienten Tod/ Die frühe schwere Blutschuld abzubüßen."[26] Bei Ebner dagegen ist Maria unschuldig und — bis zu seinem Geständnis im 5. Akt — auch fest von Bothwells Unschuld überzeugt. Die Katastrophe am Ende des Dramas erscheint also nicht als Akt der Sühne oder der göttlichen Vergeltung, sondern vielmehr als direkte Konsequenz der Vernachlässigung ihrer königlichen Pflichten aufgrund ihrer Leidenschaft für Bothwell. Und im Gegensatz zu Schillers Elisabeth, deren Ungerechtigkeit direkt mit ihrer Gefühlskälte assoziiert wird, wird Ebners Maria gerade da ungerecht, wo sie liebt: unter Bothwells Einfluß versagt ihr Urteilsvermögen; sie verkennt ihre besten Freunde und ihre schlimmsten Feinde auf fatalste Weise. Als sie sich im 4. Akt als „armes, karges, ohnmächtiges Weib" bezeichnet, ist sie genau da angelangt, wo Schiller sie haben wollte — nur daß diese Stelle bei Ebner keineswegs einen „Schwung ins Erhabene"[27] bezeichnet, sondern vielmehr gerade die Preisgabe jeglicher politischer und menschlicher Würde.

---

[24] Schiller, *Maria Stuart*, S. 255.

[25] Vgl. Buchanan, Crosby und Bruce, Lewis, Lynch, Mahon, Tannenbaum, Witte, Wormald und *The Historie of the Life and Death of Mary Stuart*.

[26] Schiller, *Maria Stuart*, S. 350.

[27] Erläutert in Schillers Traktat „Über das Erhabene".

Der signifikanteste Unterschied zwischen Ebners Maria und Schillers Maria ist einfach der, daß Ebners Figur unschuldig ist — und das ist sie, trotz ihrer jämmerlichen Menschenkenntnis und ihrer infolgedessen fast immer deplazierten Vertrauensseligkeit. Ohne Schuld ist in Ebners Drama weder für Sühne noch Selbsterkenntnis Schillerscher Prägung Raum. Selbst Marias Entscheidung zur Flucht nach England — direkt in die Arme ihrer ärgsten Feindin — ist nicht primär das Ergebnis ihrer Fehleinschätzung der politischen Situation, sondern das Resultat einer weiteren Intrige. Daß Murray sie in Zusammenarbeit mit Bedfort in diese unselige Entscheidung hineinmanövriert, daß Bedforts letzte Worte so bewußt Marias vorgezeichnetes Ende auf dem „Blutgerüst" vorwegnehmen, bedeutet eine prinzipielle Uminterpretation von Schillers Vision dieses Todes. Bei Schiller geht Maria freudig-verklärt zum Tode, um ein privates Verbrechen zu sühnen; bei Ebner handelt es sich um nichts Erhabeneres als einen politischen Mord.

Die Auslöschung der politischen „Macht des Weibes" durch seine Reduktion auf das liebende „Weib" ist auch ein Thema in *Marie Roland*. Dort versteht Marie die Versuchung, ihrer Liebe zu Buzot nachzugeben, eindeutig als Ende ihrer moralischen Befugnis zu politischem Handeln. In Lodoïska, die in der gleichen Situation die Scheidung und das Leben mit dem Geliebten gewählt hat, steht ihr überdies der lebende Beweis vor Augen, daß „gefallene" Frauen im Revolutionszeitalter keineswegs mit größerer Schonung behandelt werden als im *ancien régime*. Die beiderseitige Erkenntnis des Lebens der anderen Frau als nicht-gelebte Alternative zum eigenen ist zweifellos ein Grund für Maries Verachtung der Lodoïska und für Lodoïskas Idealisierung der Marie.

Während *Maria Stuart in Schottland* Schillers *Maria Stuart* thematisch und stilistisch näher steht, ist *Marie Roland* in jeder anderen Hinsicht — ästhetisch, politisch, und ideologisch — die nähere Verwandte des Schillerschen Dramas. In ihrer Revolutionstragödie übernimmt Ebner einige Aspekte von Schiller, die sie in ihrem früheren Schauspiel bewußt ausgespart hatte: zum einen die Gegenüberstellung zweier Frauen — Lodoïska und Marie —, von der die eine mit Sinnlichkeit und Liebe, die andere mit politischer Handlungsbefugnis ausgestattet ist; zum anderen die Tatsache, daß Marie Roland, um politisch handeln zu können, ihre „weiblichen" Gefühle — die Liebe zu Buzot, das Mitleid für Marie Antoinette, die Sympathie für Lodoïska, den Glauben an Gott —

unterdrückt. In der kontrastiven Figurenkonstellation und in Maries selbstgewählter Gefühlskälte könnte man dasselbe Prinzip erkennen, das auch Schillers Drama kennzeichnet, nämlich die prinzipielle Unvereinbarkeit von Weiblichkeit und politischer Handlungsbefugnis. Vielleicht die auffälligste Parallele zu Schillers Drama ist Marie Rolands „Schwung ins Erhabene" am Ende der Tragödie: im letzten Akt wird ihre Rolle als politisch Denkende und Handelnde abgelöst durch die der verklärt Leidenden; ganz wie Schillers Maria sieht sie den eigenen Tod als „Versöhnung, denn er ist gerecht". Die Erkenntnis der eigenen Herz- und Mitleidlosigkeit münden in ihre Apotheose als reuige Sünderin, Gottgläubige, und Mutter, die ihr Kind zu größerer Milde erzogen wissen will. Solchermaßen in die Sympathien des Publikums wiedereingesetzt, tritt Marie Roland den heldenhaften Gang zur Guillotine an, begleitet von Lodoïskas optimistischer Vorwegnahme des historischen Urteils: „Was ewig von ihr lebt, ist ihre Größe."

Man kann diese letzte Szene auf verschiedene Weisen lesen. Einerseits löst Marie am Ende des Dramas die Forderung, die sie im ersten Akt an ihre Mitrevolutionäre stellte, ein: sie wächst über das eigene Selbst hinaus. Andererseits muß sie die Größe, die Lodoïska ihr in den letzten Worten des Dramas beilegt, letztendlich durch ihre Unterwerfung — und die ihrer Tochter — unter das „Natur"-Gesetz der Weiblichkeit erkaufen. Im ersten Fall ergäbe sich eine triumphale Idealisierung der Figur und ihre Erlangung wahrer (weiblicher) Größe durch freiwillige Aufgabe der falsch verstandenen Größe als „mächtiges Weib" — ganz im Schillerschen Sinne. Im zweiten Fall ergäbe sich eine enttäuschende Reduktion der Revolutionärin und politischen Denkerin auf den weiblichen Durchschnitt, mit — angesichts der anbefohlenen Indoktrination ihrer Tochter Eudora — noch trüberen Aussichten für die Zukunft.

Daß einander so direkt entgegengesetzte Interpretationen überhaupt möglich und vertretbar sind — und für beide kann man, je nach ideologischer Neigung, gute Gründe anführen — deutet einerseits auf die Komplexität des Textes und andererseits auf die Unzulänglichkeit des interpretatorischen *Kontextes*. Denn aus dieser Uneindeutigkeit ergeben sich viel prinzipiellere Fragen: müssen wir Ebners Tragödien im Vergleich zu Schillers Drama lesen, als Teil der bekannten literarischen Tradition und als Billigung oder Ablehnung der in dieser Tradition propagierten Geschlechterideologie? Wenn ja: werden wir damit Ebners Texten (und unserem interpretatorischen Vermögen) gerecht? Und wenn nein: welche Alternativen gibt es?

Es ist durchaus möglich und auf interpretatorischer Ebene aufschlußreich, Ebners Dramen in den uns bekannten Literaturkanon einzubetten und sie auf dieser philosophischen und ästhetischen Basis zu beurteilen. Sowohl biographische als auch intertextuelle Verbindungen sprechen dafür. Schiller war nicht nur die Inspiration für Ebners historische Tragödien, sondern für ihre gesamte dramatische Tätigkeit. Beide von Ebners erhaltenen Tragödien sind offensichtlich eine Reaktion auf sein Weiblichkeitsbild im allgemeinen und sein Drama *Maria Stuart* im besonderen — sowohl auf seine dramatische Form, die Ebner (weitgehend, aber nicht völlig[28]) übernimmt, als auch auf seine ideologischen Voraussetzungen, die sie (weitgehend, aber nicht völlig) in Frage stellt.

Gegen eine solche Kontextualisierung spricht jedoch die Tatsache, daß die Interpretation von Ebners Dramen als Schiller-Nachfahren es praktisch unmöglich macht, ihre Texte anders zu lesen als (schwache) Schiller-Imitationen. Wo die Literatur von Frauen dem literarischen Kanon „hinzugefügt" wird, ergibt sich daraus fast unweigerlich die Interpretation dieser Literatur als reaktiv und epigonal und daher minderwertig. Ebner selbst ist das beste Beispiel dafür. Weil man im neunzehnten Jahrhundert — und weitgehend auch noch im zwanzigsten — Schriftstellerinnen den Umgang mit dem „männlichen" Genre Drama nicht zutraute, wurde und wird sie bis zum heutigen Tag fast ausschließlich als Prosaautorin rezipiert.[29] Dabei widmete sie dem Drama fast dreißig Jahre ihrer schriftstellerischen Karriere. Sie schrieb insgesamt sechsundzwanzig Dramen, darunter vier historische Tragödien, von denen zwei heute nur noch als Fragmente erhalten sind,[30] und, in den Worten der Ebner-Expertin Ferrel Rose, „unzählige [dramatische] Entwürfe, die die Autorin in Momenten der

---

[28] Siehe z. B. die Prosaszenen III, 1 und III, 2 in *Marie Roland*, die stilistisch Georg Büchners *Dantons Tod* wesentlich näherstehen als Schiller.

[29] Weiteres zu Ebner als Dramatikerin und ihrer Rezeption findet sich in meiner Einleitung in *Letzte Chancen: Vier Einakter von Marie von Ebner-Eschenbach*.

[30] Eine Liste ihrer dramatischen Werke und Werkausgaben findet sich auf S. 241-43 in diesem Band.

Verzweiflung zerstörte."[31] In der Forschung wurden ihre Dramen entweder als stümperhafte Versuche abgetan oder völlig ignoriert; ein Großteil der Ebner-Forschung nimmt sie erst ab 1875 wahr — mit Erscheinen ihrer ersten Novelle.[32] Bis zur Veröffentlichung ihrer Tagebücher ab 1989 waren Sammlungen ihrer Werke ein Akt des Recyclings immergleicher Novellen und Aphorismen;[33] von ihren Dramen gab es bis 2005 keine moderne Ausgabe. Ebners Kontextualisierung in der traditionellen Literaturgeschichte bietet uns einerseits wichtige Anhaltspunkte zur Interpretation ihrer Dramen als Beispiele einer komplexen Schillerrezeption; andererseits beruht der gesamte Literaturkanon auf genau der prinzipiellen Unterscheidung zwischen „guter" versus „trivialer" Literatur, die es möglich machte, Ebners dramatisches Gesamtwerk 150 Jahre lang zu übersehen oder als minderwertig abzuqualifizieren.

Ich möchte aus diesem Grund einen alternativen Kontext als Hintergrund für Ebners Dramen vorschlagen, nämlich die Tradition des historischen Theaters von Schriftstellerinnen im 19. Jahrhundert. In der Umbettung von Ebners Dramen in diesen Kontext sehe ich zwei Vorteile: erstens die Möglichkeit, sie anders zu lesen als im Vergleich zu Schillers Modell, zweitens in der Tatsache, daß durch diesen neuen Kontext sowohl dem traditionellen Literaturkanon als auch den Geschlechtermodellen, die darin propagiert werden, der Anspruch auf Allgemeingültigkeit entzogen wird.

Innerhalb der Tradition historischer Dramen von Schriftstellerinnen des 19. Jahrhunderts gehören historische Tragödien auf einen besonderen Platz, schon allein aufgrund der weitgehenden Geschlechtertrennung, die sich bei der Wahl des Protagonisten bzw. der Protagonistin in beiden Genres beobachten läßt. In historischen Dramen von Frauen geht es meist um männliche Helden,[34] weibliche Hauptfiguren sind in historischen Dramen von

---

[31] Rose, „The Disenchantment", S. 147: „an untold number of drafts destroyed by the author in moments of despair."

[32] Rose, „Disenchantment", S. 148.

[33] Rose, „Disenchantment", S. 147.

[34] Einige Beispiele: Caroline Pichler, 1769-1843: *Rudolph von Habsburg*, o.J.; *Ferdinand der Zweite*, 1816; Charlotte Birch-Pfeiffer, 1800-68: *Mazarin*, 1849, und *Peter von Szápár*, 1831; Johanna Franul von Weißenthurn, 1772-1847: *Hermann*, 1813, und *Johann, Herzog von Finnland*, 1810; Mathilde Wesendonck,

Schriftstellerinnen vergleichsweise selten.[35] Wo dagegen weibliche Helden ganz groß auftreten, ist im historischen *Trauerspiel* weiblicher Autoren. Behandelt wurden unter anderem — außer Mary Stuart und Marie Roland — Charlotte Corday, Marie Antoinette, Anne Boleyn, Lady Jane Gray, Vittoria Accoramboni, Beatrice Cenci, Berenice von Palästina, und Christine von Schweden.[36] *Männliche* Helden dagegen erscheinen in historischen Trauerspielen von Frauen relativ selten.[37]

Allein aus dieser regelmäßigen Zuordnung männlicher Figuren in die Geschichte und weiblicher Figuren ins historische Trauerspiel lassen sich Schlüsse auf die Geschichtsauffassung vieler Verfasserinnen ziehen: scheinbar wird vorausgesetzt, daß der Eingriff in die Geschichte für Frauen häufiger zur Tragödie wird als für Männer. Zwei weitere Aspekte unterscheiden historische Dramen von Schriftstellerinnen erheblich von kanonisierten Geschichtsdramen männlicher Autoren: erstens ein erhebliches Mißtrauen gegenüber der geschichtlichen Überlieferung und zweitens die Betonung der Motive der historischen Heldin. So ergibt z.B. ein Vergleich zwischen historischen Dramen mit männlichen Helden und historischen Dramen mit weiblichen Helden (beide verfaßt von Frauen) einen wesentlich freieren

---

1828-1902: *Friedrich der Große*, 1871; Laura Steinlein, 1826-1901: *Kaiser Karl V.*, 1857; Luise Zeller, 1823-89: *Heinrich des I. Söhne*, 1873; Henriette Strauss, 1845 – nach 1882: *Barbarossatetralogie: Fünf Dramen um Friedrich I.* (o.J.); *Kaiser Heinrich IV. von Deutschland* (o.J.), und *Kaiser Friedrich I.* (o.J.).

[35] S. Birch-Pfeiffer, *Elisabeth*, 1841, und *Anna von Oestreich*, 1845; Elisabeth Müller, 1827-98: *Anna von Cleve*, 1881; Wilhelmine von Wickenburg, 1845-90: *Radegundis*, 1879; Amalie von Liebhaber, 1779-1845: *Maria Theresia*, o.J..

[36] Engel Christine Westphalen, 1758-1840: *Charlotte Corday*, 1804; Elisabeth vom Berge, 1839-1909: *Charlotte Corday*, o.J. und *Marie Antoinette*, o.J.; Elisabeth von Rumänien, 1843-1916, und Marie von Kremnitz, 1852-1916: *Anna Boleyn*, 1886; Karoline Ludecus, 1757-1827: *Johanne Gray*, 1806; Rosalie Schönfließ, 1799-1845: *Johanna Gray*, 1839; Auguste Götze, 1840-1908: *Vittoria Accoramboni*, 1890; Laura Steinlein, 1826-1901: *Das Haus Cenci*, 1861; Johanna Holthausen, 1812-75: *Beatrice di Cenci*, o.J.; Henriette Strauss,: *Beatrice*, o.J.; Elisabeth vom Berge, *Christine von Schweden*, 1873.

[37] In Pichlers *Heinrich von Hohenstauffen* (1813); Elise Schmidt, 1824-?: *Macchiavelli* und *Peter der Große* (beide o.J.); Birch-Pfeiffers *Ulrich Zwinglis Tod* (1837); Friederike Kempner, 1836-1904: *Antigonos* (1880) und *Rudolf der Zweite* (1896), und von Liebhabers *Octavianus Augustus* (o.J.).

Umgang mit der Geschichte, wenn die Hauptfigur weiblich ist.[38] Das liegt zum Teil daran, daß über historische Frauen meist weniger bekannt ist als über Männer, was viele Dramatikerinnen zwang, die Geschichte ihrer Protagonistin nachzuerfinden statt nachzuerzählen. Auffällig ist auch, daß selbst in Fällen, wo die Geschichte einer bekannten Frau dramatisiert wird (wie Elizabeth I., Mary Queen of Scots, Anne Boleyn, Charlotte Corday oder Marie Roland), sich das Drama sehr häufig nicht auf geschichtliche Quellen stützt, sondern auf historische Fiktion (frühere Dramen oder Romane). Eine weitere Alternative zur traditionellen Geschichtsschreibung boten vielen Dramatikerinnen die wenigen Geschichtsbücher weiblicher Verfasser, die oft klar und deutlich im Vorwort festhalten, daß die Geschichte mit Frauen, insbesondere nach Etablierung der weiblichen „Geschlechtscharaktere" um die Jahrhundertwende, alles andere als unvoreingenommen umgegangen ist. Radikale Historikerinnen haben, wie es z.B. Luise Otto-Peters in ihrem Geschichtswerk *Einflußreiche Frauen* (1869) tut, Männer völlig von der Beurteilung historischer Frauen disqualifiziert,

> weil die Männer gerade *die* Frauen am wenigsten richtig beurtheilen [...] können, die von der Sehnsucht geleitet wurden aus dem beschränkten Familienkreis heraus zu treten, in den man mit Gewalt sie bannen wollte. [...] daher kommt es denn, daß sie den Frauen für ihre Handlungen ganz andere Motive unterschieben als diejenigen sind, welche sie wirklich haben. Einmal ganz von der Annahme beherrscht, daß die Frauen nur eine Naturaufgabe hätten, eine Culturaufgabe aber ihnen nur mittelbar zu theil geworden, durch die Macht ihres Einflusses auf den Mann, schieben dann jene Männer als Historiker selbst *den* Frauen, welche auf irgend einem Gebiet, sei es auf dem des Wissens oder der That etwas Außerordentliches leisteten auch meist ganz falsche Motive unter. Eine Jungfrau von Orleans wird da entweder ganz geleugnet oder zu einem Werkzeug der Pfaffen gestempelt, eine Charlotte Cordais soll sich nur deshalb für die französische Republik geopfert haben, weil sie einen

---

[38] Vgl. dazu Kap. IV (zu Tragödien von Frauen) und V (zu historischen Dramen von Frauen) in Kord, *Ein Blick*, 93-156.

Girondisten geliebt und was dergleichen absichtliche oder absichtslose Geschichtsfälschungen mehr sind.[39]

Die faire Darstellung der Motive der Heldin ist tatsächlich das Anliegen vieler historischer Dramen von Schriftstellerinnen: was der Nachwelt überliefert wird, sind die Beweggründe, die das Handeln der Heldin bestimmten, nicht der Erfolg oder das Resultat ihres Handelns. Das Resultat ist historisch überliefert, mithin unabänderlich und — in den allermeisten Fällen — entmutigend: in der Regel endet die Heldin als Mordopfer oder auf dem Schafott.[40] Versucht wird also nicht, den weiblichen Eingriff in die Geschichte als erfolgreich darzustellen, sondern ihn zu legitimieren oder zu motivieren, *trotz* des furchtbaren Endes. In historischen Dramen von Schriftstellerinnen des 19. Jahrhunderts werden Königinnen verklärt,[41] Ehebrecherinnen und Mörderinnen für unschuldig erklärt,[42] und Attentäterinnen gerechtfertigt,[43] und das oft in direktem Widerspruch zu der Darstellung derselben Heldin in Geschichtsbüchern. In mehreren Fällen findet sich die *einzige* Übereinstimmung mit der Darstellung einer Dramatikerin in einem ebenfalls von einer Frau verfaßten historischen Werk.[44]

---

[39] Otto-Peters, S. 11-12.

[40] Darunter Mary Stuart, Marie Roland, Vittoria Accoramboni, Beatrice Cenci, Anne Boleyn, Charlotte Corday, Marie Antoinette, Jane Grey, und Beatrice von Schwaben. Alle diese Frauen erscheinen während des 19. Jahrhunderts als Hauptfiguren in von Frauen verfaßten historischen Tragödien.

[41] So in Birch-Pfeiffers *Elisabeth* und *Anna von Oestreich*, Elisabeth Müllers *Anna von Cleve*, Wickenburgs *Radegundis*, vom Berges *Marie Antoinette*, Ludecus' *Johanne Gray*, Schönfließ' *Johanna Gray*.

[42] In Steinleins *Das Haus Cenci*, Götzes *Vittoria Accoramboni*, Elisabeths von Rumänien und Kremnitz' *Anna Boleyn*, Holthausens *Beatrice di Cenci*.

[43] In den Corday-Dramen von Engel Christine Westphalen und Elisabeth vom Berge.

[44] Ein gutes Beispiel ist die Geschichte der Beatrice Cenci, die für den Mord an ihrem Vater 1599 hingerichtet wurde. Die meisten Historiker und Dramatiker sprechen Beatrice ebenfalls schuldig, obwohl Darstellungen des Tathergangs und der Motive beträchtlich voneinander abweichen (siehe z.B. Shelleys *The Cenci* und Artauds *Les Cenci*). Andererseits behauptet Ida Klokow, meines Wissens die einzige Historikerin, die sich mit dem Fall beschäftigt hat, es sei „ziemlich sicher erwiesen, daß Beatrice und ihre Brüder durch ränkevolle Verleumdungen Opfer eines Justizmordes geworden sind" (S. 182). Das einzige mir bekannte Drama, das Beatrice gleichfalls entlastet, ist Laura Steinleins *Das Haus Cenci*.

Daß Ebners historische Tragödien in diesem Zusammenhang gelesen werden können, liegt auf der Hand. Wie viele Dramatikerinnen ihrer Zeit beruft auch sie sich einerseits auf von Frauen verfaßte historische Quellen (eine ihrer Hauptquellen für *Marie Roland* waren die Memoiren der Madame Roland, in der Roland versucht, dem verfälschenden Geschichtsbild, das sie vorausahnt, vorzugreifen) und andererseits auf Fiktion (Schillers Drama). Wie viele Dramatikerinnen auch versucht sie vor allem die Rechtfertigung der Motive ihrer Heldinnen. So erklärt sie Mary Stuart eines Verbrechens für unschuldig, dessen sie sowohl ein Großteil der traditionellen Geschichtsschreibung als auch Schiller überführt haben, und zeichnet Marie Roland als idealistische und engagierte Vorkämpferin für die französische Republik. Wie ihre Kolleginnen auch muß Ebner sich vor allem mit der Frage auseinandersetzen, wie man der dramatischen Heldin, konfrontiert mit der postulierten „Unweiblichkeit" politisch aktiver Frauen, das historische Handeln überhaupt ermöglicht. Angesichts der Schillerschen Dichotomie zwischen „vollkommener Weiblichkeit" und „unweiblichem Weib: Politikerin" ist es in Ebners Dramen völlig schlüssig, daß Marias politischer Abstieg direkt nach ihrer Akzeptanz des weiblichen Rollenangebots beginnt, und daß Marie Roland sich *nach* Vollendung ihrer politischen Laufbahn durch reuige Unterwerfung unter restriktive Weiblichkeitsideen die Sympathien des zeitgenössischen Publikums sichert. Und schließlich zielt auch Ebner, wie andere historische Tragödinnen ihrer Zeit, auf einen zentralen Punkt ab: das Recht der historischen Heldin, den Gang der Geschichte zu beeinflussen, trotz ihres furchtbaren Endes und auch trotz aller berechtigter Kritik an einzelnen Aspekten ihres Charakters oder ihres Tuns. Denn sicherlich stellt Ebner keine Idealfiguren auf die Bühne. Sowohl ihre Maria Stuart als auch ihre Marie Roland sind geplagt von Vorurteilen, Selbstzweifeln, Denkfehlern und versagender Menschenkenntnis und werden dafür auch von anderen Figuren des Dramas kritisiert. Aber der Aspekt, für den sie eben *nicht* verurteilt werden — von den Schurken und Verrätern des Dramas einmal abgesehen — ist ihre politische Machtausübung.

Sarah Colvin hat zu Recht hervorgehoben, daß das Ende beider Dramen gerade in Bezug auf das Bild der geschichtsmächtigen Heldin problematisch ist. Auf persönlicher Ebene schwelgen Maria Stuart und Marie Roland gegen Ende des Dramas geradezu in Selbstverdammung, und auf politischer Ebene erscheint ihr historisches Handeln völlig konsequenzlos — auch und gerade im

Hinblick auf die Tatsache, daß es sich um eine Frau handelt, die hier historisch tätig war. Aus der Geschichte wissen wir (und Ebners Publikum wußte es selbstverständlich auch), daß die Reiche *beider* Königinnen, Elizabeths I. und Mary Stuarts, mit dem Machtantritt James' I. von England bzw. VI. von Schottland in männliche Hände übergingen. Und Marie Rolands Vermächtnis besteht darin, dafür zu sorgen, daß ihre Tochter zu einem Sinnbild unterwürfiger Weiblichkeit indoktriniert wird[45] (die historische Eudora Roland hat sich tatsächlich nie in Politik eingemischt oder sich sonst in irgendeiner Form öffentlich betätigt). In Maria Stuarts Abdankung und der Vorschau auf ihren Tod, in Marie Rolands Bekehrung zum traditionellen Weiblichkeitsbild, das sie dann auch ihrer Tochter aufzwingt, kann man in der Tat, wie Colvin es tut, eine „Rückkehr zur Ordnung" sehen,[46] die einer Billigung des zeitgenössischen Frauenbildes unbehaglich nahe kommt.

Dieses für FeministInnen sicher enttäuschende Ergebnis kann man zumindest teilweise als Resultat der Tatsache lesen, daß auch auf Ebner als Autorin ein gewisser Druck zur Anpassung existiert haben muß: wie Ferrel Rose lapidar feststellt, konnte Ebner nicht, wie ihre Heldinnen, am Ende des Dramas von der Bühne abgehen.[47] Das desillusionierende Ende — Marias erbärmliche Niederlage und Maries Schilleresker „Schwung ins Erhabene" — verweist aber auch auf einen weiteren Gesichtspunkt der Ebnerschen Dramen, der in der Tragödientradition von Schriftstellerinnen des 19. Jahrhunderts fest verankert ist. In seiner Untersuchung eines autobiographischen Ebner-Textes bescheinigt Peter C. Pfeiffer der Autorin prinzipielle Zweifel an der Vorstellung, daß das historische Subjekt „nicht nur über *seine* Geschichte, sondern auch über *die* Geschichte verfügen" könne.[48] Ebners historische Tragödien belegen, daß sich dort, wo das historische Subjekt ein weibliches ist, diese Zweifel zur Ungläubigkeit potenzieren. Daß Ebner die Überlebenschancen der historischen Heldin — und auch die ihres geschichtlichen Vermächtnisses — eher pessimistisch einschätzt, verbindet sie mit

---

[45] S. Colvin, *Women*, S. 30-31.

[46] Colvin, *Women*, S. 30.

[47] Rose, „Disenchantment", S. 157-58.

[48] Pfeiffer, „Geschichte", S. 69-70, das Zitat S. 70, Hervorhebungen original.

vielen Tragödinnen des 19. Jahrhunderts. Allen mir bekannten nicht-historischen Trauerspielen von Frauen und vielen ihrer historischen Tragödien sind zwei Aspekte gemeinsam: das klare Bewußtsein, daß weibliches Handeln von reduktiven Geschlechtervorstellungen boykottiert wird, und die Abwesenheit von Lösungsvorschlägen. Denn alle Lösungsvorschläge, ob philosophischer (Schiller) oder politischer (Georg Büchner, Gerhart Hauptmann) Natur, stützen sich auf die Vorstellung einer Welt, die im Prinzip funktioniert und an der nur noch gebessert werden muß. In Trauerspielen von Frauen dagegen existiert diese Welt nicht oder nur für männliche Charaktere. Wenn Ebners Heldinnen unterliegen, aufgeben, verzweifeln, entsagen, sich zum machtlosen Weib reduzieren, und schließlich untergehen, beschreibt diese Lösung nicht das Versagen der Heldin und schon gar nicht die Unrechtmäßigkeit der „Macht des Weibes", sondern vielmehr einen nüchternen Realismus, der einen Idealismus Schillerscher Prägung nachdrücklich verneint. Nicht zuletzt liegt darin auch eine herbe Kritik an einer Welt, in der „mächtige Weiber" nicht überleben können und in der ihr geschichtliches Handeln spätestens in der nächsten Generation ausradiert wird.

MARIA STUART IN SCHOTTLAND.
SCHAUSPIEL IN FÜNF AUFZÜGEN (1860)

Maria Stuart in Schottland. Schauspiel in fünf Aufzügen

Personen:

Maria Stuart, Königin von Schottland
Heinrich Darnley, ihr Gemal
Earl von Lennox, sein Vater
Earl von Murray, natürlicher Bruder der Königin
Graf von Bedfort, Gesandter England's
Graf von Brienne, Gesandter Frankreich's
James Hepburn, Graf von Bothwell
Earl von Caithneß, Lord-Oberrichter
Earl von Mar
Lord Douglas
Lord Ruthven
Lord Kerr
Lord Athol
Lord Huntly
Lady Eleanor Argyll
Cunningham (Freund Lennox's)
Iverneß, ein Offizier
Andrews, ein Page

Richter, Lords, Würdenträger des Reichs, Offiziere, Soldaten, Gefolge.

Erster Aufzug

Erster Auftritt.

(Saal in Holyrood. Die im Hintergrunde geöffnete Thür (die jedoch nach dem 2. Auftritte geschlossen wird), gewährt die Aussicht auf eine Terrasse, auf welcher Wachen auf und nieder gehen. Lennox, der eintreten will, wird von ihnen angerufen:)

WACHE. Das Losungswort?

LENNOX.　　　　　　　　　Hoch König Darnley!

LADY ARGYLL *(durch die Seitenthür links eintretend, eilt auf ihn zu).*　　　　　　　　　Lennox!
Willkommen theurer, ehrwürdiger Lord
In diesem Hause, das kein Freund betrat
Seit zweien langen, fürchterlichen Tagen!
Willkommen Sir! Willkommen um so freud'ger,
Als minder wir auf dieses Glück gehofft!

LENNOX. Ihr sehet mich so tief bewegt, Mylady,
Daß mir das Wort versagt. Hier meine Hand —
Es reicht sie Euch ein treu Verbündeter.

LADY ARGYLL. Ich fasse sie, und mit ihr neue Hoffnung,
Nicht Alles hat die Königin verloren,
So lange Ihr noch schützend sie umgebt. —
Ihr kommt vom König! … Ist's nicht so, Mylord?
Ihr bringt von uns'rem Herren Gruß und Kunde —
Er wird die Schmach, die unerhörte, sühnen,
Mit der man ihn in seiner Gattin traf…
Ihr kommt vom König — kommt vom König doch? …
Was frag' ich nur! … Ihr kommt, und daß Ihr kommt,
Ist Zeichen mir, und ist Beweis zugleich! …

LENNOX. Bei Gott Mylady! *Hier* vermuthet, *hier*
Erwartet hab' ich meinen Sohn; daß ich's
Umsonst gethan, das ist ein Räthsel mehr
Zu allen, die mir in den letzten Tagen
Das Schicksal aufzulösen gibt. Ein bang

21

Gerücht, bis Dumbarton gedrungen, rief mich
Nach Edinburg. — Ich komme — frage und
Was ich erforscht, ist halbe Wahrheit kaum;
Auf jedem Antlitz les' ich bleichen Schrecken,
Dem Keiner wagt ein deutlich Wort zu leih'n,
Nur flüsternd raunen sie's einander zu
Das Gräßliche — und das Unmögliche…

LADY ARGYLL. Das Gräßliche fürwahr! doch leider *nicht*
Unmögliche zugleich…

LENNOX.   Mylady!

LADY ARGYLL.   Ja!
Ihr findet Eure Königin gefangen,
Die Schwelle feucht vom Blute Rizio's,
Das Haus besetzt, bewacht von seinen Mördern…

LENNOX. Dann trug ein Wunder Gottes mich hierher
Denn alle Pforten schloß mein Name auf —
Als ein Ersehnter fast ward ich begrüßt —

LADY ARGYLL. Von wem Mylord?

LENNOX.   Von Douglas, Kerr, von Ruthven…

LADY ARGYLL. Die Gräßlichen! Ein neues Opfer grüßten
Mit wilder Freude sie, als diese Pforten
Sich hinter Euch für immerdar geschlossen.

LENNOX. Ich kam zu theilen meiner Fürstin Loos.

LADY ARGYLL. O könntet Ihr doch mehr als nur es theilen,
Vermöchtet Ihr zu wenden es Mylord!
So ungeheuer ist, was sie getroffen,
Daß mir's erscheint ein böses Bild des Traums
Erzeugt von kranken Fantasie'n. Noch starrt
Mein Blut, noch sträubet sich mein Haar, ruf' ich's
Zurück… Hier ward's erlebt — in dem Gemach — zur selben
Unheimlich düst'ren Stunde, wo der Tag
Mit Schatten ringend — ihnen unterliegt.
Die Fürstin, von der Krankheit kaum genesen,
Die an den Rand des Grabes sie geführt,
Nach der Geburt des königlichen Prinzen,
Empfing, umringt von ihren Frauen
Den Kanzler Rizio, eines Befehl's
Vollziehung ihm gebietend, dem in stets
Gewohnter Art der Staatsrath widerstrebt.

Da öffnet plötzlich sich des Zimmers Pforte
Und fünf vermummte Männer treten ein.
Es klirrt das Eisen unter ihren Mänteln,
In ihren Händen glänzen nackte Schwerter —
Und vier von ihnen dringen mit dem Rufe:
„Du bist des Todes!" ein auf Rizio —
Nachdem der Fünfte — offenbar ihr Führer,
Durch einen Wink des Angriff's Zeichen gab...
In Rücken, Brust und Kopf zugleich getroffen
Stürzt Rizio zusammen — seine Hand
Erhebt er flehend zu der Königin
Und schleppt sich sterbend noch zu ihren Füßen,
Sie breitet schützend über ihn den Arm —
Beugt nieder sich zu ihm entsetzensbleich —
Doch kaum hat sie den Sterbenden berührt,
So ringet wild ein Schrei der höchsten Wuth
Sich aus der Brust des Mannes, der bisher
Dem grausen Schauspiel schweigend zugeschaut —
Er stürzt heran — dicht an die Königin,
Und über ihrer Schulter senkt den Dolch
Der Gräßliche in seines Opfers Nacken —
Schon hebt er ihn zu einem zweiten Streich,
Schon fährt gezückt an ihr vorbei der Stahl,
Da faßt sie ihn mit der Verzweiflung Kraft
Und ringt die Waffe aus des Mörders Händen —
Zu spät — denn röchelnd sinkt der Kanzler nieder
Mit seinem Blute netzend ihr Gewand.

LENNOX. Unseliger!

LADY ARGYLL.   Doch nun wird's laut im Schlosse,
O die Verbrecher kamen nicht allein!
Indessen sie den Rizio ermorden
Entwaffnen ihre Söldlinge die Wachen —
Auf allen Treppen, allen Gängen tobt
Der Kampf. Vergeblich suchen Athol, Huntly,
Vom kühnen Bothwell muthig angeführt,
Der Uebermacht mit ihrer kleinen Schaar
Voll Todeskühnheit Widerstand zu leihen.
Sie weichen endlich — überall verdrängt...

LENNOX. Ihr nennt den König nicht? den König, Lady!
Wo blieb mein Sohn an diesem Schreckenstage?

LADY ARGYLL. Vergeblich rief die Königin nach ihm
Und fordert ihn von den Verschwornen, als

Sie unverlarvt nach ihrem Sieg erschienen;
Vergeblich auch hat sie bisher gefragt
Nach des Complott's geheimnißvollem Führer;
Er werde bald sich zu erkennen geben,
Ist der Rebellen immer gleiche Antwort.

LENNOX. Es ist der falsche Murray — zweifelt nicht!
Seit der Verbannung hat er nicht geruht,
Von England aus erhaltend wach den Haß
Des trotz'gen Adels gen das Königshaus.
Was er ersann, das haben hier vollführt
Der rauhe Ruthven und der stolze Douglas,
Und seinem Ehrgeiz, der nicht Grenzen kennt,
Ist Rizio gefallen.

LADY ARGYLL. Ruthven kommt —
Sein finst'res Angesicht will ich vermeiden
Und geh'n der Fürstin freudig anzumelden,
Den freudig sie willkommen heißen wird *(ab)*.

Zweiter Auftritt.

(Der Vorige. Douglas, Ruthven.)

DOUGLAS *(zu Lennox)*.
Ihr seid dem Wunsche rasch zuvorgekommen,
Den wir gehegt, Euch hier zu seh'n, Mylord!
Laßt uns aus dieser Eile Theil am Sieg
Zu nehmen, auf den Eifer schließen, den
Ihr hegt für unsere Sache, und Euch grüßen
Nicht nur als Gast — auch als Verbündeten.

LENNOX. Ich bin gewohnt, im Haus, das ich betrete,
Als seines Eig'ners Gastfreund mich zu fühlen,
Und hier…

DOUGLAS.   Seid aufrichtig. Ihr dürft's. Noch heut
Entsaget König Darnley dem Geheimniß…

LENNOX. Der König?!

DOUGLAS.   Wartet nur auf Murray's Ankunft
Um abzulegen frei vor aller Welt
Die Maske, die…

RUTHVEN.   Was Maske! Laßt die Bilder!
Beim Namen nennt, was einen Namen hat!

Ist Euer Staunen keine Lüge, Lennox,
So höret, daß der König eifersüchtig
Mit gutem Recht, auf Rizio, den Kanzler,
Durch ihn verdrängt von allen Staatsgeschäften
Wie aus der Gattin pflichtvergeß'nem Herzen
Sich selber stellt an ihrer Gegner Spitze.

LENNOX. O gnäd'ger Gott!

RUTHVEN.   Und fordern wird von der
Gefang'nen, zu seinem Königs-*Titel*
Die Würde gnädigst noch hinzuzufügen.

LENNOX. Der Titel schon war schnöder Mißbrauch, Sir!

DOUGLAS. So lang er nur ein leerer Schall gewesen —
Von nun an mag sich Darnley König *nennen*,
Er wird es *sein*.

RUTHVEN.   Wir machen ihn dazu!
Wir tragen selbst die Krone dieses Reichs
Auf uns'ren blanken Schwertern ihm entgegen,
Der ganze Adel, den sie unterdrückt,
Die schott'sche Kirche, welche sie verfolgt,
Verbünden sich zum Sturz der Königin.
Ein gottgefällig Werk ist diese That,
Und ihre Früchte, hoff' ich, wird sie tragen.

LENNOX *(für sich)*. So hoff' ich auch.

DOUGLAS.   Den Earl von Murray,
Der gegen seine königliche Schwester
Zum Schwerte griff, als er durch sie gefährdet
Die reine Lehre sah, und d'rum verbannt
Nach England fliehen mußte, Euer Sohn
Ruft ihn zurück. Er wird ihm Rath, er wird
Ihm Stütze sein auf seiner neuen Bahn.

LENNOX. Kein Feind lebt ihm so giftig wie der Murray!
Der Neid auf Darnley, welcher ihm erschien
Als Räuber all der Macht, die er geübt,
Bevor Maria ihren Gatten wählte,
Der Neid auf Darnley trieb ihn zur Empörung —
Nicht Glaubenseifer, denn er glaubt an nichts.

RUTHVEN. Gleichviel! Jetzt sind sie einig worden, Sir!
Ein Streben leitet sie, die Kirche, uns, —
Und aus ihm wird ein neues Reich versteh'n,

In dem nicht mehr die schott'sche Jesabel
In Unzucht schwelgt, und ißt von Götzenopfern.

WACHE *(draußen).* Der König!

DOUGLAS. Und der Earl von Murray!

Dritter Auftritt.

(Die Vorigen, Darnley, Murray.)

DOUGLAS und RUTHVEN *(ihnen entgegen eilend).*
Dem König Heil! Und Heil dem edlen Murray!

MURRAY. Und euch ihr Freunde! O habt warmen Dank
Für Eure Liebe, die bei meinem König
Mir der Verbannung Ende ausgewirkt,
Das meiner Wünsche schmerzensreiche Glut
Zur Heimat rastlos immer wiederkehrend
Mit jedem Tage brennender ersehnt!

DARNLEY *(Lennox erblickend).*
Mein Vater — Sir — dies Wiederseh'n — so hab'
Ich's nicht gehofft...

LENNOX. Und ich mein Sohn, hab' so
Es nicht gefürchtet!

MURRAY. O mein Fürst! Als ich den Fuß
Auf diese Schwelle setzte — trunken von
Des Wiedersehens Freude Dich umfing,
War mir, als hielt' die Welt ich in den Armen
Und so beseligt fühlte sich mein Herz,
Daß ihm der Wunsch, der niemals ruhende,
Erstorben schien. Nun ebbnen sich allmälig
Die hohen Wogen stürmischen Gefühl's,
Und sonnig heiter breitet sich vor mir
Ein ganzes Leben voll Verheißung aus...
Doch mit der Ruhe kehrt die Ueberlegung,
Und diese spricht: Frohlocke nicht zu früh!
Ward viel errungen, Vieles bleibt zu thun;
Mein edler König säume nicht —! An's Werk!
Indeß das Volk noch athemlos gespannt
Unschlüssig, was es thun soll oder lassen,
Sich bebend fragt wohin dein Streben geht?
Mußt Du am Ziele steh'n! Noch heut vollende

Was glorreich Du begonnen…

DARNLEY.   Laßt die Rückkehr
Der Boten mich erwarten, welche ich
Gesendet gegen Dunbar, auszuforschen
Ob Bothwell rüstet, wie mir ward gemeldet.
Sie steht bevor — und eine kurze Frist
Verlang' ich nur…

RUTHVEN.   Wozu? Wozu die Frist?

MURRAY. Daß Bothwell gegen uns zu Felde zieht
Deß' sei gewiß: die Mähr ist nicht erlogen!
Und eben das zwingt Dich zu rascher That.
Kommt er, noch ehe du die Krone trägst,
Stehst du vor ihm als Hochverräther da; —
Doch dem gesalbten König gegenüber
Ist *er* Rebell, und wird also begrüßt.

DOUGLAS. Entscheide Dich!

MURRAY.   Die Stunde drängt mein König!

RUTHVEN. Ist's möglich, Herr? So lange zögerst Du
Den Willen Gottes, der Dich ruft, zu thun?...

Vierter Auftritt.

(Die Vorigen. Kerr.)

KERR *(zu Darnley).* Von Dunbar trafen Deine Boten ein.

DARNLEY. Was bringen sie?

KERR.   Was wir erwartet, Herr.
Lord Bothwell's Anhang stehet unter Waffen.

RUTHVEN.
Er steht? Wer spricht vom Steh'n? Mich dünkt, er stürmt
Heran und fordert sehr, daß man geziemend ihn
Auf halbem Weg voll Höflichkeit empfange.

KERR. Die Nachricht der Gefangenschaft der Fürstin
Hat Sympathien für sie wachgerufen.
Es strömt das Volk in Massen Bothwell zu,
Selbst hier erheben Stimmen sich für sie. —

RUTHVEN. Die unsere Soldaten niederhalten
Vom Geist des Herrn durchdrungen und beseelt!

MURRAY. Mein König, längst ist Dein Entschluß gefaßt,
Nun gilt's ihn auszuführen. Bring Du selbst
Maria Stuart nach der Veste Stirling,
Der edle Douglas gibt Dir das Geleite
Mit seinem Kriegsvolk, wir indessen stellen
In Edinburg die tiefste Ruhe her.
Sobald die Königin in sich'rer Haft,
Kehrst Du zurück, und wirst vom Parlament
Bestätigung in Deinen Rechten fordern.

DARNLEY. An Eure Posten denn!

DOUGLAS. Vergönne, König,
Der Ueberlegung noch ein ernstes Wort! —
Bevor zu diesem Äußersten wir schreiten,
Den Streit entflammen und den Bürgerkrieg,
Laß uns verbunden vor die Kön'gin treten,
Begehrend, daß ihr Wille auch gewähre,
Was ihre Macht nicht mehr verweigern kann.

RUTHVEN. Nicht eines Haares Breite wird sie weichen!

DOUGLAS. Sie wird, denn also nur allein, bewahrt
Sie sich noch einen Schein von Herrschaft.

DARNLEY. Ich denk' wie Ihr, und stimm' Euch bei Mylord.

MURRAY. So gehet hin. Stellt Eure Ford'rung an
Die Kön'gin! Weigert die Erfüllung sie,
Sind wir ihr gegenüber los und ledig
Jedweder Pflicht und Rücksicht.

DOUGLAS. Eines noch!
In Edinburg darf Bothwell nicht erscheinen
Bevor des Sieges völlig wir gewiß —
Ein Mittel gibt es seinen Schritt zu hemmen…

RUTHVEN *(an sein Schwert fassend)*.
Wohl gibt es eins! Und ich ergreife es!

DOUGLAS. Nicht also Lord! — Ein streng gemessener Befehl
Muß von der Kön'gin selber ausgegangen,
Ihm Halt gebieten ohne Zögerung *(zu Darnley)*
Und den Befehl sollst Du erwirken, Herr!
Längst ist es Zeit vor Deiner Gattin, Dich
Als ihrer Gegner einen, zu erklären.
Tritt vor sie als Gebieter — ford're von
Der Überwundenen Gehorsam! Dies

Begehren wir.

RUTHVEN.   Ja wohl!

KERR.   Was wir gethan
Es ist für Dich gescheh'n, nun stehe Du
In Treuen auch mit uns! Erneure Herr
Den Eid, den Du geschworen: Eins mit uns
In Sieg oder Verderben — unser Führer,
Zu leben, und zu sterben! —

DOUGLAS und RUTHVEN. Schwöre! Schwöre!

MURRAY. Ihr Zweifler! Ihr mißtraut dem Fürstenworte?

RUTHVEN. Weil wir d'ran glauben, fordern wir's als Pfand.

DARNLEY *(zögernd)*. Mylords, ich schwöre — jede Sicherheit
Die meine Macht im Stande Euch zu leihen —
Und jeder Schutz soll Euch gewährt sein…

DOUGLAS. Du gabst Dein Wort — empfange nun das uns're.

ALLE VERSCHWORENEN. Dem König Treue!

MURRAY *(zu Darnley)*.   Und die Deine — ihnen!

DOUGLAS. Bereite denn die Kön'gin auf uns vor!
Vor allem aber denke des Befehl's
An Bothwell, Herr. Sobald er ausgefertigt,
Entbiete uns zurück. *(zu Lennox.)* Der Einzige
Der hier kein Wort gesprochen, Lennox, das
Seid Ihr! Raubt Euch der Stunde Ernst die Sprache?
Seid Ihr betäubt durch Eures Sohn's Triumph?

LENNOX. Ich bin ein Greis, und stumpf für Ehrgeiz worden.

KERR. Mein königlicher Herr, bei Rizio
Ward dieser Schrank gefunden, *(er stellt einen kleinen Schrank,
den auf ein von ihm gegebenes Zeichen ein Diener hereinbracht,
auf den Tisch.)*   über ihn
Gebühret Dir nur das Verfügungsrecht,
Er trägt die Aufschrift von des Kanzlers Hand:
„Nach meinem Tod der Kön'gin Eigenthum."

DARNLEY.
Was sagst Du? — Her! — Hierher! — Laßt mich allein.

RUTHVEN, DOUGLAS, KERR *(ab)*.

LENNOX. Ich wünsche Sohn, die Königin zu seh'n,

Gönnt mir — Ihr Herren nun von Holyrood
Bei Euerer Gefangenen den Eintritt.

MURRAY. Mit nichten…

DARNLEY.   Doch mein Bruder Murray! — Geht
Mein Vater — und — ich bitte Euch — bereitet
Maria auf ihr Schicksal vor — sagt ihr —
Wie unnütz jeder Widerstand — mahnt sie
Den übermüthig stolzen Sinn zu beugen,
Und als ein Weib zu dulden, rathet ihr.

LENNOX. Ich werd' ihr rathen als ein Weib zu *dulden*,
(für sich.) Bis sie als eine Kön'gin *handeln* kann. *(ab.)*

MURRAY. Was ist Dir Darnley? Hab' ich mich getäuscht?
Ich hoffte Dich zu finden, kühn, entschlossen,
Von jener stolzen Zuversicht getragen,
Die Sieg verleiht, weil an den Sieg sie glaubt,
Und finde Dich — entmuthigt — finster — schwankend,
Bei meinem Eid! Ein Knabe ganz und gar,
Der vom Triumph geträumt auf weichen Kissen,
Und da erwacht, er ihn verfolgen soll,
Auf rauhem Pfad, mit Eisen und mit Stahl —
Beim ersten Kampf, beim ersten Tropfen Blut
Den er vergießen sah, entsetzt und schaudernd
Die Fahne flieht!

DARNLEY.   Du irrst. Mit kaltem Muthe
Stand ich vor Rizio's entstellter Leiche,
Und blickte fest in sein gebroch'nes Auge.
Allein Murray — zwei Augen gibt's, vor die
Zu treten, Todesgrau'n mich faßt…
Sie haben oft so stolz mich angeblickt,
So hochmüthig und höhnisch, daß in mir
Jedwed Gefühl in Wuth sich aufgelöst
Und all mein Sehnen in den Schrei nach Rache! —
Und doch — wie heiß ich auch den Tag ersehnt,
Wo sie im Staub vor mir sich senken müssen,
Nun er gekommen — nun verwünsch' ich ihn!

MURRAY. Das sprichst Du aus? Das wagst Du auszusprechen —
Nachdem Du mich zu Deinem Sieg geladen,
Nachdem er halb vollbracht?

DARNLEY.   Das Letzte fehlt.

MURRAY. Das *Beste* sage — die Entschlossenheit

An's Ende ihn zu führen!

DARNLEY.   Nimmermehr!
Ich will im Kampf um Schottlands Königskrone
Erniedern mich bis zum gemeinen Streiter, —
Mit Volkswuth kämpfen und Parteienhaß,
Und *hab'* ich sie errungen, mit Dir theilen
Der Herrschaft Wonnen —: Macht und Ruhm, und Hoheit —
Nur Eines, Murray, sollst Du für mich thun —
Den Einen Schritt, der mir unmöglich ist…

MURRAY. Was forderst Du?

DARNLEY.   Sei Du mein Bote bei
Der Königin.

MURRAY. Ich!! — Sie darf es niemals ahnen
Daß wider sie ich mich mit Euch verband —
Und ich sollt' selber mein Verräther sein? —
Eh das geschieht fließt rückwärts unser Tweed!

DARNLEY. Ich dachte doch, Du dientest meinem Vortheil?

MURRAY. Doch will ich nimmer meinem Nachtheil dienen.

DARNLEY. Ich fleh Dich an! Gezählt sind die Minuten.

MURRAY. Sie geh'n nicht mir — sie gehen Dir verloren…

DARNLEY. Verloren — ja — und ich bin es mit ihnen!

MURRAY. Bejammernswerther Held! … Von einem Weib
Besiegt, das Dir Gehorsam schwur und sich
Geweigert, Mann! ihn Dir zu leisten — das
Die Herrschaft Dir versprach — und vorenthält,
Das einen Günstling über Dich erhob…

DARNLEY. Sie leidet ihre Strafe — leidet, leidet,
Zu meines Herzens jauchzendem Entzücken —
— Doch will ich nicht an ihrer Qual mich weiden,
Nicht selbst der Henker ihres Glückes sein.

MURRAY. O Heuchler! Kleide nur die Furcht in das
Gewand der Großmuth — ihr fahl Gesicht erkenn'
Ich trotz der Larve! — Nein! Du willst nicht siegen! — —
So geh' denn unter, wie Du es verdienst!
So bleibe denn, was Du bisher gewesen:
Der Schatten eines Königs — eines Weibes
Geschöpf! — So trage denn Dein schmählich Joch,
Wenn Dir die Kraft gebricht es abzuschütteln!

31

Du bist geboren und gezeugt zum Knecht,
In Deinen Adern rollt kein Königsblut!

DARNLEY. Das lügst Du!

MURRAY.　　　　　　Durch Thaten straf' mich Lügen —
Die Worte spare — und vernimm mein letztes:
Nicht ich, bei Gott! nicht ich, erwarte Heil
Von der Comödie, in welcher Douglas
Die Rolle des Vermittlers spielen will!
Nur der Gewalt erliegt Maria Stuart,
Sie muß nach Stirling, muß noch heut dahin…

DARNLEY. Unmöglich!

MURRAY.　　　　　Für den Kühnen Nichts! — und Alles
Dem Zagenden!

DARNLEY. Du willst…

MURRAY.　　　　　Nicht weiter! Nur
Dies eine höre: Wenn am nächsten Morgen
Die Königin in Edinburg erwacht,
Zählt sie um einen Diener mehr, und Du
Hast ihn verloren — Murray nennt er sich! *(Murray ab.)*

DARNLEY *(allein)*.
Hab Dank für dieses Wort, Du schnöder Murray!
Es facht den Funken Zorn in meiner Brust
Zu ungeheurer Flammenlohe an,
Und nicht über Maria's Haupt allein
Auch über Dir soll sie zusammenschlagen!

　　(Der Thüre links zueilend begegnet ihm an der Schwelle:)

LENNOX. Wohin?

DARNLEY.　　　Zur Königin.

LENNOX.　　　　　　　Sie kommt.

DARNLEY.　　　　　　　　　　　　Habt Ihr
Sie vorbereitet mich zu sehen?

LENNOX.　　　　　　　Nein!
Ich mocht Ihr Deine Schande nicht verkünden.
Noch ahnet sie von all dem Frevel nichts,
Glaubt Dich gefangen, wie sie selbst es ist,
Und wie sie selbst — ein Opfer der Empörung.

Tritt ihr entgegen nun, mein wack'rer Sohn,
Mit aller Hoheit Deiner neuen Würde,
Mit allem Stolze Deines Selbstgefühls,
Daß nicht zu tief ihr Anblick Dich beschäme;
Du neben ihr, nicht allzu klein erscheinst,
Denn ungebrochen ist ihr hoher Muth
Und größer als das Mißgeschick: sie selbst —
Was mich betrifft — ich bin ein schwacher Greis,
Schwach ist die Hülfe, die ich bieten kann,
Doch hab' ich ihr auf meines Enkels Haupt
Der Treue Eid geleistet, und will ihn
Zu Ehren bringen, wär ich auch in Schottland
Der einz'ge Mann, der noch die Treue hält. *(Lennox ab.)*

DARNLEY. Mylord, ich… *(will ihm nacheilen.)*

Fünfter Auftritt.

*(Der Vorige. Maria tritt langsam ein, als sie Darnley erblickt,
eilt sie mit einem Schrei der Überraschung auf ihn zu.)*

MARIA.　　　　Darnley! Darnley! O mein Gatte!
Bist Du's? Bist Du es wirklich? Kann's denn sein?
O Segen meinem Aug! — Ein Freundesantlitz,
Auf dem es ruhen kann!

DARNLEY.　　　　Ich bin kein Freund.
Gedenk, wie wir uns trennten, und Du wirst
Von diesem Wiedersehn nicht Segen hoffen.

MARIA. Ich hab' Dich schwer beleidigt und verletzt —
Verzeih! — Das Herz ist stets am strengsten für
Die Theuersten und Fehler, kaum gerügt
An Fremden, führen uns zum Zwiespalt oft
Mit denen, die wir lieben.

DARNLEY.　　　　Ja! das war
Von jeher Deine Liebe! Tadeln heißt
Die Huld, die Du gewährst, ein ew'ger Vorwurf
Ist Deine Zärtlichkeit. — Nicht also will
Geliebt ich werden — eher so gehaßt.

MARIA. Ich hör Dich an mit sprachlosem Erstaunen —
Laß eine Frage meine Antwort sein:

Mein ganzes Hoffen stand auf Dir allein,
Ich glaubt' Dich frei — ich sah Dich — Heere werben —
Das Volk begeistern — Holyrood erstürmen —
Und wie ein Engel — wie ein Gott erscheinend,
Das Richtschwert in der Hand — die Königin
Und Deinen Sohn befrei'n! … Doch Du bist hier, —
Wie ich — so scheint's — gefangen und bewacht —
Und unser Unglück, das die schlimmsten Feinde
Zu Freunden machen müßte, träfe sie's
Gemeinsam — läßt in Deinem Herzen Raum
Für einen kleinen Groll!

DARNLEY.   Verblendete
Nenn' meinen Groll nicht klein!

MARIA.   Die Gründe sind's
Die ihn erweckt, er ist's im Angesicht
Der Leiden, die wir jetzt erdulden. O! —
Vergiß ihn für den größeren Gedanken:
Die Rettung erstens — und die Rache — dann!

DARNLEY. Du träumst!

MARIA.   Willst Du Dich kampflos unterwerfen?

DARNLEY. Wer war's der mich die Unterwerfung lehrte?
Ich übt' sie nicht wär' ich gewöhnt an Herrschaft
Trüg' ich die Krone die Du mir verweigerst…

MARIA. Ich weig're sie, weil mir kein Recht geworden
Mit diesem heil'gen, untheilbaren Reif
Ein zweites Haupt zu schmücken, nebst dem meinen.

DARNLEY. Auch mir den Königstitel zu verleihen
Besaßest Du kein Recht, und hast es doch
Gethan!

MARIA. Soll ich in Zukunft karger sein?

DARNLEY. In Zukunft Herrin — wirst Du Großmuth üben —
Und alles geben — was man Dir ertrotzt!

MARIA. Entsetzlicher! Kannst Du das Unglück höhnen
Obwol Du blutest unter seinen Streichen? —
Oder — verschmerzest Du Dein Mißgeschick,
Weil es zugleich — und schwerer — mich getroffen?! —
O Darnley! Darnley! — Ist es möglich denn
Daß also sich des Menschen Sinn verkehre?
— Du hast mich nie geliebt wie es mein Herz

Verlangt — allein — wie Du's verstehst: geliebt —
Aus freiem Antrieb hast Du mich gefreit
Hast mein begehrt mit jugendlicher Glut…

DARNLEY. Auch dieses ist vorüber, — und vernichtet
Jedwede Regung, die für dich gesprochen.

MARIA. O Menschenherz! — Es treibt die todte Erde,
Die prangend trug ein gold'nes Aehrenmeer,
Auch wenn der Pflug darüber hingezogen
Noch über's Jahr so manchen Halm empor
Den Segen kündend, welcher hier geblüht.
Und in der Schöpfung größtem Meisterstück —
In Dir — Du pochend lebensvolles Herz,
Vertilgt ein Jahr so ganz die schönste Saat
Die Deines Lenzes Fülle treibt: Die Liebe! —
Daß keine Regung, nicht das kleinste Zeichen,
Des einst'gen Reichthums Herrlichkeit verräth!

DARNLEY. So ist's. Du sprichst es aus.

MARIA.   Sieh' mir in's Auge!
In's Auge! — Wie? — Du wagst es nicht? —

DARNLEY.   Nicht wagen?

MARIA.
O… Doch?! … Nun sag' ich Dir: Du lügst! Beim Himmel,
Du fühlest Mitleid und Gewissensangst!

DARNLEY. Mein Auge täuscht, wenn es Dir Mitleid zeigt.
Ich habe keines für ein treulos Weib.

MARIA. Ein treulos Weib?

DARNLEY.   Das meine Ehre schändend
Sich hingegeben einem nied'ren Günstling —
Zum Ärgerniß der Welt, zur Schmach des Gatten,
Herabgesunken bis zur Buhlerin.

MARIA. Mein gnäd'ger Gott, ich hab' mich überhoben
Nur allzuoft, in ungerechtem Stolz! —
Nimm dieser Stunde Schmach als Buße hin,
Sie sühnet Alles — Alles überreich!

DARNLEY. Verbrecherin! Verstummst Du im Gefühle
Begang'ner Schuld und suchst vergeblich nun
Nach einem Worte der Vertheidigung?

MARIA. Und fänd ich tausend — keines spräch ich aus!

Ich bin gefangen und der Macht beraubt,
Entehret durch die niedrigste Verläumdung,
Allein so gräßlich tief noch nicht gefallen,
Daß ich zu ihrer Widerlegung mich
Erniedrigte!

DARNLEY.   So werden Zeugen reden! —
Kennst Du den Schrank?

MARIA.   Des treuesten Dieners Händen
In einer schweren Stunde übergeben,
Wo mit dem Tode dieses Leben rang.
Ich kenne ihn — gib mir mein Eigenthum.

DARNLEY. Gefang'ne haben kein's. — Wo blieb der Schlüssel?

MARIA. Von mir verwahrt.

DARNLEY *(heftig)*.   Gieb!

MARIA.   Mein Leben eher!

DARNLEY. Du weigerst Dich!

MARIA.   So lang ich athme — ja.

DARNLEY. Wohlan! Auch Degenklingen öffnen Schlösser.
(Er sprengt den Schrank, Maria wendet sich verächtlich ab.)
— Da liegen sie, die Zeugen meiner Schande —
Verbrecherischer Liebe sünd'ge Boten!
Verräther der Verrätherin — klagt sie —
Mit tausend Stimmen an! Was sie beschuldigt
Entsühnet mich und macht gerecht mein Handeln!

Sechster Auftritt.

(Die Vorigen. Lennox rasch eintretend.)

LENNOX. Nichts ist verloren und noch Zeit zur Rettung,
Wenn jeder handelt, wie er kann und soll.

MARIA. Auf Darnley zählet nicht.

LENNOX *(für sich)*.   Hat er gesprochen? …
Nein! Nein! Ich kenne meinen kühnen Sohn.

DARNLEY *(der einen Brief nach dem andern durchfliegt und*

wieder in den Schrank zurückwirft).
Das ist der Liebe Sprache nicht — Bin ich
Betrogen überall? Verflucht die Schurken,
Die mich verleitet haben! Was ist das?
Der Kön'gin Testament! … „So Gott mich ruft — —
Mein — vielgeliebter Gatte — Heinrich Darnley — —
Regent von — Schottland — bis zur Thronbesteigung
Des Prinzen — meines Sohn's" …

*(Während dieser halblaut gesprochenen Worte ist Lady Argyll
eingetreten.)*

MARIA *(wirft sich in ihre Arme).* O komm' Du Treue!

*(Sie bleibt während des Folgenden auf Lady Argyll gelehnt im
Hintergrunde der Bühne.)*

LADY ARGYLL. Was ist geschehen, teure Lady? Fassung!

DARNLEY *(den Blick starr auf das Testament geheftet).*
Und ich — hab' sie entehrt! … Ich bin beschämt.

LENNOX *(dicht an Darnley herantretend, leise und rasch).*
Nach Dunbar fliegt in dieser Stund' mein Bote,
Und fordert Bothwell auf, mit seinem Heer
Herbei zu jagen in beschwingter Eil! …

DARNLEY. Was sagt Ihr?

LENNOX.   Kommen wird er so gewiß
Als der geschoss'ne Pfeil vom Bogen schnellt!
Doch daß die Thore ihm geöffnet werden
Befiehl' Du selber.

DARNLEY *(finster).* Wie vermöcht ich das?

LENNOX. Dem Träger dieses fürstlichen Befehl's
Wird sich kein Widerstand entgegensetzen.

DARNLEY. Ist die Empfindung Reue — die mich jetzt
Durchströmt? … Ich hab' bisher Dich nicht gekannt —
Du fremd' Gefühl — und will auch fürder Dich
Nicht kennen …

LENNOX.   Unterschreibe!

DARNLEY.   O der Qual! —

LENNOX. Es fordern die Verschworenen von Dir

Den Haftbefehl der Königin an Bothwell,
Schon wartet voll von Ungeduld ihr Bote
Der ihn bestellen — Gib diesen ihm
Anstatt des Haftbefehls.

DARNLEY *(ergreift das Blatt).* Was thun? Was thun?

LENNOX. Wenn noch ein Funken Ehre in Dir glüht,
So mache gut durch einen Federstrich
Den ungeheuren Frevel an der Gattin —
Der Königin!

DARNLEY *(im heftigsten Kampfe).*
                Ich sollte! — Ja! — Ich fühl's…

LENNOX. Ich flehe — ich befehle!

DARNLEY.   Nun — wohlan! *(unterschreibt.)*
Es ist gescheh'n…

LENNOX *(zur Thüre eilend, die er öffnet).*
               Herein! Herein Ihr Alle!
Die Kön'gin will Euch hören, meine Freunde!
   (Douglas und Ruthven treten ein.)
Sie selber schickt den Haftbefehl an Bothwell — *(zu einer Wache:)*
Dem Boten dieses — der im Hofe wartet!
(Zum Fenster tretend und es öffnend, ruft hinab:)
Zu Pferd! zu Pferd! Und jagt, daß hinter Euch
Ermüdet, keuchend, bleibt zurück der Sturm!

DOUGLAS *(zu Ruthven).* Triumph! Der König hat gesiegt!

RUTHVEN.   Das heißt
So viel als: wir.

DOUGLAS *(zu Lennox).* Reicht mir die Hand Mylord:
Verzeihung meinem Zweifel von vorhin.

   (Murray und Kerr treten ein.)

MARIA *(bei Murray's Anblick sich emporrichtend).*
Der Earl von Murray?

DOUGLAS.   Von uns zurück
Gerufen, Majestät! — Sammt seinem Anhang.

KERR. Empfang' ihn gnädig.

RUTHVEN.   Um so gnädiger
Als minder Deiner Gnade er bedarf.

DOUGLAS. Nicht unser Wille ist es, Königin,
Der Freiheit Dich für immer zu berauben;
Mit einem Worte kannst Du sie erkaufen,
Ein Wink von Dir — und Deine Fesseln fallen.
Dir dies zu künden, stehen wir vor Dir.

RUTHVEN. Stellt unsere Bedingungen Mylord!

DOUGLAS. Im Namen meiner Freunde, hier versammelt,
Im Namen des gesammten Adels Schottlands…

MARIA. Des Adels Schottlands? Wer vertritt ihn hier?
Wer führt die Sache der Mac-Dolbain's, Athol's,
Der Flemming, Bothwell's und der vielen Anderen?

DOUGLAS. Im Namen auch des Volkes…

MARIA.   Volkes? Gibt's
Ein schottisch Volk? Ich kenne nur die Rotten
Die knechtisch ihrem Thane unterworfen,
In Krieg und Frieden Euch zu Willen sind;
Die Eure Farben tragen auf den Kilts,
Die Furcht vor Euch in ihren rohen Herzen!
— Nicht Kinder Schottlands: Kinder ihres Clan's. —
Daß dieser Troß begehrt, was — Ihr — das glaub'
Ich Euch! Denn eh' er's that, hat er gefragt
Was Ihr befehlet, daß er wollen soll.

DOUGLAS. Du hast der Uebermacht Dich unterworfen —

MARIA. Niemals — bei Gott! — Erlegen bin ich ihr,
Doch unterworfen habe ich mich nicht.

DOUGLAS. Die Uebermacht stellt Dir Bedingungen,
An die allein sich Deine Freiheit knüpft.
Sie lauten: Schutz der reformirten Lehre,
Aufhebung des kathol'schen Götzendienst's,
Die Theilung Deiner Herrschaft mit dem König,
Begnad'gung des Earls von Murray,
Und aller derer, welche Theil genommen
Am Morde Rizio's…

MARIA.   Nicht weiter! Was
Begehret Ihr? — Verrath an meinem Glauben,
Verrath am Reiche, dessen Herrschaft ich
Mit einem Anderen theilen soll — Verrath
An dem Gesetz, das Rache fordert für
Empörung und für Meuchelmord…

RUTHVEN. Dem Gatten
Verweigerst Du die Macht, doch mit dem Günstling
Hast Du sie gern getheilt.

MARIA *(zu Douglas)*. Ihr seid ein Douglas:
Beschützt mich vor dem Angriff der Gemeinheit,
Daß sie allhier die Stimme nicht erhebe,
Die Rücksicht, Lord, gewähret dem Geschlecht —
Und ehrt in der gefang'nen *Königin* — das *Weib*.

RUTHVEN. Bei meinem Eide!

DOUGLAS. Stille! — Forderst Du
Bedenkzeit — diese soll Dir werden.

MARIA. Ich ford're keine.

RUTHVEN. Hört Ihr ihn? Satan,
Den Hochmuthsteufel, hört ihr ihn?

DOUGLAS. Bedenk'…

MARIA. Ich denk' der Frevel zahllos ungesühnt,
Die schon durch Euch an mir begangen worden,
Doch dieser wahrlich, übersteigt sie alle! —
Ihr habt das Haus der Könige durch Mord
Entheiligt, durch Verrath entweiht — Ihr habt
Die Hand an jedes Recht gelegt, das mich
Beschützt…

RUTHVEN. Geboten hat's der heil'ge Eifer
Für uns're Kirche, die Dein Haß verfolgt!

MARIA. Wie Euer Haß die meine! Ist mein Recht
Für meinen Glauben einzusteh'n, geringer
Denn Euerer?

KERR. Folg' uns nach Stirling!

MARIA. Ja!
Doch Eines ford're ich, bevor ich gehe:
Den Namen Eures Führers sagt mir an!
Ich will den schlimmsten meiner Feinde kennen,
(Nach kurzer Ueberlegung, rasch):
— Du bist es, Murray!

MURRAY. Nein! So wahr ich lebe! *(leise zu Darnley).*
Hast Du geläugnet, Mann?

MARIA. Ich trag ein Zeichen

40

Das ihn verrathen soll — den Dolch, den er
Geführt...

LENNOX *(zu Maria's Füßen)*. O Königin — ich fleh' Dich an:
Begehr' ihn nie zu kennen! Nie und nimmer!
Mit meinem Leben steh' ich dafür ein,
Du hast von nun an keinen treuern Diener!

RUTHVEN *(leise zu Douglas)*.
Was ist das? Teufel! Wird der Darnley schwach?

MURRAY *(für sich)*. Das ist in Wahrheit seltsam...

MARIA.   Vater Lennox!
Ihr seid ein warmer Anwalt, in der That,
Für einen Hochverräther... O laßt mich
Nicht auch an Euch verzweifeln... Herr im Himmel!
Sind Alle falsch? Ist unter ihnen Allen,
Die Treue mir geschworen, Keiner, der
Sie hält?

   (Von der Straße herauf der tausendstimm'ge Ruf):
      „Hier Bothwell! Hoch die Königin!"

MARIA. Und Einer — Einer doch!

LENNOX.   Triumph!

MURRAY *(mit einem Blick auf Darnley)*. Verrath!

   *(Getümmel und Kampf auf den Treppen. Alle, Lennox und
   Darnley ausgenommen, ziehen ihre Schwerter.)*

BOTHWELL *(hereinstürzend)*. Ergebt Euch alle!

DIE VERSCHWORENEN *(auf ihn eindringend)*.
                    Nieder mit ihm! Nieder!

BOTHWELL *(sein Schwert von sich schleudernd)*.
Ein Hochverräther Jeder, der das Schwert
In Gegenwart der Königin gezogen.
Und Gnade Gott jetzt allen Hochverräthern!

   (Athol, Mar, Huntly kommen mit dem Rufe):

Es lebe die Königin!

   (Die Terrasse und alle Eingänge besetzen Bothwell's Leute.)

RUTHVEN *(leise)*. In der Hölle!

KERR *(ebenso)*. Verdammt!

MARIA. Erretter! Freund! Sieger! Seid gegrüßt!
Wenn ich noch nicht gewußt, was *danken* heißt,
Aus übervoller Seele — lern' ich's jetzt!
Ihr gebt mir wieder — königliche Macht —
Und königlich soll Euch vergolten werden!
— Beklaget mich — die strafen muß — bevor
Sie lohnen darf!
(Mitten unter die Verschworenen tretend, den Dolch erhoben.)
                    Bei Eurem Leben, das
Zur Neige geht, gebiet ich Antwort! Wem
Gehört der Dolch?

DIE VERSCHWORENEN *(nach einer Pause)*. Dem König.

MARIA.   Lüge! — Nein —
Das kann nicht sein! *(nachdem sie Darnley lange und starr
angesehen, leise)* Es ist — Allmächtiger!

MURRAY *(zu Darnley leise)*. Nun halte Wort!

DOUGLAS *(ebenso)*.   Bekenne!

KERR *(ebenso)*.   Rette uns!

LENNOX. O Majestät! Bei diesem weißen Haar
Das Sorge bleichte um Dein theueres Wohl…

MARIA *(mühsam nach Fassung ringend)*.
Seid ruhig Vater! Unterthanen könnt'
Ich richten, doch den Fürsten nicht!
(zu den Verschworenen.)   Vernehmt!
Was Ihr gesagt — ich glaube nicht daran —
Doch *wenn* es ist, — doch, wenn es wirklich ist —
Wenn dieser Mann, wenn dieser Graf von Darnley,
Den ich erhob zu meinem Herrn und König
Die That gebot — — so habt Ihr recht gethan!

RUTHVEN *(zu Darnley)*. Was braucht es mehr?

MURRAY *(leise zu Darnley)*.   Du zögerst noch?

KERR *(ebenso)*.   O rede!

DOUGLAS *(ebenso)*. Gesteh'!

MARIA.   Sprich mein Gemal — war's Dein Befehl,
Der ihre Hand bewaffnet gegen mich?

RUTHVEN *(für sich).* O mögest Du zehntausend Jahr im Pfuhl
Der Hölle brennen, feiger Wicht, für jede
Sekunde dieser Zögerung!

MARIA.   Deine Antwort?
Ein Ja, ein Nein nur ford're ich von Dir.

DOUGLAS. Elender!

DARNLEY.   Königin…

MARIA.   Ein Ja! Ein Nein!

DARNLEY. Ich hab…

MARIA.   Ein: Ja — ein: Nein!

DARNLEY.   O!... Nein denn!

(Schrei der Entrüstung unter den Verschworenen.)

MARIA. Ihr habt's gehört, Verläumder und Rebellen!
Dies *eine* Wort ist Euer Todesurtheil.
— Führt in's Gefängniß sie!

(Wachen umringen die Verschworenen.)

DOUGLAS.   Er hat gelogen!
Ich schwör's bei meiner Ehre!

MARIA.   Deiner Ehre
Verräther?

DOUGLAS. Meinem Eide…

MARIA.   Deinem Eide
Eidbrüchiger? … Führt in's Gefängniß sie!

(Die Verschworenen werden abgeführt. Beim Vorübergehen an Darnley):

DOUGLAS. Heut spricht Gewalt, und morgen spricht der Richter.
(ab.)

KERR. Du bindest unsern Arm, nicht uns're Zunge. *(ab.)*

RUTHVEN. Des Tages sollst Du denken, König Darnley! *(ab.)*

MURRAY *(zu Maria's Füßen).* Hoch lebe meine große Königin!
Laß' mich der erste sein, der kniend Dir
Zu Füßen leget seine Huldigung!

43

MARIA. Ihr kommt zwar ungerufen, Bruder Murray
Doch will ich Euch darum nicht gehen heißen.
Die Tugend, die Euch schmückt, ist nur Vergleich
Mit größeren Verbrechen als die Euren —
Doch will ich Euch nicht richten. Stehet auf!
Seid mir von diesem Tag ein treuer Diener,
Und zum Beweis, daß ehrlich Eure Reue,
Verbündet fürder Euch mit meinen *Freunden*.
Uralter Groll hält Euch entzweit mit Bothwell.
Versöhnet Euch mit ihm. Dies ist mein erst
Gebot.

MURRAY. O Königin! Und freudig geb'
Ich Dir dies erste Zeichen freudigen
Gehorsams. — An mein Herz, Mylord! Vergessen, —
Begraben ist die alte Zwistigkeit!

BOTHWELL. Nicht *mir*, bei Gott! Ich liebe oder hasse
Aus meines eig'nen Herzens freier Wahl.
Verzeihung Königin! Du kannst mit Trug
Und Lüge Dich versöhnen, doch von mir
Die Lüge fordern — kannst Du nicht. *(er geht ab.)*

MURRAY.   Mylord…

MARIA *(wirft sich in Argyll's Arme)*. O Leonor! Er ist ein *Mann*
In dieser Schaar von Feiglingen und Schlangen!

Zweiter Aufzug

Erster Auftritt.

*(Eine Gallerie, die in den Audienzsaal mündet, von welchem sie
durch herablassene Vorhänge getrennt ist. Pagen an der Thüre
rechts. Durch die Thüre links tritt ein:)*

DARNLEY. Es mußte sein! … Ich hatte keine Wahl; —
Es mußte sein und — ward… und dennoch… O!
Mein eig'nes Werk zerstört mit rohen Händen —
Um einer Regung willen?! … Wie hab ich
Daran gebaut — so rastlos unermüdlich —

Und nun: Umsonst… Nein, Nein! nicht also darf
Sich's enden — hören soll — erhören soll
Sie mich *(er geht rasch nach der Thüre rechts zu, Page vertritt ihm den Weg.)* Platz da!

PAGE.   Verzeihung, Herr.

DARNLEY.   Bist Du
Verrückt? … Ich will zur Königin.

PAGE.   Wir haben
Gemessenen Befehl.

DARNLEY.   Zurück, Du Bube!
Das ist wohl auch: „gemessener Befehl!"

PAGE. Ich kann nicht anders, Herr…

DARNLEY.   Wer ist bei ihr?

PAGE. Mylords von Huntly und von Bothwell, Sir.

DARNLEY. Und ich würd' abgewiesen? Tropf! Zurück!

PAGE. Ich fleh' Dich an!

(Murray erscheint an der Thür links.)

DARNLEY.   Geh' hin und melde mich!

PAGE. Du zwingst mich? — wohl! So stehe dafür ein! *(ab.)*

DARNLEY. Bin ich in meinem Haus ein Fremder worden?
Gilt mein Befehl nicht mehr in Holyrood? …
O Thorheit! Thorheit: Seelenmord! Du bist
Die größte Sünde! — Undank, Lüge, Todschlag
Verschwinden neben Dir! …

MURRAY *(tritt lachend ein)*. Nun König Darnley?
Wie steht's mit Deiner Majestät? Ha! Ha!

DARNLEY. Und wie Mylord, mit Euerer Gesinnung?

MURRAY. Ich hab' in Deiner Schule mich gebildet.

DARNLEY. O daß ich in der Deinen mehr gelernt!

MURRAY *(lachend)*. Ha! Ha! Du hast gewürfelt um das Glück —
Ich hab's erfaßt in eiserner Umarmung!
Du hast's verloren — und ich nenn' es mein. —
Wir wollen theilen, König Darnley — Nicht?
Bis eig'nen Reichthum Dir das Schicksal bringt.

DARNLEY. Worauf hoffst Du?

MURRAY.   Ich hoffe — auf die Hoffnung —
Was Zufall nahm, kann Zufall wieder geben —
Nur such' hinfort der Zufall selbst zu sein:
Ein neuer Einsatz — und ein neues Spiel!

DARNLEY. Was hätt' ich einzusetzen?

MURRAY.   Pah! So viel
Wie nichts. Die Thoren nennen's das Gewissen.
Komm' näher. *(leise.)* Die Verschworenen müssen sterben.

DARNLEY. O Ungeheuer!

MURRAY *(mit veränderter Stimme).* Sie müßten sterben, wenn
Sie schwatzen wollten, denn um *jeden* Preis
Muß man die losen Mäuler ihnen stopfen…

DARNLEY. Das fühlst auch Du? — Triumph! — Ich stehe nicht
Allein!

MURRAY. Du irrst. Sie sterben *alle* auf
Der Folter, eh' mich *Einer* nur verräth.

DARNLEY. Dann will ich reden! will's verkünden…

MURRAY.   Was?
Hast Du Beweise? Oder gilt Dein Wort?

DARNLEY. Versucher: Nein! Ich will nicht tödten mehr.

MURRAY *(höhnisch).*
Erkauf' ihr Schweigen durch ein and'res Mittel! —
Spreng' ihre Fesseln, — öffne ihren Kerker
Und der Befreiten Dank verdiene Dir —
Anstatt der Flüche der Betrogenen.

DARNLEY. Wir wollen seh'n! Noch hab' ich zu befehlen.

PAGE *(kommt).* Die Königin wird Eure Majestät
Erwarten in der Stunde der Audienz. *(ab.)*

DARNLEY. Verwünscht!

MURRAY.   Ha! Ha! Ha! Eine schöne Stunde
Zum süßen Wiedersehen zweier Gatten! —
Befiehl' doch Deiner Magd — Dich zu empfangen! …

DARNLEY. O Qual! O Qual!

MURRAY.   Ha! Ha! So sieht

Ein König aus — der König werden wollte…

Zweiter Auftritt.

(Die Vorigen, Mar und Huntly ohne Darnley zu beachten, Murray sich nähernd).

MAR. Ihr seid in Gnaden wieder aufgenommen,
Von Ihrer Majestät der Königin —
Ich wünsch Euch Glück, Mylord, und wünsch es uns;
Denn uns're Sehnsucht rief Euch längst zurück.

HUNTLY. Maria Stuart hat vergeben, Murray —
Nicht ihren Dienern ziemt es da zu *richten*,
Wo sie *verzeiht*. Nennt mich den Euern — denn
Ich bin es nun!

MURRAY.   Nicht mehr fürwahr, als ich
Der Eure bin, Ihr edlen Lords und Freunde!

MAR. Die Königin erwartet die Gesandten
Von Frankreich und von England, und befiehlt
Einstweilen uns, willkommen sie zu heißen.
Noch gestern Abends traf Brienne hier ein,
Und mit dem heut'gen Morgen Graf von Bedfort:
Die Nachricht der Gefahr, in der die Fürstin
Geschwebt, erreichte sie auf ihrem Weg
Nach Edinburgh, sie eilten rasch hierher,
Um mit des Aufstands Führern zu verhandeln.

HUNTLY. Und wie gewöhnlich kam der Kopf zu spät,
Und fand das Werk schon durch die Hand vollbracht!

MURRAY. Sie kommen!

Dritter Auftritt.

(Die Vorigen. Brienne, Bedfort.)
BRIENNE. Sire!

47

BEDFORT.   Mein König!

DARNLEY.   Diesen dort
Befahl die Königin Euch zu empfangen.

MAR. Maria Stuart heißt Euch hochwillkommen
Verehrte Herren! — Bevor die Königin
In feierlicher Audienz empfängt
Die Abgesandten Engellands und Frankreichs,
Wünscht sie die Grafen Bedfort und Brienne,
Im eng'ren Kreis des Hofes zu begrüßen.

BRIENNE. Wir harren Ihrer Majestät Befehle.

MURRAY (mit Bedfort in den Vordergrund tretend).
Mylord, was bringt Ihr mir?

BEDFORT.   Die Grüße meiner Königin.

MURRAY. Mit Demuth und mit Stolz empfang' ich sie.

BEDFORT. Auf Eure Hülfe hofft Elisabeth.

MURRAY. Sie hat auf Erden keinen treuern Diener.

BEDFORT. Ihr habt auf Erden keine mächt'gre Stütze.

MAR. Die Königin!

Vierter Auftritt.

(*Die Vorigen. Maria, Bothwell. Huntly und Athol. Alle
entblößen ihr Haupt und weichen ehrfurchtsvoll auf beiden
Seiten aus.*)

BRIENNE (*beugt das Knie*). Zu Deinen Füßen laß'
Mich sinken, hohe Frau! und so dem Herrn,
Der über Deine Feinde Dich erhöht,
In tiefster Inbrunst danken! Eins nur ist,
Das meines Herzens lauten Jubel stört,
Nicht werd' ich's Deinem Siege je verzeih'n,
Daß ohne mich Du ihn errungen hast.

MARIA (*ihn erhebend*).
Nicht so! Nicht so! Mein vielerprobter Freund!
Mit beiden Händen faß' ich Eure Hand,
Und danke Euch, Brienne! Ich weiß es ja, —

Was mir mein Frankreich schickt, ist wahr und echt!
Wär's Euch's zu kommen *möglich* nur gewesen,
Ihr *wär't* gekommen — hülfreich wie die Treue!

BEDFORT. Dasselbe denkst Du, Königin, von mir,
Sonst müßt' ich klagen über schweres Unrecht.
Mißkenne Du mich nicht. Zu sehr schon fürcht' ich
Den Tadel meiner königlichen Herrin,
Für eine Schuld, die nicht die meine ist.

MARIA. Auf Englands Hülfe hab' ich nicht gerechnet,
Und wär' untröstlich, mein verehrter Lord,
Wenn ich dem Schutze fremder Mächte dankte,
Was ich, Gottlob, aus eig'ner Kraft vermocht:
In meinem Lande mir mein Recht zu wahren.
— Sagt meiner Schwester, Lord, wie sehr ich wünsche
Der Eifer ihrer Sorge für mein Wohl
Sei größer nicht, als jener für ihr eig'nes,
Das dringend heischet einen Diener, wie
Mylord von Bedfort ist, sich zu erhalten
Um *jeden* Preis.

BEDFORT.   Deine Vermittlung, Königin,
Wär' meine stolzeste Rechtfertigung.

MARIA. Wenn mein Vermitteln sich in fremder Sache
Nicht kräft'ger bei Elisabeth erweist,
Als meine Bitte in der eigenen,
So laßt mich zweifeln… doch ich will's versuchen —
Nicht *jede* Forderung kann zurück sie weisen,
Und dieses Mal begehr' ich ja kein *Recht.*

BEDFORT. Ein Recht? O Majestät!

MARIA.   Ich dachte, Lord,
An mein Erbfolgerecht in England, dessen
Bestätigung mir meine Schwester weigert.

BEDFORT. Sie thut es, weil sie stets Dich lieben will,
Und Fürsten lieben ihre Erben nicht.
Doch nennt sie sich mit Englands Volk vermählt,
Nicht and're Ehe wird sie jemals schließen,
Und wer stünd' nach der Kinderlosen Tod,
Dem Throne Englands näher, als die Schwester
Und als der Schwester Sohn? — Verlangst Du mehr?

MARIA. Ihr fragt in *Eurem Namen* — hört die Antwort:
Ich kann nicht meinen guten, heil'gen Anspruch

Behandeln lassen, wie ein Zugeständniß,
Das schweigend mir Elisabeth gewährt.
Daß ihre Einsicht mir's nicht weigern kann
Mög' ihre Großmuth rückhaltlos erklären.
Dem *Titel* einer Königin von England
Durft' ich entsagen — meinem Erbrecht nicht —
Denn auf mein Kind soll sich's dereinst erstrecken,
Es ihm zu wahren, fordert meine Pflicht.
So — antwort' ich dem Freund, der offen mich
Gefragt — auch offen und in meiner Sprache.
Elisabeths *Gesandten* — seid getrost,
Werd' ich dies Alles — wenn ich's sagen müßte —
Doch in der Sprache meiner Räthe sagen. —
Auf Wiederseh'n Mylords!

(Bedfort und Brienne verneigen sich. Im Abgehen):

BEDFORT *(leise zu Murray)*. Sie schärft den Pfeil,
Der sie durchbohren wird.

MURRAY.　　　　　　Sie schärfe ihn,
(für sich). Den Bogen, der ihn sendet, spanne ich! —

(Bedfort und Brienne ab.)

MARIA. Mein Bruder Murray, Ihr empfingt heut' Morgens
Die Abgeordneten von Liddesdale,
Sie melden Unruh'n an den dort'gen Grenzen? —

MURRAY. So ist es Königin, und rasche Hülfe
Erfordert die stets wachsende Gefahr.
Seit Jahren sind die Marken ohne Hüter,
Der Grenzbewohner zügellose Horden,
Gewöhnt an eine, über ihren Häuptern
Erhob'ne, kräftige Hand, verheeren wild
Die weite Gegend, rings Verwüstung tragend
Und Mord.

DARNLEY. Man muß den Hunden Peitschen senden,
Und sogleich schreiten zur Ernennung der
Markgrafen — allzu lang ward sie versäumt!

MARIA. Was nicht geschah, ward darum nicht versäumt.
Ich habe die Markgrafen nicht ernannt,
Weil aus dem Adel ich sie wählen müßte,
Der jede Macht, die ich ihm anvertraue
Voll Undanks braucht als Waffe gegen mich.

MURRAY. Blick um Dich her! Sind unter diesen Allen
Nicht Männer, deren Treue Du erprobt?

MARIA. Soll ich sie d'rum entfernen, weil sie treu?
Wer bleibt bei mir, wenn meine Freunde scheiden?

MURRAY. So wag' ich's, einen Vorschlag denn zu thun
Der diesen Zwiespalt einzig lösen kann. —
— Erwähle unter Deinen guten Dienern
Den besten, Majestät! Und lege Du
Vereint in seine Hände die Gewalt,
In welcher sonst die Markgrafen sich theilten.
Des Einen bist Du sicher — eng geknüpft,
An Deine Sache, hält ihn Dankbarkeit,
Und seines Amtes einflußreiche Würde,
Sie ehret ihn — sie bindet ihn zugleich,
Denn nimmer wird sich an Parteien schließen,
Der höher steht als jegliche Partei.

HUNTLY. Das heißt das Fieber durch die Schwindsucht heilen!

MAR. Glaubt Ihr, Mylord, der Adel würde dulden,
Daß man aus seinen Reihen einen Mann
Also erhebe über alle Andern?
Wollt Ihr sein bestes, schönstes Recht ihm rauben,
Sich Keinem, als dem König nur, zu beugen?

MARIA. Ihr seid so eifrig, Lords in Eurer Sorge,
Der Antwort Mühe mich zu überheben,
Daß meine Meinung Ihr vergaßt zu hören.
Mylord von Mar! Ihr sprecht von Adelsrechten?
Wer hat dem Adel Rechte denn ertheilt? —
Die Kön'ge thaten's! Das Verdienst zu lohnen,
Das Eure Ahnen sich um sie erworben.
Bemerkt dies wohl! Und nehmt es sehr in Acht:
Ihr gründet Euer Recht auf das Verdienst.
Ist dies erloschen, ist's der Lohn doch auch?
Wenn jener wack'ren Ahnen schlechte Söhne
Entsagt der strengen Tugend ihrer Väter,
Wenn sie den König, das Gesetz verachten
Und zu Verräthern werden an dem Herrn,
Soll dieser ihnen noch die Rechte wahren,
Die des Verdienst's schon lange sich entschlugen?

DARNLEY. Trotz dem, Mylady, taugt der Vorschlag nichts.
Kein Unterthan soll je so mächtig werden,
Als dieser Markgraf würde, wenn…

MARIA.   Mich dünkt,
Wenn nur die Macht in rechten Händen liegt,
Wird sie zum Unrecht nie gemißbraucht werden.
— Um Eins vor Allem handelt sich's, den Mann
Zu finden, der's verdient also erhöht
Zu werden... Sire! Ich habe ihn gefunden
Und zög're nicht sein unerhört Verdienst
Mit unerhörtem Lohne auch zu krönen! ...
Mylord von Bothwell! ...

MURRAY *(bei Seite)*. Bothwell! — Ha! Nicht so —
Nicht so Mylady! ... *(laut)*. O! welch ein Triumph
Für mich, dessen Gedanken durch ein Wort
Von Dir zur segensreichen That erblüht!
Welch ein Triumph für Jenen, den Du wählest
Zu Deinem ersten höchstgestellten Diener —
Ob diese Wahl von hier ihn auch verbannt,
Ob sie ihn treibt aus Deiner hehren Nähe,
Von diesem Hof, in Schlacht und in Gefahr,
Er wird begeistert zu dem Heere eilen...

MARIA *(verwirrt, leise)*.
In Schlacht und in Gefahr... *(laut)*. Zum Heer? — Ihr sagt:
Zum Heere müßt er eilen? ...

DARNLEY.   Und sogleich!
Noch in der Stunde, welche ihn ernannt —

MARIA. Er ist es nicht — und kann's so rasch nicht werden...
Wir wollen Uns'ren Staatsrath d'rüber hören,
Nicht übereilen die gewicht'ge Frage. —

MURRAY *(bei Seite)*. O ich verstehe!

MARIA.   Haben meine Lords
Nichts mehr zu melden, nichts zu fordern mehr?

DARNLEY. Willst Du mich hören?

MARIA.   Was gebietet mein
Gemal?

DARNLEY. Für Ueberwundene, bitt' ich
Um Gnade.

MARIA.   Eure Freunde?

DARNLEY.   Nein, Mylady! —
Für die Rebellen — welche Du besiegt...

MARIA *(höhnisch)*. O welche schöne Milde, Majestät!

DARNLEY. Verbann' die Lords, wenn's Deine Rache fordert,
Doch halte sie nicht länger mehr gefangen.

MARIA. Ihr Schicksal, Sire, wird das Gericht entscheiden —
Nicht strenger will ich und nicht milder sein
Als das Gesetz.

DARNLEY.   Stehst Du nicht über ihm?
Kannst Du begnad'gen nicht, wo es verurtheilt?

MARIA. Wo es verurtheilt *hat*; allein nicht vor
Darf seinem Spruch ich greifen.

DARNLEY.   Ich bitte Euch
Mylady, wohl zu überlegen, daß
Die Schuldigen, die Häupter mächtiger
Parteien, hochgeehrt und einflußreich
Im ganzen Land. Ihr könnt sie nicht bestrafen,
Als wären sie gemeine Missethäter.

MARIA. Ein jeder Missethäter ist gemein!
Und gleiches Unrecht fordert gleiche Sühne.
Noch mehr: Je härter straft' ich, wär' ich das
Gesetz, je höher steht, wer Strafe hat
Verdient! … Und so erbarmungslos fürwahr,
So unerbittlich und unbeugsam streng
Sollt' kein Verbrechen mir geahndet werden,
Als das der Könige!

DARNLEY *(sich abwendend)*. O! … Mäßigung — — —
Bedenk'…

MARIA. Ich bitte Sire, nichts mehr, nichts mehr!
Erschöpft ist bis zur Neige mein Erbarmen.

BOTHWELL *(rasch vortretend)*.
O nein: So wenig stets erneuter Reichthum
Je seinen letzten Heller geben kann,
Das ew'ge Meer je seinen letzten Tropfen —
So wenig kann, Du milde Königin!
Dein grenzenlos Erbarmen sich erschöpfen.
Ich ruf' zu ihm, und weiß, es wird mich hören —
Ich ruf' zu ihm: Gib' die Gefang'nen frei!

MARIA. Ist's möglich Lord? Ihr fleht für Eure Feinde?
Soll ich die Hand entfesseln, die gen Euch
Sich hebt, sobald ein Schwert sie fassen kann?

BOTHWELL. Ich fürcht' auf Erden nichts als Deinen Nachtheil,
Ich wünsche nichts als Deinen Ruhm. O! strafe,
Die sich vermaßen ihn zu mindern, durch
Ein Beispiel solcher Größe, wie die Zeiten
Noch kein's erlebt. Zeig' Deinem Volke, daß
Dein königliches Herz nach einem Maß
Empfindet, das zu messen ihre Seelen
Zu klein! Zeig' ein Erbarmen, das sie sonst
Gewohnt zu suchen nur bei Gott allein!
Anbetung wirst Du säen in den Herzen
Die sich bisher mißtrauisch Dir verschlossen,
Stolz wird Dein Volk die andern Völker fragen:
„Wer hat eines Beherrscher's sich zu rühmen,
Maria Stuart, uns'rer Kön'gin, gleich?"
Das eitle England muß beschämt erwiedern:
„Nicht wir!" — Nicht solcher Großmuth Fülle hat
Elisabeth, die Kalte, je geübt!
O glaube mir! *Vergleichen* werden sie
Die zittern unter ihrer strengen Herrschaft,
Und mit des Wunsches ungestümster Glut,
Entgegen sich dem Augenblicke sehnen,
Wo Deine weiche, warme Hand den Scepter
Erfaßt, der ihrer starren Hand entfiel…

MARIA. Genug Mylord! Ich darf nicht weiter hören,
Denn Euer Eifer reißt Euch hin — *(für sich)* Und mich. —

BOTHWELL. Wenn Dir mein treugemeinter Rath mißfallen…

MARIA. Wir haben oft mehr Ursache, Mylord,
Ein Wort, das uns *zu sehr* gefiel, zu fürchten,
Als eines, das zu wenig uns gefallen.
Doch muß ich rügen, wie Ihr spracht Mylord,
Ich rüge *was* Ihr sprachet nicht. O nein!
So lang' ich athme, wär's zum ersten Mal
Daß ein bewunderungswürdiger, ein großer
Gedanke, vor mir ausgesprochen, nicht
In meiner Seele einen Widerhall,
Ein edles Beispiel, nicht in meinem Herzen
Den heißen Wunsch erweckt ihm nachzuahmen.
Könnt Ihr vergeben — wohl — Ich kann es auch!
Mylord von Athol! Douglas war Euch einst
Ein Freund — erst als er von der Treue ließ,
Ließt Ihr von ihm! Ihr habt ihn mir geopfert,
Ich danke Euch's in dieser Stunde, und

Mit diesem Worte: Gehet hin, Mylord —
Und meldet Eurem Douglas und den Seinen
Ihre Begnad'gung an.

ATHOL.   O Königin
Mein Dank ist stumm, wenn's diese Thräne ist. *(Athol ab.)*

DARNLEY *(leise zu Maria).*
Darfst einem Diener Du gewähren, was
Du eben trotzig mir verweigert hast?

MARIA. Habt Ihr mich denn gerettet, König Darnley?

MAR. Laß' uns're tiefste Ehrfurcht Dir gefallen,
Nur große Seelen handeln so wie Du.

MURRAY. Zu Deinen Sclaven machte uns Bewunderung
Wenn wir nicht schon durch uns're Pflicht es wären.

Fünfter Auftritt.

*(Die Vorigen. Athol, Douglas, Ruthven, Kerr. Douglas, Ruthven
und Kerr werfen sich Maria zu Füßen.)*

MARIA *(sich abwendend).* O!

DOUGLAS.   Zweifach Ueberwund'ne knie'n vor Dir!

MARIA *(ohne sie anzusehen, auf Bothwell deutend):*
Dankt diesem! — diesem dankt, nicht mir. — Weiht Ihm
Das Leben, das er Euch gerettet…

DOUGLAS.   Schwören,
Dir schwören wollen wir…

MARIA.   O keine Worte —
Die Thaten sollen reden! — Geht — geht Alle —
(zu Bothwell rauh) Auch Ihr Mylord —
(milder)   Doch Euch — erwart' ich wieder! —
(leise zu ihm) Mein Botschafter in London sendet mir
Durch seinen Sekretär Berichte über
Die mir zu Gunsten in dem Parlament
Erhobene Motion. Hört ihn, und kommt
Mir melden, was er bringt. Lebt wohl, Mylords. —

(Alle ab, außer Maria und Darnley.)

MARIA *(nach einer Pause).*
Ihr habt mit mir zu sprechen, König Darnley?

DARNLEY. Ich hab' mit Euch zu rechten, Königin,
Die mir ein zweites Unrecht zugefügt
Noch eh dem ersten sie genug gethan!
Ihr habt mich blosgestellt vor Euren Dienern.

MARIA. Das hast Du selbst gethan, indem Du heut
Für Jene flehst, die gestern Du verriethst.

DARNLEY. Ich that's für Dich.

MARIA.   Um Gotteswillen — Nein!
Nicht alle Kronen dieser Erde dürften
Durch solche Schandthat mir errungen werden!

DARNLEY. So mußt' ich Deinen Untergang vollenden?

MARIA. Wenn Du ihn schon beschlossen: Ja! denn selbst
Am Bösen, männlich fest zu halten stolz
Und kühn, selbst schlechter Sache dienen, ist
Ruhmvoller, als unschlüß'ges Schwanken zwischen
Dem Recht und Unrecht. O! nur nicht den schnöden,
Feigen Verrath des Mannes an sich selbst
An seinem *Wort*, an diesem heil'gen Pfand
Und Siegel seiner Ehre!

DARNLEY.   Hab' ich's doch
Verräthern nur gebrochen.

MARIA.   Wer hat sie
Verleitet zum Verrath?

DARNLEY.   Nicht ich!

MARIA.   O Heuchler!
Ein jedes Wort von Dir zeugt eine Lüge!
So schmachvoll ist und unmännlich Dein Thun,
Daß scheuer Ekel beim Gedanken d'ran
Das Herz mir wendet in verletzter Brust…

DARNLEY. Hochmüthig, ungerechtes Weib! — Ist dies
Mein Lohn? Soll ich bereu'n, daß ich der schon
Verlor'nen, rettend meine Hand geboten?

MARIA. Bereu' es, wenn Du Lohn dafür erwartet!

DARNLEY. Wärst Du gerecht, Du müßtest ihn gewähren.

MARIA. Der Undankbare ford're keinen Dank!

Ich hab' von Dir nie anderen erfahren
Für alles, was ich gab, als nur den Vorwurf,
Daß ich zu karg gewesen — dennoch grollt'
Ich deßhalb nicht, denn Ehrgeiz trug die Schuld,
Und Ehrgeiz lieb' ich, — diesen stolzen Quell,
Von allen großen, ruhmwürdigen Thaten!
Doch Eines war, das ich Dir *ganz* gegeben,
Mein *Herz* hast Du besessen ungetheilt!
Da herrschtest Du als unumschränkter Herr,
Da hab ich nicht gewogen und gezählt —
Da fühlt' ich, Alles gebend, nur den Schmerz,
Daß ich nicht mehr als alles geben konnte!
Und dennoch Mann! Hast Du auch hier gelohnt
Durch grenzenlosen Undank meine Großmuth
Die grenzenlose! ... Niemals hat Dein Herz
An mich verschenkt ein anderes Gefühl —
Die Armuth hat nicht mehr... O Wahnsinn war's
Wenn ich dem — Bettler zürnte, daß er nicht
Gleich einem Fürsten fürstlich hat gegeben!

DARNLEY. Jedwedes Herz verarmte gegenüber
Der Unersättlichkeit des Deinigen!

MARIA. Das ist die Sprache aller kalten Seelen!
Die wahre Armuth faßt den Reichthum nicht
Und schmäht in ihren Lumpen, auf den Purpur.
— O laß mich! — Laß! — der ungeheure Schmerz
Verkehrt in Gift das Blut in meinen Adern,
Wenn ich bedenke, wie Du mich gekränkt! —
Nicht blos die Königin — das Weib in mir
Hast Du beschimpft — hast meine Frauenehre
Befleckt mit rohem, schändlichen Verdacht...

DARNLEY. Die den Verdacht erweckte, trägt die Schuld.

MARIA. Der Niedrige, der Niedriges geglaubt —
Der trägt die Schuld! — Noch einmal: Laß mich!
Ich kann nicht fürder Deine Stimme hören,
Verhaßt ist mir und widerlich Dein Anblick.
Ich hasse Dich! Ich hasse mich — daß ich
Dich je geliebt! — Ein jedes Wort, das Dir
Von Neigung sprach, und jede Regung,
Die Dir entgegenflog und jed' Gefühl,
Das zärtlich an Dir hing — verabscheu' ich
Als eklen, dunklen, untilgbaren Flecken
An meiner reinen, makellosen Ehre!

DARNLEY. O Rasende! Du sollst vor mir noch zittern!

MARIA. Ich fürchte nichts von Dir — als Deinen Anblick.

DARNLEY. Wohlan! Ich werde Dich davon befrei'n!

MARIA. Erbärmlicher! Du hast nicht Muth zu sterben.

DARNLEY. Doch kann ich weichen — diesem Land entflieh'n
In dem nicht Raum mehr für uns Beide ist,
Ich will hinaus sie tragen in die Welt
Die Kunde meines Unglücks — Deiner Schmach —
Denn Schmach fürwahr trifft richtend eine Frau
Die ihren Gatten zwang in fremder Ferne
Zu suchen eine Heimat…

MARIA.   Nein! das darf
Nicht sein!

DARNLEY. Hat dieser Pfeil getroffen? —
Ich will ihn wenden in der blut'gen Wunde!
Doch wird es sein! — Sei groß als Königin,
Als Weib sei Du verachtet! —
Daß du mich triebst von meinem Haus und Herd
Will ich der Welt, der staunenden, verkünden,
Durch meinen Gram soll sie's bestätigt finden,
In alle Länder will ich aus es streu'n,
Hinaus in alle Winde will ich's schrei'n,
Auf Deiner Feinde Zungen will ich's legen,
In Fluch verwandeln Deines Sohnes Segen,
Wenn seine Lippen nach dem Vater fragen
Und diese Stimmen ihm die Antwort sagen! *(er eilt hinaus.)*

MARIA. Was hab' ich Dir gethan? barmherziger
Für mich allein: erbarmungsloser Gott!!
(Sie sinkt weinend auf einen Stuhl.)

Sechster Auftritt.

(Die Vorige. Bothwell.)

BOTHWELL. Du hast befohlen meine Königin,
Ich komme… Wie? In Thränen? … Tod und Hölle!
Wer trägt an diesen Thränen Schuld? Er soll
Bereu'n! Du weinst! O sprich: Warum?!

MARIA. Du Thor,
Warum es weine frägst Du Darnley's Weib?

BOTHWELL. Fluch ihm, dem schlechten, undankbaren Mann!
O daß nur einmal mich das Schicksal stellte
Ihm gegenüber im ersehnten Kampf! …

MARIA. Im ehrlich ritterlichen Kampfe ficht
Ein Darnley nicht! Er tödtet durch den Blick
Wie Basilisken — und durch Gift — wie Schlangen —
Durch seine Nähe, langsam wie die Krankheit,
O welch ein Schicksal, welch ein Rathschluß Gottes
Gab mir zum Gatten Schottlands schlecht'sten Mann?!

BOTHWELL. Ich steh' vor Dir — in Anbetung versunken
Und von des Mitleids Fülle doch durchströmt!
Die zwei verschiedensten Empfindungen
Der Menschenbrust, sie einen sich für Dich
In diesem stürmisch übervollen Herzen —
— O glühend Mitleid! Demüth'ger als Ehrfurcht,
Du Inbegriff von aller Zärtlichkeit —
Daß doch der Herr als er uns hieß Ihn lieben
Nicht Dein Empfinden mit ergießen konnte,
In uns'rer Andacht flammendes Gefühl!
Dies Eine fehlt in uns'rer Gottesliebe,
Was mich vor Dir jetzt niederwirft, Maria! *(er kniet.)*

MARIA *(sich langsam erhebend, legt die Hand auf seine Stirne).*
Ja, du bist wahr und warm, und wirst mich nie
Verrathen, hab' ich Dir doch nichts gegeben,
Bin ich für Dich — doch nur: die Königin!
Ihn hab' ich überschüttet reich mit Liebe
Als wie der Lenz die Erde überschüttet
Mit seinem Blüthenmeer! …

BOTHWELL. Was gabest Du
Dich dem Unwürd'gen hin! statt Würdigen
Zu wählen? Du! O Du so heiß geliebt!
So werth geliebt zu sein…

MARIA. Und war es nie!
Beklage mich! — zu sterben ungeliebt
Bin ich verdammt und hab's zu spät erkannt,
Und suchte irrend, was mir Gott versagt
In Menschenherzen, die Er selbst verschließt,
Ruf' ich zu ihnen: Nehmt mich liebend auf!

BOTHWELL. Du bist geliebt! Du bist's so grenzenlos,
Daß aller Haß, der je auf Erden lebte
Sich heben würde wie ein leichter Flaum
Würf' ich sie in die Wagschal' gegen ihn!
So namenlos, daß Erd' und Himmel mir
Zu eng erscheinen um sie ganz zu fassen —
Doch sie zu fühlen groß genug mein Herz!

MARIA. Mylord von Bothwell, mäßigt dieses Feuer
Das mich verletzt. Ich sucht' in Euch — den Freund —
Laßt mich nicht wen'ger finden und nicht mehr!

BOTHWELL. Das war Dein Auge nicht! Nicht Deine Stimme!
O zwinge nicht den himmlisch klaren Blick,
Nicht diese Lippen, deren leises Beben,
Entzücken flammend gießt durch meine Adern,
Zu einer Strenge, die Dein Herz nicht kennt.

MARIA. Ihr seid sehr kühn Mylord!

BOTHWELL. Der Kühne nur
Ist Deiner werth! So göttlich groß ist der
Gedanke, Dich, Du Wunderbare! zu
Erringen, daß der ihn gedacht — auch groß
Genug ihn auszuführen ist!

MARIA. Vermessener!
Was wagest Du zu hoffen?

BOTHWELL. Unnennbares!
Und doch bei Gott! nicht mehr als diese Hand
Gewähren kann — das Höchste streb' ich an
Und werth des Höchsten ist, der darnach ringt!

MARIA. Nicht Höchstes wär's, könnt Jeder es erreichen.

BOTHWELL. Ich bin nicht: Jeder — meine Königin! —
Und setze nun mein Dasein auf ein Wort —
Und sprech' es aus, wär's auch mein Untergang: *(zu ihren Füßen)*
Ich liebe Dich! dies Wort ist Hochverrath
Und Hochverrath verwirkt das Leben, nimm
Das meine hin! Ich liebe Dich — nicht wie
Ein Unterthan die Fürstin liebt — o nein!
So wie ein Mann das Weib, das er begehrt —
Kraft dieser Liebe nenn' ich Dich mein eigen
Im Angesicht des Himmels.

MARIA. O! Du frevelst! —

Nicht so — verlasse mich — ich will's!

BOTHWELL.   Ich kann
Nicht anders und bei meinem Eid! Ich will
Nicht anders können! — dieser Augenblick
Ist Lebensfülle — nach ihm — alles Tod —
Nicht soll er mir verfliegen, ungenützt!...
Ein Blick, ein Hauch, ein Athemzug beseligt,
Gib' etwas mir für mein verscherztes Leben!
Ich will es schließen fest in meine Seele —
Und mit es nehmen in das ew'ge Licht!

MARIA. O Gott zu dem mein Herz um Liebe flehte!
Was gibst Du sie — da wo die Sünde ist?

(Darnley erscheint an der Thür links.)

DARNLEY *(leise vor sich hin)*. Noch einmal sei's versucht...
(Bothwell zu Maria's Füßen erblickend.)
                               Was seh' ich?! Bothwell! ...
(Er bleibt regungslos an der Thüre stehen.)

BOTHWELL. Glückseligkeit, Maria, ist nicht Sünde —
O wag' es ihr in's Angesicht zu schau'n! —
Sieh' diese Liebe — muthig wie der Löwe —
Sie schmiegt an Dich sich schüchtern wie die Taube —
„Nur dulde mich" spricht sie, anbeten nur,
Nur knieen will ich ja vor Dir — o nur
In Ehrfurcht drücken auf die weiße Hand
Der glühen Lippen demüthigen Kuß...

MARIA. Sieh mich nicht an, nicht so, es thut mir weh
Erzürnet mich — verhaßter — theurer Bothwell!

BOTHWELL. Triumph! Dies letzte Wort und wenn zurück
Von mir Gott selbst es forderte — mit Gott,
Du Heißgeliebte! würd' ich darum ringen!

DARNLEY. O Königin, Ihr spielt so gut für mich,
Als sorgtet Ihr, daß ich verlieren könnte!
(Bothwell preßt die gefalteten Hände Maria's an seine Lippen.
Darnley zieht die Schnüre des Vorhangs an, und enthüllt diese
Gruppe vor dem ganzen, eben in den Audienzsaal eintretenden
Hofe):
Den ganzen Hof erbaue dieser Anblick!

MARIA *(zusammenschreckend)*. Der König!

61

BOTHWELL *(will aufspringen).*   Tod und Hölle!

MARIA *(leise).*   Auf Eure Knie! …
(laut — nach einer Pause, mit mühsam errungener Fassung).
Bleibet Mylord. Ihr aber König Darnley,
Wollt näher treten, und das Wort bestät'gen,
Das ich gegeben diesem edlen Lord —
Den ich ernannt zum Markgrafen von Schottland. *(zu Bothwell)*
Euch ruft die Pflicht zum Heere an den Grenzen —
An Eure Pflicht Lord Markgraf, Eure Pflicht!

Dritter Aufzug

Erster Auftritt.

(Dekoration des ersten Aufzugs. Murray und Kerr treten ein.)

MURRAY. Gewichtig ist die Nachricht, die Ihr bringt!
Ich kann Euch viel zu danken haben — und
Ihr wißt — ich danke gern. Noch Eins: Ist Andrews,
Der Page, uns gewonnen?

KERR.   Er steht in meinem —
In Eurem Solde.

MURRAY.   Gut! — Was ich auch thue
Geschieht für Euch. — Merkt's wohl! — Doch ohne Niemand
Daß ich den Baum gepflegt, bevor ich Euch
Die Früchte reichen darf. *(den eintretenden Darnley erblickend.)*
Der König — geht! *(Kerr ab.)*

DARNLEY. Ich hab' Euch lang erwartet, Bruder Murray,
Muß ich Euch suchen?

MURRAY.   O wie gut, mein König,
Daß Ihr um mich zu suchen, Holyrood
Betreten! Ich bin da zu finden.

DARNLEY.   And're
Begehr' ich nicht zu seh'n.

MURRAY.   Seid unbesorgt

Deß hat es nicht Gefahr.

DARNLEY.   Was willst Du sagen?
Die Kön'gin ist...

MURRAY.   Abwesend.

DARNLEY.   Wie?!

MURRAY.   Ich sollt'
Es nicht verrathen, Klugheit schwieg vielleicht,
Doch ist es, traun, so närrische Geschichte
Und ich bin ein so dumm geschwätz'ger Thor,
Daß ich's erzählen muß, nicht d'rum zu bersten,
(lachend) Haha! ... Die Königin ist fort!

DARNLEY.   Wohin?

MURRAY. Von ihrer treuen Argyll und Andrews,
Dem Pagen, nur begleitet, fort, bei Nacht
Und Nebel.

DARNLEY. Darum also dieses Märchen
Von einer plötzlichen Erkrankung?

MURRAY.   Märchen?
O nicht so ganz! Erkrankt ist sie bedenklich,
Und sucht nun Heilung an des Uebels Quelle.

DARNLEY. Du sprichst in Räthseln.

MURRAY.   Soll ich deutlich sein?

DARNLEY. Ja wohl! Ja wohl!

MURRAY.   Weißt Du den Tag, an dem
So plötzlich uns ein Markgraf ward ernannt?

DARNLEY. Ich weiß.

MURRAY.   — Bothwell verließ an ihm den Hof,
Und seitdem war Maria nicht sie selbst;
In finst'ren Trübsinn sank die holde Frau,
Als Nachricht kam auf Nachricht: Bothwell rase
Gleich einem Tieger in der Schlacht — voran
In jedem Kampf, als suche er den Tod.
Einsam verschloß sie sich mit ihrem Gram,
Und blickte nach dem Mond, anstatt mit den
Ministern zu verhandeln, und im Staatsrath
Das große Wort zu führen. Gestern nun
Erschien ein Bote Bothwells, athemlos —

Mit einem Briefe für die Königin.
Was er enthielt, das mußt Du selbst sie fragen, —
Bei ihrer Rückkehr — denn sie hatt' ihn kaum
Mit irrem Blick durchflogen, als sie heimlich
Schloß Holyrood verließ.

DARNLEY.   Das kann nicht sein!

MURRAY *(zuckt die Achseln)*.
Der Markgraf — sagt man — ward im letzten Kampf
Verwundet —

DARNLEY *(packt ihn beim Arme)*. Tödtlich?!

MURRAY.   So 'ne kleine Schmarre,
Worüber Männer lachen, Weiber weinen,
Wenn auch aus Freude nur, daß sie nun pflegen
Und warten dürfen ihren trotz'gen Helden.
's ist ihr Beruf, Maria folgt ihm — haha:
Ich seh' die holde Samariterin
Des kranken Löwen rauhe Tatze fassen:
„Mein Bothwell leidest Du, mein süßer Freund?"

DARNLEY. Unwürdige!

MURRAY.   „O leg' auf meinen Arm
Dein liebes Haupt — die todten Kissen, sie
Verdienen's nicht so theure Last zu tragen."
Und Er: „O mir ist wohl! … Jetzt möcht' ich sterben! —"
Hahaha! 's ist ein Bild sich todt daran
Zu lachen, denkt man, wer der Kranke ist
Und wer die Pflegerin!

DARNLEY.   Leb' wohl Murray.

MURRAY. Du gehst — Auch Du?! — Und wer soll uns regieren?

DARNLEY. Nicht meine ist die Schuld, daß ich so lang
Gezögert Schottland zu verlassen! Du
Hast mich daran gehindert. Nun will ich
Nichts hören mehr! Gerüstet ist das Schiff
Das mich für ewig trägt von diesen Küsten.

MURRAY. So willst Du fliehen, eh Du noch gekämpft?

DARNLEY. Umringt bin ich von Feinden und Verräthern,
Mit tück'schem Haß ruht jedes Aug' auf mir:
(leise) Ich hab' von Neuem heute ihn geseh'n
Den Mann, der mich seit Rizio's Tod verfolgt

Gespensterhaft — umlauernd meine Schritte.
Als Bothwell schied, kann er gesorgt wohl haben
Bei seiner Rückkehr hier mich todt zu finden
Um dann die königliche Witwe! … Nein!
Ich schwör's! — Das soll er nicht! … Nicht sterben — o
Nicht sterben laß' mich gnäd'ger Gott! Sie soll
Sich fühlen unlösbar gebunden — soll
Nie glücklich sein im ruhigen Besitz
Ihres Geliebten, seinen Blick verleide,
Und seinen Kuß vergift' ihr der Gedanke,
Daß Darnley lebt, und jeder Tropfen Freude,
Den sie genießt, geschöpft muß werden, aus
Dem Becher: Sünde!

MURRAY.   Allzumilde Rache!
Wenn Du's begehrst — ich schaffe herbere.

DARNLEY. Wenn ich's begehre?

MURRAY.   Wohl! So höre mich…

PAGE *(tritt ein)*. Mylords v. Ruthven und v. Douglas bitten
Um Einlaß bei der Königin.

DARNLEY.   Verwünscht!

MURRAY. Mir ward befohlen während dieser — Krankheit
An ihrer Statt die Herren zu empfangen.
Willst Du sie sehen?

DARNLEY *(zum Gehen gewandt)*. Nein.

MURRAY.   Erwarte mich,
Ich folge Dir. *(zum Pagen)* Die Lords!

(Darnley durch einen Seiteneingang ab.)

Zweiter Auftritt.

(Der Vorige. Douglas, Ruthven.)

MURRAY.   Die Königin,
Seit gestern nicht ganz wohl, ersucht Euch Lords,
Mich zum Vermittler Eures Wunsches
Zu machen.

DOUGLAS. Murray, was uns hergeführt, wißt ihr,
Noch eh' wir's ausgesprochen. Mag es kühn
Erscheinen, daß die kaum Begnadigten
Sich zu erheben wagen gegen einen
Beschluß der Königin — sie müssen es;
Der Augenblick gebietet's.

RUTHVEN.   Und der Herr!
— Es sind kathol'sche Bischöfe ernannt
Im Parlament, zu Wählern der Artikel
Und ihres Glaubens heuchelnde Genossen:
Ein Flemming, Athol, Balfour, Livingstone
Mit einem Wort: Ein Heer von nied'ren Schranzen,
Umlagert diese Führer.

DOUGLAS.   Wenn, wie zu
Erwarten ist, das Haus in ihrem Sinn
Beschlüsse faßt…

MURRAY.   So steht es schlecht Mylord —
Um uns're Kirche, und um uns're Freiheit.

DOUGLAS. Das fühlt Murray, und läßt's gescheh'n?

MURRAY.   Glaubt Ihr
Wie Eures, blute nicht mein Herz? Ich hab'
Zur Königin gefleht, wie Ihr jetzt kommt
Zu ihr zu fleh'n! Umsonst. Beschlossen ist's.
In neuem Glanz ersteht die alte Kirche.

RUTHVEN. Bewahr' uns Gott vor Satan's Synagoge!

MURRAY. In wenig Tagen wird, von Rom gesandt,
Der Cardinal Laurea hier erscheinen —

RUTHVEN. Um Proselyten für den Papst zu machen?

DOUGLAS. Beklagenswerther Schritt!

RUTHVEN.   Nicht seines Lebens —
Sagt ihr: nicht seines Lebens sicher ist
Der Cardinal, so lang auf schott'scher Erd'
Er weilt! … Ich werde toll, ein päpstlicher
Legat! Bei'm Schlüssel David's! Lieber säh'
Ich das apokalypt'sche Thier — als den
Legaten!

DOUGLAS. O beschwört die Königin
Uns zu empfangen!

MURRAY.   Bitten fruchten nicht.

RUTHVEN. Doch fruchten wird der Trotz.

MURRAY.   Was sinnt Ihr, Ruthven?

RUTHVEN. Der ehrwürdige Knox sprach zur Gemeine:
„Es binden Kinder ihren Vater, wenn
Er sie im Wahnsinn tödten will. Soll der
Gehorsam weiter gehen gegen Fürsten,
Die ihrer Kinder Seelen morden wollen?"

MURRAY. Mit Euch beklag' ich…

RUTHVEN.   O ich klage nicht —
Ich handle!

MURRAY *(Douglas und Ruthven's Hände fassend).*
                    Könnt' ich handeln doch für Euch!
Ja einst war mir vergönnt Euch zu beweisen
Durch lebenvolle That, daß Euer Wohl,
Daß Schottlands Größe, meiner Wünsche Ziel.
O damals, Douglas, blühten schöne Tage
Dem stolzen Adel, damals, Ruthven, ehrten
Des Staates Lenker Eure reine Lehre…

DOUGLAS. Stündest Du noch, ein Markstein unseres Glückes,
Am Ruder dieses vielgeprüften Staats!

RUTHVEN. Was war, da noch die Kön'gin unvermält,
Kann wieder werden — wenn sie Witwe ist.

MURRAY. Um Gott Mylord! Welch Wort habt Ihr gesprochen?

RUTHVEN. Bald dürft' es mehr wohl sein als nur ein Wort!

MURRAY. Kommt Douglas, kommt — laßt uns mit ruh'gem Sinn
Berathen, wie die äußerste Gefahr
Von uns'rer theuren Heimat abzuwenden.

DOUGLAS *(im Abgehen).*
Ich hoffe nichts, so lang Ihr machtlos seid.

   (Douglas und Murray ab.)

RUTHVEN *(allein).*
Wer stehet zwischen ihm und der Regentschaft?
Ein schlechter Mann und überdies: mein Feind
Dem Rache ich gelobte beim Jehovah…
Jehovah! Mahnst Du nun? Ist es Dein Wink?

Es ist Dein Wink gewesen, zorn'ger Gott!
Ich fühle Deinen Geist und Deinen Ruf
Vernehm' ich dröhnend wie Posaunen Schall,
Von inner'm Lichte flammet meine Seele! *(er wirft sich nieder.)*
Ich sing' Dir Jubelhymnen, daß Du mich
Erwählt zu Deinem heiligsten Gefäße —
Zum Sauerteige der Gottseligkeit,
Zur Peitsche Babylon's! In Deinem Namen,
In Deinem Amt vollbring' ich's — mach Dir Ehre! *(aufspringend.)*
Steh' ein für Deine That! *(eilt hinaus.)*

Dritter Auftritt.

(Murray, Andrews.)

ANDREWS.   Ich bitt' Euch Lord —
Ein Wort.

MURRAY. Du weckst Verdacht. Laß mich, wie kommst
Du her?

ANDREWS. Ihr fragt? — Ich komme mit der Herrin.

MURRAY. Die Königin zurück? — So bald?! …

ANDREWS.   Wir fanden
Lord Markgraf fast gesund, und im Begriff
Nach Edinburg zu eilen.

MURRAY.   Sie hat ihn
Gesehen?

ANDREWS. Einen kurzen Augenblick,
In Lady Argylls Gegenwart.

MURRAY.   Wenn Du
Erzählen solltest, Bursch — was Du erlebt,
Magst dieses letzten Umstands Du vergessen.

ANDREWS. Sie war so eilig, Gott! Nicht Zeit, um zu
Verschnaufen gönnt' sie uns — mir und den Rossen. —
Das war ein Ritt! Von hier nach Hermitage
Und wieder heim — in einem Jagen! O
Mein Pferd ist hin, und das der Königin,
Wenn wir's in Wein auch baden, niemals wird

Elastisch mehr des edlen Thieres fein
Gebaute Fessel…

MURRAY.　　　　Bist Du doch ein Schwätzer!

ANDREWS. Ich gehe schon — nur Eines noch Mylord —
Hier ist ein Schlüssel — unter Wegs verloren
Von Lady Argyll, und von mir gefunden —

MURRAY. Was sagst Du, Taugenichts?

ANDREWS.　　　　　　　　Ich steckt' ihn ein —
Ich dacht' — ich meint — vielleicht Euch einen Dienst…

MURRAY. Durch Dieberei, Du Schuft?

ANDREWS *(weinerlich)*.　　　　　Ach Herr, — seid nur
Nicht gleich so hart! … Erst hier — erst angekommen,
Erfuhr ich dieses Schlüssels Wichtigkeit,
Als ihn vergeblich Lady Argyll suchte
Und schier verzweifelt über den Verlust —
Er brennt in meiner Hand, nehmt ihn, es ist
Der Schlüssel des geheimen Eingangs zu
Den Zimmern Ihrer Majestät!

MURRAY *(den Schlüssel ergreifend)*. Sogleich
Soll er zurück gegeben werden! — Geh!
Aus meinen Augen!

ANDREWS.　　　　Schonet mein, Mylord!

MURRAY. Ich sage: fort! *(Andrews ab.)*

MURRAY *(allein)*.　　　　Ein Stückchen Eisen nur —
Und doch mehr Werth als alles Gold der Erde,
Gekauft um ein'ge Heller — und wird doch
Zu theuer nicht mit einem Reich gezahlt! …
O Felsen Bothwell! — Dieser Mosesstab
Entlocket Deinem marmorstarren Herzen
Entzückten Dankes lebensvollen Quell —
Und Schottlands Herr bin ich — bin ich der Deine! *(er geht ab.)*

Vierter Auftritt.

(Lady Argyll, gleich darauf Maria.)

LADY ARGYLL *(vorsichtig hereintretend).*
Niemand! — Gott sei gelobt! — Kommt theure Lady —
Ihr seid in Sicherheit — Kein lebend Wesen
Hat Euch gesehn. Ach der unsel'ge Schlüssel!
Nicht Ruh noch Rast vergönnt mir der Gedanke,
Daß Andrews ihn entwendet.

MARIA.   Armes Kind!
Du thust ihm Unrecht, er ist treu. Sei ruhig,
Der Schlüssel liegt für ew'ge Zeit verloren
Auf Lehad's Haide.

LADY ARGYLL.   Geb' es Gott!

MARIA.   Er wird
Es geben! Was versagt er mir, der Gnäd'ge,
Der Bothwell mir erhielt? —

LADY ARGYLL.   Daß Bothwell Euch
So vieles ist — sollt' Euer Stolz, Mylady,
Euch hindern zu gesteh'n.

MARIA.   Geschmolzen ist
Die Eisesrinde: Stolz, vom Herzen, das
Um ihn gebebt. Nichts mehr von Strenge, — nichts
Von Härte mehr, dem Liebsten gegenüber —
Hab ich an Ihm nicht Alles gut zu thun,
Den ich gejagt in Schlachten und Gefahren?
Er kehrt als Sieger, glorreich kehrt er wieder,
Und soll als Sieger mir empfangen werden,
Von allem Volk, von meinem ganzen Land,
Der Stolz auf Ihn, sei fürder all der meine!

LADY ARGYLL. Ihr schwärmt Mylady — hingerissen ganz
Von Eurer sünd'gen Liebe.

MARIA.   Sündig? O
Das ist sie nicht, und soll es niemals sein!
Wie ich das Gute liebe, lieb' ich Ihn
Den besten Mann! — Und geb mich ihm zu Eigen
Wie ich der Tugend mich zu eigen gäbe:
Mit meiner ganzen ihm geweihten *Seele!*

Nicht uns're Liebe braucht, die gottgeschenkte,
Der Aeußerungen armer Leidenschaft.
Nicht meine Hand, nicht meines Kleides Saum,
Soll er berühren und mein Herr doch sein!
Ist das auch Sünde, liebe Leonor? —
„Es ist nicht Sünde!" juble ich beseligt —
Nicht Du mein Gott, der in die Herzen sieht,
Erfülltest mein's mit solchen Wonneschauern,
Wenn Du verdammtest, Herr! was es bewegt.

MURRAY *(tritt ein).* Ich höre freudig, daß die Kön'gin sich erholt.

MARIA. Habt Dank, mein Bruder Murray, mir ist wohl.

MURRAY. Gott gibt die Kraft im Augenblick Dir wieder,
Wo ihrer Du am dringendsten bedarfst.
Ich komm, um Deine Strenge anzurufen…

MARIA. O nichts von Strenge! Milde fordert heut
Von Eurer Königin — sie fühlt sich stark
Um Tausende mit Glück zu überschütten —
Allein zu schwach, um Einem Weh zu thun!
Wir haben gute Nachricht von den Grenzen.
Der Markgraf hat nicht nur als Held gesiegt,
Auch wie ein Staatsmann seinen Sieg benützt.
In wenig Stunden trifft er selbst hier ein,
Was seine Boten melden zu bestät'gen. —
Der Friede waltet, wo der Krieg gewüthet,
Und seiner Segnung freut sich mein Land!
Sie werd' ihm unverkürzt, erquickungsvoll —
Es sollen späte Enkel noch gedenken
Des Tags, an dem ich siegte, zu beglücken.

MURRAY. Das ist ein edler Vorsatz. Doch indeß
Du einige Provinzen hochbegnadigst,
Gährt Unzufriedenheit in Deiner Hauptstadt.
Die Nachricht, daß ein päpstlicher Legat…

MARIA. Ja wohl, — ich dacht's! — Ist weiter nichts als dies?
— Er soll verzögern seine Ankunft — soll
Nicht kommen.

MURRAY.   Mehr hab' ich zu melden. Dein
Gesandter an dem Hof von London schreibt,
Daß täglich dort Dein Anhang sich vergröß're.
Nicht mehr allein die Katholiken, auch
Die Gegner des allmächtigen Cecil

Erklären sich für Dich. Elisabeths
Besorgniß steigt, man hört, daß sie beschloß
Mit Heeresmacht in Schottland einzufallen,
Und sagt…

MARIA.   Man hört — man sagt — berichtet so
Ein Staatsmann?

MURRAY.   Hab' ich doch Beweise!

MARIA.   Laßt.
Ihr sollt nicht ewig diese Feindschaft nähren.
Ich will vergessen, was Elisabeth
Mir angethan, will mich versöhnen, Murray,
Mit meiner Schwester.

MURRAY.   Du? um Gott! Was ist
Gescheh'n, das Dich so umgewandelt?

MARIA *(verwirrt)*.   Gescheh'n? —

MURRAY. Du bist so mild gestimmt, daß ich besorge
Des Königs Plan, von Schottland zu entflieh'n,
Erfährst Du nur, ihm Glück dazu zu wünschen.

MARIA. Mit meinen Bitten werd' ich ihn bekämpfen,
Auf meine Bitten wird mein Gatte hören.

(Verworrenes Geschrei aus der Entfernung.)

Fünfter Auftritt.

*(Die Vorigen. Darnley stürzt verstört und athemlos herein, nach
ihm Lennox, Huntly, Ruthven.)*

DARNLEY. Gerechtigkeit! Beschützt mich Königin!

MARIA. Was ist geschehen? Darnley! blutend, bleich,
(faßt seine Hände).

MURRAY. Erholet, fasset Euch!

DARNLEY.   Ich kam vom Schlosse — — —
Schon nahe meinem Haus, da traf er mich —

MARIA. Um Gotteswillen — Wer?

72

DARNLEY *(zu Murray)*.　　　　Derselbe Mann
Von welchem ich Dir sprach — — —

LENNOX.　　　　　　　Gedungen war
Der Schuft.

MARIA.　　Von wem? Von welchem Bösewicht?

RUTHVEN. Das sagt er keinem mehr — ich hieb ihn nieder.

DARNLEY. Als das Verbrechen schon mißlungen war
Und er gestehen wollt', wer ihn verleitet.

LENNOX *(zu Ruthven)*. Sehr übereilt habt Ihr gehandelt, Lord.

HUNTLY. Ich meine eher, sehr wohl überlegt.

RUTHVEN. Nicht meiner mächtig — schlug ich nach dem Hund,
Wußt ich's, daß die Canaille so gebrechlich?

LENNOX. Wer hat zum Richter Euch bestellt?

DARNLEY.　　　　　　　　　Ihr seid
Verdächtigt selbst, durch Eure freche That
Und durch das letzte Wort des Sterbenden —
Er hauchte noch vergehend einen Namen —

HUNTLY. Den Eueren bei meiner Seele! „Ruthven"
Hat er im letzten Todeskampf gestöhnt —

MURRAY *(Ruthven fest anblickend)*.
Der Name war kein and'rer doch als Ruthven?
Es gibt so manche, die ihm ähnlich klingen;
— Zum Beispiel —

RUTHVEN.　　　Bothwell — nicht? —

MARIA.　　　　　　　　Allmächtiger!

DARNLEY. Noch heute soll sich jeder Zweifel lösen. *(zu Maria)*
Gebt den Befehl, ihn vor Gericht zu stellen.

MARIA *(nach einer Pause)*. Der Himmel selber hat gerichtet, Sire!
Des Herren Weisheit führte Ruthvens Hand.
Wollt Ihr, was Er gethan, noch bessern?
Wagt Ihr ein Wort, wo der Allew'ge sprach?
Fürwahr! Wir thäten besser ihm zu danken
Der Euer Leben wunderbar erhielt,
Als drob zu grollen, daß die Rache an
Dem Elenden, der es bedroht, nicht uns
Alleine überlassen blieb.

DARNLEY. Ist Ruthven Euch der Arm der Vorsehung?

MARIA. Verlaßt uns, meine Lords. Ich will zu Dome,
Will betend vor dem Bilde meines Heilands,
Des übervollen Herzens Dank ergießen.

(Lennox, Huntly, Ruthven ab.)

DARNLEY *(auf letzteren deutend).*
Wollt Ihr mit *Dem* im Einverständniß scheinen?

MARIA. Ich dinge keine Mörder, König Darnley.
(ab mit Lady Argyll.)

DARNLEY. Ich rufe Euch zum Zeugen Bruder Murray,
Daß ich in Schottland rechtlos worden bin,
Und ausgesetzt dem Schlage jeder Hand,
Die frevelhaft sich gegen mich erhebt.

MURRAY. Jetzt ist es Zeit! Du sollst dies Land verlassen,
Doch nicht allein — und auch zu Schiffe nicht. *(ruft hinaus:)*
Lord Kerr! — Ein and'res Mittel weiß ich Dir
Zur Rache! *(zu dem eintretenden Kerr:)* Freund! Der König bleibt!

DARNLEY *(will ihm in's Wort fallen).*

MURRAY *(leise).*   Laß mich!
(laut). Sein Schiff, das reisefertig liegt im Hafen,
Es streicht die Segel alsogleich. — Entlaßt
Die Mannschaft in des Königs Namen, gebt
Befehl die Waffen und den Pulvervorrath
Nach seinem Schloß zu bringen. Geht Mylord. *(Kerr ab.)*

DARNLEY. Was hast Du vor?

MURRAY.   Als ein Vertrieb'ner nicht,
Als Fürst und König sollst Du zieh'n, in dessen
Verletzter Majestät die Majestät
Von allen Königen verletzt, und der
Genugthuung begehrt im Namen Aller.
— Elisabeth von England wartet Dein
Der als Verkläger ihrer schlimmsten Feindin
Vor ihr erscheinen soll.

DARNLEY.   Elisabeth
Sagst Du?

MURRAY. Schon sind die Pferde Dir bereitet,
Im Einverständniß längst Mylord von Bedfort;

Doch kommen wirst Du nicht allein, der tief
Gekränkte Gatte tritt mit seinem Sohn,
Gerechtigkeit und Schutz begehrend, vor
Elisabeth.

DARNLEY. So sei's!

MURRAY.   Vor Abend noch
Führ' ich das Kind Dir zu. Verlaß mich nun,
Und kehre bald, scheinbar versöhnt, zurück.
Aus diesem Fenster siehst Du nach dem Park,
Am Ausgange desselben harrt ein Wagen
Sobald die Nacht gekommen. Wenn Du nun
Von hier hinüber blickst, in dieser Richtung,
Wird eine Fackel an des Gartens Saum,
Rasch angezündet, rasch wieder verlöscht,
Das Zeichen sein, daß die Entführung mir
Gelang, und Dein im Wagen harrt der Prinz;
Dann ist es Zeit — Dann zög're nicht zu folgen.

DARNLEY. Von England aus, will ich Dir danken, Bruder!
(er geht ab.)

MURRAY *(allein).* Mir danken, Wurm? So dankt die Kugel aus
Dem Rohr geschossen — wenn sie trifft.
  (Zinken und Hörner. Von der Straße herauf der vielstimmige,
  oft wiederholte Ruf: Hoch Bothwell!*)*
Da kommt der Mann des Tag's! *(er tritt zum Fenster)*
        Fürwahr ein schöner,
Ein königlicher Zug! O schrei Dich heiser —
Du thöricht blödes, kurzsichtiges Volk!
Bald sollst Du keuchen unter seinem Joch
Wie unter ihm sein dampfend Pferd jetzt keucht.
Ha! Wie sich's bäumt und schnaubt — und wie sein Schweiß
Zur Erde niederregnet, mit dem Blut
Der wundgespornten Flanken! Ruhig Berber!
Dies alles nützt dir nichts — dein mächt'ger Reiter
Bemerkt kaum deine Wuth, er preßt um dich
Die stahlgeschienten Schenkel, daß dir keuchend
Der Athem nur entfährt, und blickt hinauf
Zum Fenster seiner Lieben — seligen —
Verklärten Angesichts… O welch ein Blick! …
Jetzt hat er sie geseh'n… Entblößt sein Haupt
Und beugt es, beugt's bis auf des Rosses Nacken…
Vortrefflich, edler Lord! frohlocke kühn —
Das Herz der Königin hast Du erobert —

Die Kön'gin selber lief're ich Dir aus!

Sechster Auftritt.

(Pagen öffnen die Thüre, Hofleute machen Spalier, Bothwell kommt mit großem Gefolge.)

BOTHWELL. Mylady Argyll melde mich, ich will
Zur Königin.

MURRAY. Willkommen Mylord Markgraf.

BOTHWELL. Da Ihr es bietet — ist es kein Willkomm.

MURRAY. Entlaßt Euer Gefolg', ich hab' mit Euch
Zu reden.

BOTHWELL. Wirklich? Wirklich? —

MURRAY.   Weigert Ihr's? —
Auch gut — doch wißt — Ihr weigert's einem Freund.

BOTHWELL. Ein Murray und mein Freund? O laßt die Possen!
(zu den Hofleuten.) Habt Ihr gehört? Ich will zur Königin.

(Pagen ab.)

MURRAY. Mich jammert sehr, daß Schottlands erster Mann
Verdammt sein kann gleich andern kleinen Leuten,
Im Vorgemache demuthsvoll zu warten
Bis es gefällt dem läß'gen Hofgeschmeiß
Ihn anzumelden. Lord! das sollt nicht sein…
Der Zufall spielte mir, er spielt oft seltsam,
Hier einen Schlüssel in die Hand, der Euch
Das Melden bei der Königin ersparen…

BOTHWELL *(erfaßt den Schlüssel, zum Gefolge).*
Geht Alle! Geht! *(Das Gefolge und die Hofleute ab.)*
                                Wie kommt Ihr zu dem Schlüssel?

MURRAY. So viel ich seh' seid *Ihr* dazu gekommen.
(sich Bothwell nähernd, leise.)
Vom großen Gange an der Treppe, führt
Ein kleinerer zu Lady Argyll's Zimmern,
Ihn abzuschließen scheint 'ne Bretterwand,

Von dieser rechts, vom Boden eine Spanne,
Ist unter anderm Schnitzwerk, Schottlands Distel
Sorgfältig ausgeführt; verschiebt Ihr sie
So wird ein Schlößchen sichtbar...

BOTHWELL *(in höchster Spannung)*. Und wenn ich
Nun öffne?

MURRAY. Weicht die Wand. Ihr stehet an
Der Mündung zweier Gänge, einer rechts
Führt zu dem Souterain im äuß'ren Hof
Das dieser selbe Schlüssel Euch erschließt,
Der andre links führt zur Königin...

BOTHWELL. Mein Leben nehmt! Reißt mich in tausend Stücke,
Werft meine Habe Euren Hunden vor —
In Ewigkeit bleib' ich doch Euer Schuldner!

MURRAY. Erkennet nur, daß ich nicht Euer Feind. *(Murray ab.)*

BOTHWELL *(allein)*.
Entzücken! O die Macht ist mein, denn mein
Ist Ihre Trägerin!

LADY ARGYLL *(kommt)*. Die Königin
Ersucht Euch zu verziehn, sie ist nicht wohl.

BOTHWELL. Nicht wohl? War sie es doch vor wenig Stunden —
— Sagt Ihr...

LADY ARGYLL. Bringt Eure Botschaft selbst, Mylord
Bis es gefällt der Fürstin sie zu hören. *(sie geht ab.)*

BOTHWELL. Verdammt die Weiberlaunen! Oder — Halt!
Ist der Gedanke Thorheit? — war es nicht
Der Zufall nur, der diesen Schlüssel spielt
In Murray's Hand? ... Sie hat es selbst gethan! —
... O jetzt mein Ehrgeiz steige kühn empor,
Zerreiße flutend alle Dämme: Stolz!
Entfalte Deine Schwingen, Herrschbegier
Und trage mich in einem Adlerflug
Zur Sonne Ruhm, zum Himmel: Allgewalt! *(er stürzt hinaus.)*

MURRAY *(kommt)*. Schon fort? Hahaha! Eine Schäferstunde
Sei ihr vergönnt, der guten Königin,
Indessen wir ihr Kind entführen, und
In einem einz'gen Mann, der Feindin so
Gewalt'ge Hülfestruppen senden, wie
Ganz Schottland unter Waffen sie nicht stellte. *(Ein Pfiff.)*

Was gibt's? War dies nicht Kerr's Signal?
(eilt zum Fenster.) Er selbst?
— Er winkt — winkt *mir* — Ich komme — Steht! ... Es kann
Mißlingen nicht... Und *wenn!* O pfui! — — Bin ich
Nicht Murray mehr, der aus Mißlingen nur
Ein anderes Gelingen sich erschafft? *(Murray ab.)*

BOTHWELL *(erscheint im Hintergrunde mit einigen seiner Leute,*
die nach erhaltenen Befehlen wieder verschwinden, zu ihnen):
Führt beide vor's Gericht — doch ruhig — hört Ihr?
Kein Aufseh'n, Euer Leben gilt's!

HUNTLY *(hereintretend).*
Was ist geschehen? Was habt Ihr entdeckt?
Wem droht Gefahr?

BOTHWELL.   So lange ich hier stehe
Mylord von Huntly — keinem Redlichen.

HUNTLY. Die Königin!

Siebenter Auftritt.

(Die Vorigen. Maria, Lady Argyll, Gefolge.)

MARIA.   Seid mir gegrüßt, Lord Markgraf.

BOTHWELL. Gott segne meine Königin! Ich bringe
Die Huldigung der mir vertrauten Marken.

MARIA. Und Trost und Freude an den düst'ren Hof.

(Während dieser letzten Worte sind eingetreten: Darnley,
Murray, Lennox, Mar.)

DARNLEY. Mylord von Bothwell? — Völlig schon genesen? —
Ich wünsche Glück zu dieser raschen Heilung, —
Gefördert durch die Pflege einer Königin.

MURRAY. Was thust Du?

MARIA.   Herr im Himmel!

LENNOX.   Was ist das?

BOTHWELL. Ich leiste Gegendienst! ... Mylord von Huntly!

78

Laßt augenblicklich unter Waffen treten,
Was Waffen trägt in Edinburg, verdoppeln
Die Posten — alle Eingänge besetzen
Zum königlichen Schloß — verbreiten in
Der ganzen Stadt die Kunde, daß Gefahr
Dem Prinzen drohe…

MARIA.　　　　　Meinem Sohn?!

BOTHWELL.　　　　　　　Zu Schutz
Und Hülfe ruft die Bürger auf! *(Huntly ab.)*

(Verworrenes Geschrei und Waffengetöse in den Vorhallen.)

DARNLEY *(für sich).*　　　Verrathen!

BOTHWELL. Im Werke ist ein schändliches Komplott —
Entführt — an England ausgeliefert, soll
Der Kronprinz werden…

MARIA.　　　　　O mein Gott!

BOTHWELL.　　　　　　　Verdacht
Aus manchem bangen Zeichen schöpfend, das
Bei meiner Ankunft schon mich überrascht,
Belauschte ich im Souterain des Schlosses,
Die Elenden, die ihr Verführer wählte
Werkzeug zu werden seiner Frevelthat —
— Die Beiden freilich sind unschädlich nun.

MURRAY. Erschlagen?!

BOTHWELL.　　　　Nein — gefangen. Doch sie sind
Ja nur der Schlange Schwanz — ihr Haupt vermuth
Ich hier, und hier will ich's zertreten! …

HUNTLY.　　　　　　Wen
Verdächtigt Ihr?

BOTHWELL.　Es ist…

MARIA *(mit einem Blick auf Darnley).* O! — Sprecht's nicht aus!

DARNLEY *(trotzig).* Ich war's! Dein schwerbeleidigter Gemahl.
In jeder Fiber, jedem Nerv' verletzt,
Erhob ich mich das Aeußerste zu thun —
Nachdem Du mich zum Aeußersten getrieben.

MARIA *(nach einer Pause).*
Mein werther Lord von Mar! Wogegen sich

79

Mein mütterliches Herz bisher gesträubt —
Und ich der Sitte dieses Lands zum Trotz
Verweigerte: den Prinzen — meinen Sohn
Noch einem andern Schutz anzuvertrauen
Als jener ist, den ich gewähren kann —
Ich thu' es jetzt — und wähle Euch Mylord,
Bestelle Euch zu meines Sohnes Hüter.
Wacht über dieses arme Kind, das nicht
Mehr sicher ist in seinem Vaterhaus.

MAR. Aus Deiner Hand empfang ich es, und heb'
Die meine auf zum Schwur: So schütze mich
Der Ewige, wie ich Dein Kind vertheid'gen
Und schützen will in jeglicher Gefahr —
Mein Leib sein Schild, und dieser Arm sein Schwert.
(Mar geht ab.)

MARIA *(sich zu Darnley wendend, ruhig).*
Ihr habt verreisen wollen, König Darnley —
Ich halt Euch nicht zurück. Erfüllt die Sehnsucht
Die Euch von hinnen treibt, und lasse Euch
Ein gnädiges Geschick mehr Segen finden
Im fremden Land, als diesem Ihr gewährt.
Lebt wohl! *(Maria mit Lady Argyll ab.)*

DARNLEY. Lebt wohl! Denkt meines Schwur's, er soll
Gehalten werden, Königin! *(Darnley ab.)*

LENNOX *(ihm folgend).* Warum
Gerade mir solch' einen Sohn, mein Gott?
Die Schande bleichte heut' mein Haar — wenn es
Dies heut' nicht schon gebleicht gefunden!

DOUGLAS. Bedauernswerther Greis! Bedauernswerth
Auch wir — die einen König ehren sollen
In diesem Darnley!

HUNTLY.   O ich gäb' mein Leben
Das seine ihm zu nehmen! Schenkt ihm freudig
Die Hälfte meines Muth's — daß er sich mir
Nur stellt!

RUTHVEN. — Ich lieb' Euch nicht — allein für solch'
Ein Wort, küßt' ich den Teufel. Eure Hand!

HUNTLY. Wir theilen Euren Haß — doch Meuchelmord
Soll ihm genug nicht thun.

RUTHVEN.   Was David ließ
Vollziehen an Urias, und Moses that
An dem Egypter, nehmt getrost auf Euch!
Ihr braucht nicht besser sein als diese waren.

DOUGLAS. Geduld! Geduld! auch Darnley's Stunde kommt.

(Douglas, Huntly, Ruthven ab.)

BOTHWELL. Da geht es hin, dies jämmerliche Volk,
Das nicht empfinden, das nur schwatzen kann,
Strohfeuer alles dieses — Funken — Funken
Nicht eine Lohe überwält'gend — zündend!

MURRAY *(für sich)*. Jetzt letztes Mittel: Hilf! Wie sich das Glück
Von Deiner Sache wandte, König Darnley,
So wende ich von ihr mich hiemit ab! *(zu Bothwell.)*
Nur Funken? Wohl! doch einer schon genügte
Für ewig diesen Darnley zu vernichten.

BOTHWELL. Was sagt Ihr da?

MURRAY.   Was aller Welt bekannt.
Schläft dieser Mann noch thörichter als feig
Denn nicht in seinem abgelegenen Haus —
Auf 'nem Vulkan?

BOTHWELL.   Was wollt Ihr damit sagen?

MURRAY *(langsam, gleichgültig)*.
Jedweder weiß, daß seines Hauses Keller
Erfüllt mit Pulver und mit Munition,
Die er dahin von seinem Schiff ließ bringen.
Bedenket nun, mein theurer Lord, wie leicht,
Wie spielend — wie ganz unnachweisbar —
Ein Nichts — ein Hauch — ein Funke, welcher fällt…

BOTHWELL. Genug! Genug!

MURRAY.   Laßt uns davon nicht reden —
Gefahren nennen — heißt zu oft: sie wecken.
*(Bothwell beobachtend, der in höchster Aufregung auf und nieder
geht, leise für sich.)*
Der Funke fiel — der Funke hat gezündet! *(nach einer Pause.)*
Ich will zu Lennox — dieser Graf ist rasch
In seinem Handeln, kommt mir leicht zuvor,
Ich muß die ganze Sorge meiner Liebe
Um meinen guten König — in das Herz

Des besten Vaters schütten, muß ihn warnen,
(laut) Lebt wohl Mylord. *(Murray ab.)*

BOTHWELL *(allein)*. Ich thu's! — Ich will es thun!
Wahrhaftig — einen bessern Mann würd' ich
Ermorden — gält' es einen Thron! *(Maria tritt ein.)* Maria!
O Endlich! Endlich!

MARIA.   Meinen Sohn hab' ich
An meine Brust noch pressen müssen, Bothwell,
Bevor ich kam zu danken seinem Retter. —

BOTHWELL. Der einz'ge Dank, den ich begehre, Fürstin,
Ist Rache an dem Vater Deines Sohn's.

MARIA *(finster)*. Dann lebt *ein* Wunsch in uns'rer Seelen Tiefe —
Und wenn wir beten, steigt dieselbe Bitte
Zum ew'gen Himmel auf.

BOTHWELL.   Bei dieser Hand,
Dem Gottgeschenke, das er nie verdient
— Bei diesem Auge, dem er tausend Mal
Der Schmerzensthräne herbe Flut erpreßt —
Gelob' ich's hier im Angesicht des Himmels,
Ich räche Dich! *(will fort.)*

MARIA.   Nicht Du!

BOTHWELL.   Kein Anderer!
Der Preis ist mein, und mein sei auch die That!
Ich richte ihn.

MARIA.   Um aller Heil'gen Willen
Beschwör' ich Dich…

BOTHWELL.   Ei sieh' doch — welche Inbrunst! —
Erwacht die schnöde Leidenschaft von Neu'm
Für diesen Jammermann? … Liebst Du ihn noch?!

MARIA. Ich lieb' ihn, wie das Aug' den Dorn, an dem's
Erblindet — wie das Herz die Wunde, an
Der es verblutet.

BOTHWELL. Fluch' ihm! der dies Herz
Also zerriß — daß es nur leiden — nicht
Mehr lieben kann.

MARIA.   O Irrthum! Glaube mir
Unsäglich lieben — kann nur der allein —
Der es versteht — unsäglich auch zu leiden,

Und wo sich Lieb' und Leid zusammenfinden,
Da wachsen beide über menschlich Maaß.

BOTHWELL. Du hast der Liebe Schmerzen nur gekannt,
Ich führe Dich in ihre Wonnen ein!
In Trümmer aber brech' ich jede Schranke,
Die meine Sehnsucht von Erfüllung trennt,
Erschüttere des Himmels ew'ge Säulen
Drängt er sich zwischen uns und uns'ren Bund! *(will fort.)*

MARIA. Wohin?

BOTHWELL.   Zu König Darnley.

MARIA.   Bothwell! Bothwell!
Verschone ihn! Ich hab' ihm angehört —
Ich hab' sein Kind in meinem Schooß getragen,
Genährt an meiner Brust — verschone ihn!
   (Bothwell wendet sich trotzig ab.)
An meinen Bund mit diesem schlechten Mann
Zerschellt' mein Glück als wie am Fels die Woge —
Es soll durch ihn nicht auch mein Frieden scheitern. —
(sich Bothwell nähernd und seine Hand fassend.)
Bei dem Geständniß, das ich Dir gethan,
Bei jeder Treu' und Ehrlichkeit auf Erden,
Beschwör' ich Bothwell Dich: gelobe mir
Daß Dir sein Leben unantastbar heilig…

BOTHWELL. Nein! Nimmermehr.

MARIA.   Kannst Du's der Liebenden
Verweigern, Deiner Kön'gin kannst Du's nicht —
Und *sie* befiehlt! …

BOTHWELL.   Maria!

MARIA.   Schwöre! Schwöre!...

BOTHWELL *(für sich)*.
Was ich beschloß, ich will und werd's vollenden,
Wenn *mit* Dir nicht, o Königin, *trotz* Dir.

MARIA. Dein Wort begehr' ich — gib' Dein Wort.

BOTHWELL.   Du hast's. —

MARIA. Gott sei gelobt! und — Du! — Hab' Dank!

BOTHWELL.   Leb' wohl. *(rasch ab.)*

(Die Bühne allmählig verfinstert.)

MARIA. O bleib'! geh' nicht von mir — nicht jetzt… Umsonst! —
Er gab sein Wort, was bebst Du, feiges Herz?
Der Schatten von dem Schatten eines Zweifels
Ist arger Frevel an dem Treuesten. *(zusammenfahrend.)*
Wer kommt? — Wer ruft? — kein lebend menschlich Wesen —
Mein armes Hirn ist fieberkrank, und leiht
Gestalt der Leere, und der Stille Stimmen. *(nach einer Pause.)*
O gnäd'ger Gott! Den Einz'gen unter Allen
Den ich bewährt gefunden, laß nicht sinken!
Nimm alles Herr, laß mir an Ihn den Glauben.
Nicht zu dem frommen friedensvollen Walten
Das and'rer Frauen stillbeglückend Loos,
Hat mich Dein Wille — Ewiger bestimmt.
In meine Hände legtest Du ein Scepter
Das wie ein Schwert geformt: als wie ein Schwert
Zu schwingen und zu brauchen. Steter Kampf
Heißt meines Lebens ernste Losung — Kampf
Um jedes Recht, um jedes Eigenthum,
Das heil'gste selbst, und unantastbarste! —
Ein rauhes Tagwerk ist das meine, Herr,
Die Kraft versagt, gönn' Labung mir, mein Gott —
Und laß' mich ruh'n, erschöpft vom Kampfgewühle,
In einem milden, heilenden Gefühle! —
   (Ein dumpfes, rollendes Getöse erschüttert die Luft. Einen
   Augenblick darauf tiefste Stille, dann lautes Geschrei von vielen
   Stimmen, das immer wächst und näher zu kommen scheint.)
Allmächt'ger! Was war das?
(eilt zum Fenster.)   Täuscht mich mein Auge? —
Was hebt sich dort und steiget in die Lüfte
Und qualmt empor in schwarzen Rauchessäulen
Ein ungeheuer — fürchterlich Gebilde
Durch dessen finst're Wirbel Flammen schwirren,
Wie gold'ne Pfeile durch die tiefe Nacht —
Hat sich der Hölle Rachen aufgethan
Und speit Verderben über uns're Häupter?

LADY ARGYLL *(stürzt herein)*. Um Gotteswillen, Königin…

MARIA.   Was ist
Geschehn?

LADY ARGYLL. Ein furchtbar — grauenhaftes Unheil —

MARIA. Fassung Eleonor…

LADY ARGYLL. Sie sagen, sagen —
Des Königs Schloß sei in die Luft gesprengt...

MARIA. Gerechter!

(Murray, Lennox und Mar rasch auftretend.)

MURRAY. Wo ist Darnley? Wo?

MARIA. Auf seinem Schlosse...

LENNOX. Dann ist er todt — *(auf Bothwell zeigend, der auf der Schwelle stehen bleibt.)* und dieser dort — sein Mörder!

MARIA. Nein!

Vierter Aufzug

Erster Auftritt.

(Zimmer bei der Königin.)

LADY ARGYLL *(allein, den Blick auf das Nebenzimmer gerichtet, dessen Thür offen steht).*
Auf ihren Knieen — tief gebeugt das Haupt,
Das Crucifix in den gefalt'nen Händen;
Im brünstigen Gebet so ganz versunken
Daß rings die Welt für sie erstorben, fremd
Dem Herzen jede Regung scheint, die sich
Nicht Andacht nennet, liegt sie da... Nein! Nein!
So beten kann kein schuldiges Gewissen...
Hinweg mit jedem Zweifel, o mein Herz!
Sei treu im Glauben an die Vielgeschmähte,
Du bist vielleicht bald ihre einz'ge Stütze!
Seit Monden nun liegt Heinrich Darnley in
Der Gruft der Könige von Schottland, und
Ein jeder Tag, der seinem letzten folgte,
Hat neue Schrecken zahllos uns geboren —
— Als sende sie der ungerächte Geist
Des Hingeschied'nen — Hingemordeten —
Steigt ihre Schaar allmälig aus dem Dunkel,

In's düst're Grau gekleidet des Verdachts,
Und wirbt sich Helfer, unsichtbar, gewaltig,
In jedem Herzen das da lebt und pocht…
Sie heißen: Haß, Empörung, Rachedurst,
Und ihre Pfeile — die nie verfehlenden,
Sie zielen alle nach der einen Brust!

Zweiter Auftritt.

(Die Vorige. Maria.)

LADY ARGYLL. So ruhig — Majestät?

MARIA.   Ich hab' gebetet.

LADY ARGYLL. Daß Ihr Euch Kraft für diesen Tag erfleht!

MARIA. Für diesen, Leonor?

LADY ARGYLL.   Bald schlägt die Stunde,
Die vor Gericht Mylord von Bothwell ruft.

MARIA. Diejen'ge auch, die ihn rechtfert'gen soll.

LADY ARGYLL. Das gebe Gott!

MARIA.   Du zweifelst?

LADY ARGYLL.   Sehnlichst Wünschen
Erzeuget Sorge, vor vergeb'nen Wünschen.

MARIA. Kleingläubige! Auch Du verdächtigst ihn!

LADY ARGYLL. Träf' ihn kein schlimmerer Verdacht als meiner!

MARIA. Verdacht von Freunden ist der schlimmste! Spräch
Er sich auch noch so leise aus — ja müßt'
Man ihn errathen! Seine schwächste Regung
Schneidet in's Leben ein, indeß des Feinds Verdacht
Die Haut kaum ritzt.

LADY ARGYLL.   Glaubst Du, nur Jener leide
Der den Verdacht bei seinem Freund erregt?
Fürwahr! Nicht minder leidet, der ihn hegt —
O Königin! Ich darf nicht länger schweigen,
Das herbe Wort, es *muß* gesprochen sein —
Wie schwer es auch — wie fast unmöglich mir… *(sie stockt.)*

MARIA. Eleonor! Die treuen Lippen weigern Dir
Den Dienst! Die anders nie als liebvoll zu
Mir sprachen, öffnen sich zu keinem Vorwurf
Für Deine Königin! — Und glaube mir,
Die Lippen thun viel besser als das Herz,
Das sie zu schlimmen Boten machen will
Der schlimmsten Warnung, die ein Tadel ist.

LADY ARGYLL. Mag's stille stehn für immerdar, wenn es
Mit aller seiner Macht dagegen sich
Nicht sträubt, Dir weh zu thun!

MARIA.   Laß es gewähren!

LADY ARGYLL. Nicht blos das Herz, auch die Vernunft gebietet.

MARIA. Das Herz ist oft vernünft'ger als Vernunft —
Es räth Dir gut in diesem Augenblick.

LADY ARGYLL. Wenn Treue jemals einen Lohn verdient,
Jemals das Recht zu einer Bitte gab,
So ford're ich's als Recht, daß Du mich hörest.
Maria Stuart! Deines Volkes Stimme
Klagt Bothwell laut des Königsmordes an!
Ein Schrei nach Rache gellt durch's ganze Land,
Und Du verschließest sündlich ihm Dein Ohr!
Es geht der Mann, den *Jeder* schuldig nennt
So hochgestellt wie *Keiner* — frei umher,
In sich'rer Ruh genießßend all der Ehren
Womit ihn Deine Gnade überhäuft.
Selbst jetzt — wo ein Gericht zusammentritt
Vor dem er stehen wird als Angeklagter,
Selbst jetzt, bleibt unbenommen ihm die Freiheit —
Und wie benützt er sie! Sein ganzer Anhang
Umstellt das Parlament. Mit Sang und Spiel
Und flatterndem Panier ziehn seine Schaaren
Durch Deiner Hauptstadt todtenstille Gassen.
Der schwer Verklagte tritt vor seine Richter,
Und bringt mit sich, was ihn entsühnen muß:
Nicht seiner Unschuld sprechenden Beweis,
Auch nicht das Zeugniß ehrenwerther Stimmen —
Er bringt *Gewalt*, die es gefährlich macht
Ihn zu verurtheilen — ihn zu bestrafen
Unmöglich!

MARIA.   Hab' ich nun genug gehört?
Ist Deine Treue müd' sich zu bewähren,

Indem sie And're grenzenlos verdächtigt?

LADY ARGYLL. Verdächtigt hätt' ich Bothwell? Nein! Ich klag'
Ihn an! Nicht des Verbrechens, dessen man
Ihn zeiht, da *kann* er schuldlos sein, und geb'
Es Gott! Doch eines andern Fehls, von dem
Kein Richter jemals frei ihn spricht: Er hat
Dein Herz bethört und Deinen Sinn verblendet —
Dein Ohr umstrickt mit seinen Liebesschwüren,
Bis taub es ward für jeden Warnungsruf
Für Deines Volks zu Dir erhob'ner Stimme,
Für Deiner Freunde treues Flehenswort!

MARIA. Ich hab' auf Erden keine Freunde mehr!
Das letzte treue Herz verlier' ich jetzt…

LADY ARGYLL. O Königin!

MARIA.   So seid Ihr Alle! —
So lang des Lebens Pfade glatt und eben
Hinschlängeln sich in stiller Heiterkeit,
Da folgt Ihr uns, da wandelt Ihr wohl mit,
Ihr Freunde! Auf der munt'ren Wanderung,
Längs grünen Ufern durch das blum'ge Thal.
Doch Weh! Wenn es sich düster nun verengt,
Wenn Klippen starren rings umher, Geröll
Mit schneid'gen Kanten wund die Sohle ritzt,
Die Brandung tosend ihren weißen Schaum
In's Angesicht uns spritzt, mit tausend Zungen
Die wilden Wogen grimmig nach uns lecken,
Da heißt's: „Nun ist's genug! kehr um!"
Und folgen wir nicht Eurem feigen Ruf,
Treibt uns der Muth, trotz Klippen, Sturm und Brandung,
Voran — voran! auf uns'rem rauhen Pfad:
Da sprecht Ihr: „Lebe wohl!" — und wendet Euch — —

LADY ARGYLL. Das hab' ich nicht verdient!

MARIA.   Es ist das Schicksal
Der Könige, und aller königlich
Empfindenden Gemüther — in der Welt
Allein zu stehen, weil zu hoch sie stehn.
So laßt mich denn allein! Weicht der Gefahr
Wenn Ihr zu klein Euch fühlt sie zu besiegen,
Ich trotze ihr, ich weiß mich ihr gewachsen!

LADY ARGYLL. Verwirfst Du auch die Warnung, Königin,

Verwirf den Warner nicht! ... Ich folge Dir,
Ob aufwärts zu den Höhn, ob nieder zu
Der Tiefe führt Dein Weg, denn Dir geweiht
Hab' ich mein ganzes Leben.

MARIA.   Worte! Worte!

LADY ARGYLL. Erfahre nie, wie treu gemeint sie waren,
Sonst reute Dich zu bitter diese Härte. *(sie geht ab.)*

MARIA *(allein)*. Dein Leben weihst Du mir? *Er* hätt' für mich
Der Seelen Seligkeit dahingegeben! ...
— Und Ihm könnt' ich zu vieles je gewähren?
Niemals genug! Ihr Kalten und Ihr Kleinen!
Ge'nüber Ihm, dem fürstlichen Verschwender
Bleib' ich ja doch in Zeit und Ewigkeit
Ein armes, karges, ohnmächtiges Weib! —

HUNTLY *(tritt ein)*. Versammelt sind die Richter, Majestät,
Und warten, wie befohlen, Deiner Ankunft.

MARIA. Ihr werdet mich begleiten, Mylord Huntly.
— Was ist's? — Was zögert Ihr? ...

HUNTLY.   Mylady, Lord
Von Lennox, eben angekommen, bittet
Um Einlaß...

MARIA. Nein! Ich kann nicht — sagt ihm — Geht!
Ich werd' ihn sehen — später — gleich — vor dem
Gericht... Dahin bescheidet ihn und folgt!

(Beide ab nach verschiedenen Seiten.)

Dritter Auftritt.

*(Der große Gerichtssaal. In der Mitte des Hintergrundes ein auf
Stufen erhöhter Thron, mit einem Himmel bedeckt. Rechts und
links neben den Eingängen Estraden, vor denselben Tische für
die Schreiber, zwischen ihnen der Platz des Oberrichters, vor
ihnen die Bank für die Richter. Trompetenstoß. Vier
Gerichtsdiener mit silbernen Stäben, dann vier Doktoren, ein
Edelmann, der die Tasche mit dem großen Siegel trägt.
Marschall mit dem Scepter (entblößten Haupts), ein Edelmann*

mit dem Schwerte, zwei andere mit silbernen Pfeilern. Caithneß
und zwölf Richter, dreißig Lords, unter denen Murray, Douglas
und Ruthven. Schreiber, Rufer und Herolde. Alle nehmen ihre
Plätze ein.)

CAITHNESS. Ihr seid allhier versammelt, edle Lords,
Zu einem ernsten, trauervollen Werke —
Vier Monde sind's, seitdem wir König Darnley
In's Grab gesenkt, und ungesühnt schreit noch
Sein Blut zu Gott dem Richter und dem Rächer.
Vergebens hat die Königin verheißen
Mit reichstem Lohn die Treue zu belohnen,
Die dem Gericht entgegen führt den ihm
Verfall'nen Mörder — unentdeckt lebt er
Von keiner andern Strafe noch ereilt
Als die er peinvoll trägt im eig'nen Herzen,
Im quälenden Bewußtsein seiner That. —
Nun aber scheint der werthe Lord von Lennox
In dieser düst'ren Sache einen Weg
Zur Wahrheit endlich, und gerechtem Siege
Entdeckt zu haben und wird vor Euch treten,
Von Euch, als des Gesetzes Schutz und Trägern
Ausübung zu begehren des Gesetzes. —
Bedenkt die Pflichten Eures Amts, Ihr Herrn!
Und seid gerecht so Klägern wie Verklagtem.

MURRAY. Wir wollen Beide hören, ruft sie vor.

CAITHNESS *(zu Murray).* Erlaubt! *(zur Versammlung.)*
          Vom Wunsch beseelt, der wicht'gen Handlung
Die uns hieher berufen, selbst zu folgen,
Entschloß sich Ihre Majestät die Königin
Durch ihre hohe Gegenwart zu ehren
Dies feierlich Gericht. Empfanget sie!

EIN HEROLD *(meldend).* Die Königin!

(Alle erheben sich. Maria kommt mit Gefolge, darunter Mar,
Kerr, Huntly, Athol. Caithneß und Murray gehen ihr entgegen
und führen sie zum Throne.)

MARIA. Um Euerer Versammlung beizuwohnen,
Nicht sie zu leiten, kam ich, meine Lords.
Beginnt! Nach des Gesetzes Lauf und Vorschrift!

CAITHNESS. So sei erklärt denn — als eröffnet diese

Gerichtsversammlung! *(zum Schreiber)* Thut, was Eures Amtes.

SCHREIBER. Ruft: Mylord und Earl von Lennox, erscheine vor
Gericht!

RUFER. Mylord und Earl von Lennox, erscheine vor Gericht!

LENNOX *(gestützt an Cunningham tritt auf)*. Hier.

MARIA *(sich rasch, fast unwillkürlich erhebend)*:
O! mein Vater Lennox! *(verbirgt das Gesicht in den Händen.)*

SCHREIBER. Ruft: James Hepburn, Graf von Bothwell, erscheine
vor Gericht!

RUFER. James Hepburn, Graf von Bothwell, erscheine vor
Gericht!

(Bothwell tritt ein, mit großem Gefolge, alle bewaffnet.)

BOTHWELL. Hier.

CAITHNESS.   Lord von Bothwell, Ihr seid herberufen,
Doch Euer Anhang nicht!

BOTHWELL.   Nicht meinen Anhang —
Nur meine Zeugen hab' ich mitgenommen.

CAITHNESS. Es ladet Zeugen das Gericht, sobald
Die Zeit kommt, sie zu hören. Lasset diese
Abtreten!

MEHRERE LORDS. Sendet sie hinweg!

BOTHWELL.   Thuet es
Doch selbst! Von mir begehrt es nicht.

CAITHNESS.   Mylord!

MURRAY *(leise zu Caithneß)*.
Seid Ihr mit Blindheit denn geschlagen, Sir,
Der Göttin gleich, in deren Dienst Ihr steht?
Hilft Alles nichts! Heut muß die Themis blinzeln.

CAITHNESS. Zum Scherze, Herr, ist hier nicht Zeit noch Ort.

MURRAY *(wie oben)*.
Ich scherze nicht! Im Ernste schwör' ich Euch's
Um feierliche Ehrenrettung nicht:
Um eines Schuld'gen Prüfung handelt sich's.

CAITHNESS. Bei mir, Lord Murray, handelt sich's um Recht.

(zu Bothwell's Anhang): Verlaßt den Saal!

MURRAY *(zu der Versammlung).*   Ihr werthen Herrn! Ich steh
Für diese Männer ein! Verbürge mich
Für sie! Sie sollen keinen Einfluß nehmen
Auf Gang und Leitung unseres Gerichts.

EINIGE LORDS. Laßt sie!

ANDERE.   Sie mögen bleiben!

MURRAY.   Euch vor Allen,
Lord Oberrichter! leist' ich hiemit Bürgschaft
Für diese da! Begehrt Rechenschaft
Von mir, wenn sie sich übernehmen, Sir!
— Fahrt fort. Ich bitte.

CAITHNESS.   Euren Wunsch, wenn ich
Auch seinen Grund nicht fasse, will ich ehren.
(zum Schreiber) Laßt Stille rings gebieten.

SCHREIBER.   Ruh in Ehrfurcht!

RUFER. Im Namen des Gesetzes: Ruh in Ehrfurcht!

CAITHNESS. Herr Graf von Lennox! Eure Klage hat
Geladen vor die Schranken des Gerichts
Den Lord von Bothwell, Markgrafen des Reichs,
Auf Euren Ruf ist er allhier erschienen,
Und fragt Euch, Lennox, wessen Ihr ihn zeiht?

LENNOX *(dicht an die Stufen des Thrones tretend).*
In Demuth um Gerechtigkeit zu bitten,
Nicht um sie zu ertrotzen, bin ich hier —
Denn außer diesem Treuen, der den Schritt
Des Greises hergelenkt, folgt Keiner mir
Und meine Hand ist wehrlos…

MARIA.   Graf von Lennox…

LENNOX. O! … Graf von Lennox? Nicht: Mein Vater? … Nicht:
Mein Vater Lennox?! …

MARIA.   Sir — ich höre — doch
Ich richte nicht. An Lord von Caithneß muß
Ich Euch verweisen.

LENNOX.   *Dir* ruft meine Bitte,
Nicht ihm! Laß auseinander treten dies
Gericht! In unerlaubter Hast ward es

Berufen…

MEHRERE LORDS. Wie?

LENNOX.   Und: Hohn Euch jedes Recht —
Der Angeklagte wählte seine Richter!

VIELE LORDS. Was sagt er? Hört!

DIE RICHTER *(sich erhebend).* Wir dulden nimmer…

CAITHNESS.   Ruhig! *(zu Lennox.)*
An mich Mylord! seid Ihr gewiesen, und
Ich will Euch Antwort geben. Sir, Ihr nennt
Unrechtmäßig dieses Gericht? Euer
Benehmen ist's! Ihr seid gekommen, die
Gesetze anzurufen, nicht, sie zu
Verdächtigen. Der Schmerz entschuldigt viel,
Ich trag' dem Mitleid mit dem Euren Rechnung
Indem ich jetzt, statt Widerruf zu fordern
Der unbedachtsam ausgesproch'nen Worte,
Euch nur ermahne, wie es Euch geziemt
Aufrecht zu halten Eure Klage gegen
Den Lord von Bothwell, den Ihr hergeladen.

LENNOX. Ich sprach zur Königin — hat sie für mich
Kein Wort? — Kein einzig Wort?!

CUNNINGHAM.   Mein theurer Lord,
Ermannet Euch!

LENNOX.   Ich sprach zur Königin!

MARIA *(halblaut).* O Pein!

CAITHNESS.   Antwortet, Sir!

LENNOX *(sich von dem Throne abwendend).* Wohlan Mylord's!
So steht denn hier ein tiefgebeugter Greis,
Der „Graf von Lennox", Eures Gleichen, Sirs,
Nicht mehr, wie er sich sonst vermaß zu sein,
Nicht Vater einer großen Königin,
Nicht näher ihrem Herzen, als der letzte
Der Unterthanen ihres weiten Reichs,
Und klaget an den höchsten Mann in Schottland,
Den Führer jener wilden Kriegerschaar,
Die auf und nieder wogt vor diesem Hause,
Bereit zum Sturm, sobald er es befiehlt,
Der Mann der raschen That und der Gewalt,

Klagt Bothwell's an, des Mordes seines Königs!

CAITHNESS. Habt Ihr Beweise? Könnt' Ihr Zeugen nennen?

LENNOX. Ich hab' Beweise, und kann Zeugen nennen.

MARIA. O Gott!

BOTHWELL. Das ist gelogen!

CAITHNESS. Führt sie an!

LENNOX. Sie sind wohl niemals vor Gericht gestanden,
Die mächtigen Beweise, die ich geben,
Sie sind vor diese Schranken nie getreten,
Die argen Zeugen, die ich rufen will.
Auch weiß ich nicht, ob sie die Geltung finden
Vor Eurem Richterstuhl, die sie gewiß
Vor jenem Gottes haben. Graf von Bothwell!
Des ganzen Volkes laut erhobne Stimmen,
Und meines Herzens Ueberzeugung, sind die
Beweise — Deine eig'nen Thaten sind
Die Zeugen, die ich rufe gegen Dich!

ERSTER RICHTER *(zum zweiten)*.
Zwei fürchterliche Gegner in der That!
Der eine blind, und stumm der andere.

MURRAY *(leise zu Caithneß)*.
Der Greis ist kindisch worden, seht es ein.

EINER VON BOTHWELL'S LEUTEN *(zu ihm)*.
Ist's nicht genug? Wie lange wirst Du dulden?

BOTHWELL. So lange *mir's* — nicht: so lang Euch's gefällt!

CAITHNESS *(zu Lennox)*.
Ihr selbst bezweifelt, Sir, die Rechteskraft
Von Eueren Beweisen.

LENNOX. Andere
Zu sammeln, gönnt man mir nicht Zeit.

CAITHNESS. So habt Ihr keine für den ird'schen Richter.
Doch frag' ich Euch: Ihr glaubt an Bothwell's Schuld?

LENNOX. Ich glaub' an seine Schuld.

CAITHNESS. Ist dieser Glaube
Auf einen festbestimmten Grund gestützt?

LENNOX *(den Blick unverwandt auf Maria gerichtet)*.

Auf einen festbestimmten Grund.

CAITHNESS.   Nennt ihn.

LENNOX. Mylord, mein Grund ist mir ein Grund, wie mein
Beweis für mich — Beweis gewesen. Euch
Galt dieser nichts, wird jener auch nichts gelten.

CAITHNESS. Das zu entscheiden kommt mir zu. Geb't Antwort.

LENNOX. Sie ist gegeben, Mylord Oberrichter.

CAITHNESS. Ich traue nicht dem Zeugniß meiner Augen!
Ist dies der weise, mäß'ge Graf von Lennox!
Der eine grauenvolle Klage gegen
Des Reiches ersten Würdenträger schleudert,
Ihn feierlich vor die Gerichte ladet,
Und da er kommt, und da er sich ihm stellt,
Was er geklaget, nicht beweisen kann
Und Antwort weigert auf des Richters Fragen,
Der seinen schmerzverwirrten Sinn zur Stütze
Des eig'nen Geistes Ruhe leihen will?

LENNOX. Begehrt Ihr denn, ich solle wiederholen,
Daß illegal mir dies Gericht erscheint?
Bestochen alle Richter — eingeschüchtert
Durch den Beklagten, — Schuldigen…

BOTHWELL *(vorstürzend)*.   Genug!
Ich weiß nicht, Lords, bin ich hieher berufen,
Damit ein greises Kind sein Müthchen an
Mir kühle? Tod und Höll', Ihr Herrn! dafür
Bin ich zu gut! — Ist dieses ein Verhör,
Und steh'n wir vor Gerichte? Oder führen
Ein elend Possenspiel wir auf, das uns
Zu Hohn und Spott, ein Tropf zusamm' gestoppelt? —

CAITHNESS. Mylord von Bothwell, mäßigt Euch!

BOTHWELL.   Mich mäß'gen?
Dies bloße Wort könnt' einen rasend machen!
Ein Schurke, der allhier sich mäß'gen könnte!
Bei meinem Zorn! Da kommt ein alter Mann,
Und klagt mich an des Todschlags seines Sohn's —
Auf seines Herzens gläub'ger Ueberzeugung, —
Warum er's glaubt, und was ihn überzeugt,
Das sagt er nicht — dafür hat er Beweise,
Die nicht Beweise sind — und Gründe, die

Nicht Gründe sind, und es doch sind — und Possen!
Ich sag' Euch: Endet! Endet! Hin ist meine
Geduld! — —

MURRAY. Lord Oberrichter, kommt zum Spruch!

CAITHNESS. Noch einmal frag ich Euch, Mylord von Lennox!
Worauf begründet Ihr den Glauben an
Des Angeklagten Schuld?

LENNOX.   Noch einmal Sir:
Auf Gründe, die für Euch nicht Gründe sind.

CAITHNESS *(zu den Richtern)*.
Ihr habt's gehört! — Uebt Euer Amt nach Pflicht.
Was auch ein Jeder fühlen mag und denken,
Nach Glauben nicht, nach Wissen richten wir,
Und wäre jener größer als die Welt
Und dieses kleiner als ein Sandkorn, schwerer
In uns'rer Schule, müßt' das Sandkorn wiegen.
— Ich geh' zum Schlusse. — Kommt zum Spruch, Ihr Herrn!

SCHREIBER. Zum Schluß!

RUFER.   Zum Schlusse!

CAITHNESS *(zum Marschall)*.   Wollt' die Stimmen sammeln.

       (Marschall sammelt die Stimmen.)

CAITHNESS *(zu Lennox)*.
Es gibt hier nichts zu richten, Graf von Lennox —
Kein Straferkenntniß haben wir, Mylord,
Für unbewies'ne Schuld.

LENNOX.   Für unbewies'ne
Unschuld, auch keine Lossprechung. Ich ford're
Vertagung des Gerichts!

MEHRERE LORDS.   Ja! Er hat Recht!

CAITHNESS. Ihr fordert, was wir nicht gewähren können.
Stimmt ab, Ihr Herrn!

LENNOX *(zu der Versammlung)*. Ihr edlen Lords und Peers!
Ich fleh' Euch an: Beschützt in meiner Sache
Das hülflos unterdrückte Recht! …

CAITHNESS.   Stimmt ab!

(Die zwei ersten Richter haben ihre Stimmen abgegeben, als sich der Marschall zum dritten wendet, erhebt sich dieser.)

DRITTER RICHTER. Ich weig're meine Stimme!

DER NÄCHSTFOLGENDE. So wie ich!

DIE ZWEI LETZTEN. Und wir!

EINIGE LORDS *(darunter Mar, sich erhebend).*
Wir alle! Keine Lossprechung!

MURRAY. Ihr Herren dort — was ficht Euch an? Zur Ordnung!

CAITHNESS. Ward nicht bisher genug beleidigt schon
Die Würde dieses Hof's?

ERSTER LORD. Sie ward's durch Euch!

ZWEITER LORD. Durch Euch! die alles hier bereitet haben
Zu einer That höchsten Despotenthums!

(Zeichen des Beifalls.)

CAITHNESS. Mylord! Ihr redet zu den Trägern des
Gesetzes! Ehrt in ihnen das Gesetz,
Das ihre Handlungen bestimmt!

MAR *(sich erhebend).* Ihr folgt
Dem Geiste der Gesetze nicht. Euch lenkt
Sein todter Buchstab! —

EINIGE LORDS. Wahr!

ANDERE. Hört ihn! Hört ihn!

MAR *(zu Caithneß).*
Für Euch ist selbst das heil'gste Recht kein Recht,
Kann man's nicht schreiben in ein Dokument,
Und Eures Herzens beste Ueberzeugung,
Ihr opfert sie dem Wortlaut eines Satzes.

VIELE STIMMEN.
Ein wahres Wort! Ihr sprecht aus uns'rer Seele.

MAR. Wir aber sind des Landes freie Peers
Uns vorzudenken brauchet keine Vorschrift,
Wir bilden selber unser Urtheil, und
Dies lautet…

MURRAY. Haltet ein!

MAR.   Dies lautet, Sir:
Die innern Zeugen, welche Lennox rief,
Sie haben Geltung — haben sie für uns!

(Beifall der Lords, Bewegung unter Bothwells Anhang.)

CAITHNESS *(sich erhebend)*.
Sie haben keine Geltung! Und die ihre
Verliert die Stimme, welche widerspricht! *(zu Lennox.)*
Gezwungen nur, schrei ich zum Aeußersten,
Allein Mylord, ich kann nicht anders handeln.

BOTHWELL. Bei meinem Eid! Dies klingt beinahe wie
Entschuldigung! … Ihr *könnt* nicht anders — doch
Ihr hättet gern, so Ihr gekonnt, anders
Gethan? — War's so?! — Nun hört von mir ein Wort!
Da liegt mein Handschuh, Jedem hingeworfen,
Der fest nicht glaubt, und nicht aus ganzer Seele
An meiner Unschuld Makellosigkeit! — —
Wer immer es auch sei, und wären's Alle!
Derjenige, der jetzt noch an mir zweifelt
Und nicht dies Pfand aufhebet von der Erde,
Den nenn' ich solch 'nen schlechten, feigen Schurken,
Wie keiner schandvoll noch zur Hölle fuhr.
Ich hab's gesagt. Hier steh' ich. Kommt heran.

LENNOX. Ich nehm' es auf Dein Pfand.

CUNNINGHAM *(ihn zurückhaltend)*. Mylord!

BOTHWELL.   So zieht!

LENNOX *(der das Schwert Cunninghams ergriffen)*.
Im Namen eines Todten! …

(Bothwell will auf Lennox eindringen, Cunningham wirft sich zwischen sie.)

CUNNINGHAM *(zu Bothwell)*. Krümmt ein Haar
Auf seinem Scheitel und Ihr seid verloren!

BOTHWELL. Wer wagt's? —

LENNOX.   Laßt mich!

CAITHNESS *(Bothwell's Arm fassend)*. Zurück Mylord!

ALLE.   Zurück!

MARIA *(sich erhebend)*. Um Gotteswillen haltet Frieden! — Ich

Verbiete diesen Kampf! Bei meinem höchsten
Und ew'gen Zorn nehmt Euren Handschuh auf,
Mylord von Bothwell! — — *(Bothwell gehorcht.)*

LENNOX *(zu Maria).* Zitterst Du für ihn,
Unselige! vor Gottes Strafgericht?
— Der Herr der Herren wird meine Klinge führen
Und Dich — Dich selbst — treff' ich in Deinem Buhlen! …

MARIA *(mit einem Schrei).* O Lennox!

BOTHWELL. Wahnbethörter Greis!

LENNOX. Ich hab'
Geschont, ich hab' Geduld geübt bis an
Die Grenze menschlichen Vermögens. S'ist
Genug! Der Zornesglut entlade sich
Mein Herz, die's zu zersprengen droht… Nenn ich
Ihn Mörder — Mörd'rin nenn' ich Dich!

MARIA. Allmächtiger!!

(Aufschrei in der Versammlung.)

LENNOX. Auf Dein Geheiß vollzog er das Verbrechen,
War sein die That, Dein war der Rath dazu!

BOTHWELL. Ein Hochverrath ist jedes seiner Worte,
Verwirkt sein Leben — seine Stunde nah'!

*(Er dringt auf Lennox ein; Mar, Caithneß und ein Theil der
Lords schließen sich an Lennox und Cunningham, die sich zur
Wehr setzen.)*

CAITHNESS *(zu Bothwell).* Vergreift Euch nicht an ihm!

CUNNINGHAM. Hier Lennox! Hier!

BOTHWELL *(zu seinem Anhang).* Jetzt Burschen ist es Zeit!

*(Seine Anhänger drängen Lennox's Vertheidiger zurück,
Bothwell führt einen Streich gegen Lennox und schlägt ihm das
Schwert aus der Hand, das seine über ihn schwingend.)*

BOTHWELL *(zu Cunningham und Mar).* Ein Schritt! Ein Wort!
Und Lennox *hat* gelebt!
(Lennox vor die Königin niederzwingend.) Nun richte ihn!
Er hat den Tod verdient!

MURRAY. Ja! Richte ihn.

HUNTLY. Du kannst — Du darfst. —

ATHOL. Sein Leben ist verwirkt.

MARIA *(nach einer Pause, während welcher Lennox's Partei in athemloser Spannung auf sie blickt).*
Ich will nicht Euer Leben, Graf von Lennox!
— Mir lähmet Mitleid die erhob'ne Hand.
Geht hin in Frieden! Geht für immer, Sir,
Zu schmerzliche Erinnerungen hat
Der Anblick Edinburgs in Euch erweckt,
Verlaßt die Stätte von so vielem Weh —
Verlaßt dies Land…

LENNOX. *Verbannt?!*

MARIA. Die Einsamkeit
Ist Balsam für das Leid — ich bitte Gott
Daß sie Euch heilsam sei. — *(Gemurmel unter Lennox's Partei.)*

MAR. O Königin!

MARIA *(zu Caithneß).* Ihr aber, Lord, hebt die Versammlung auf,
Die hier verfuhr mit zügelloser Willkür,
In der die Zeugen Richter spielen wollen,
Und Jeder spricht und thut nach seinem Wahn.

(Zeichen des Mißfallens.)

CAITHNESS. Nicht also, Majestät…

MARIA. Gehorcht!

(Auf ein Zeichen des Oberrichters verlassen die Richter, Schreiber etc. ihre Plätze und stellen sich im Hintergrunde des Saales auf.)

MARIA. Graf Lennox — scheidet!

LENNOX. O für ewig denn! *(zu Maria.)*
Von Dir mit einem Wunsch: Gott mach Dich groß,
Denn glücklich, Tochter, kannst Du nicht mehr sein.
(sich zu den Lords wendend.)
Von Euch mit einer Bitte: Freunde! Brüder!
Wohin mich auch der müde Fuß noch trägt,
In fremder Erd' laßt meinen Staub nicht ruhn,
Den Sohn der Berge zieht's nach seinen Bergen —

Gönnt ihm bei ihnen eine letzte Stätte. *(zu Bothwell.)*
Von Euch! Mit einem Wort, das sich in's Herz Euch präge,
Und darin stehe, wie in Erz gegraben —
In Eurem Hirne nistend, eine Brut
Von Reu und Qual erzeug'! Nie entschwind
Es Eurem Ohr! — Es sei der Wurm
In Eurer Freude Frucht, in Eurer Brust
Der Stachel…

MARIA.   Haltet ein!

LENNOX.   Es übertäube den
Gesang der Lust, so wie der Schlacht Tumult,
Der Kriegsdromete lauten Siegesruf —
Daß Ihr es hört, — daß Ihr es ewig hört
Will ich's den Lüften lehren, und den Zweigen —
Es rausche Euch im Wüthen des Orkan's,
Es lisple Euch's der sanftbewegte Hain:
Ihr seid ein Mörder!

BOTHWELL.   Schweige — oder stirb!

MARIA *(zu Cunningham)*. Führt ihn hinweg. —

DOUGLAS *(zu Lennox, seine Hände fassend)*. Lebt wohl!

LENNOX.   Lebt wohl Ihr Alle!

   (Viele Lords umdrängen ihn.)

MAR und CAITHNESS *(ihm die Hand reichend)*.
Geleit Euch Gott!

VIELE STIMMEN. Sein Segen über Euch!

LENNOX. Und über Deine Söhne — Heimatland!
— So mild're einst den Abschiedsschmerz vom Leben
Die Liebe Euch — wir mir die Eure jetzt
Die schwerste Stunde zu der schönsten macht.

   *(Er geht, geführt von Cunningham, Mar, Caithneß und einige
   Lords wollen ihm folgen.)*

MARIA *(zu den Letztern)*.
Ihr bleibt Mylords! Wo ich gerichtet habe,
Da ziemt es Euch zur Schau zu tragen nicht
So offenkundig Eure Sympathie.

MAR. Du kannst der That gebieten — nicht der Meinung,

Und diese folgt ihm, reich an Mitgefühl.
Aus seiner Heimat hast Du ihn verbannt,
Aus uns'ren Herzen nicht, für uns ist Lennox
Nicht schuldig — Bothwell — nicht entsühnt.

MARIA.   Mylord!

MAR. Es gibt, Mylady, einen höhern Richter
In jedes Menschen Brust, als der mit Stab
Und Wage sitzt auf ird'schem Stuhl. Konnt' dieser
Nicht anders handeln als er es gethan,
So will denn ich den andern hier vertreten!

MURRAY. Ihr fühlt Euch ja als Abgesandter Gottes.

MAR. Ich fühle mich als freigeborner Mann
Dem selbst noch da ein kühnes Wort geziemt
Wo todte Satzung schon ihr letztes sprach.

EINIGE LORDS. Ja redet! Redet edler Peer!

ANDERE.   Wir steh'n
Mit Euch! — Wir fühlen so wie Ihr!

MAR *(sich der Königin nähernd, ehrfurchtsvoll).*
Wenn ird'sches Recht den Schein nicht wägen kann,
Das Weib, die Königin, sie muß ihn wägen!
Nicht darf der Mann, den der Verdacht gezeichnet
In Deiner Nähe fürder mehr verweilen.

EINIGE LORDS. Verbanne Bothwell!

ANDERE.   Ja! Verbanne ihn!

MAR. Ihn, den der Haß, den der Verdacht gezeichnet...

MARIA. Bedenkt dies Wort — und höret! hört das meine! —
— Verklagt Ihr Bothwell — Ihr verklaget mich —
Er ist nicht mehr, und ist nicht minder schuldig
An Darnley's Tod — als ich es selber bin!

MAR. Und dennoch —

BOTHWELL.   Dennoch?!

MARIA.   O Ihr wagt zu viel!
(für sich.) Er gab sein Wort — sein edles Manneswort! —

KERR. Nicht weiter, Königin, nicht einen Schritt —
Du bist betrogen, Bothwell spielt mit Dir!

MAR. Ich sage hier von jeder Treu mich los

Willst Du die Deine trotzend ihm bewahren.

CAITHNESS. Gestatt' auch mir das Amt, das ich verwalte
Durch langer Jahre wechselvolle Flucht,
In Deine Hände jetzt zurück zu legen —
Ich tauge fürder nicht für Deinen Dienst.

BOTHWELL. Das ist Revolte! Das ist Felonie!

*(Athol und Caithneß treten von der Seite der Königin an jene
Mar's.)*

MARIA *(in höchster Erregung)*.
Auch Ihr? — Ihr Alle?! — Einer um den Andern? —
O! Freundestreue — sinnlos Wort! — Ein Narr —
Der Dich ersann — ein Thor, der an Dich glaubt! …
— Ihr Alle denn? — Empörer überall
Und unter ihnen nur Ein treues Herz —
Wer richtet mich, wenn ich dahin mich flüchte?
— Ein Act der Nothwehr ist mein jetzig Handeln —
Verantwortet, wozu Ihr mich getrieben,
Und Euer Werk staunt an in meinem Thun!

MAR. Bei allem, was Dir theuer, Majestät! …

MARIA.
Genug! Kein Wort mehr — kein's — Ihr wagt das Leben!

MAR. Ich hab' so oft es in die Schlacht getragen
Für Deinen fleckenlosen Ruhm — ich setz'
Für ihn es heute wieder ein! Die sind
Verräther, die Dich sehn am Abgrund schweben
Und nicht die Stimme heben Dich zu warnen,
Die Treue höre, hör' ein freies Wort!
Du bist umringt von Haß und Rachedurst,
Im Volke gährt Erbitterung und Wuth —
Der Adel rüstet, sammelt seinen Anhang,
Die Königin von England schürt die Glut.

MARIA. Der Adel rüstet! Ha! das Lied ist's wieder,
Womit Ihr Eurer Fürsten Thatkraft eingewiegt!
Den Adel haß ich! Dieses Volk von Kön'gen
Das sich vermisst der Herren Herr zu sein,
Und zu gebieten denen die's regieren…
Ich will den Trotz ihm beugen, will ein Ende.
Ein Mittel gibt's! Weh' denen, die mich zwingen,
In diesem Augenblick es zu ergreifen!

Auf ihre Häupter wälz' ich feierlich
Den Fluch zurück, womit verletzte Sitte,
Empört Gefühl mich richtend treffen wird…
— Ein Mittel gibt's! —
Ihr selber zeigt es an durch Euren Haß,
Gerichtet gegen Ihn, vor dem Ihr bebet…
— Das schwache Weib kann Euch nicht unterjochen —
Doch — wählen kann es Einen, der's vermag!
(Mit Anstrengung nach ruhiger Fassung ringend.)
— Ihr drohet mir mit offener Gewalt? —
Wohlan! So ruf' ich einen Schützer mir,
Mich zu beschirmen wider meine Feinde. —
Ihr sagt: Verdacht hab' diesen Mann gebrandmarkt?
Wohlan! So soll mein Zeugniß ihn rechtfert'gen.

BOTHWELL *(auf die Knie stürzend).*
O Königin! Du gibst Beseligung,
Gib Worte auch dem Mund des Erdensohns
Die solche Wonne nennen — für sie danken! *(er küßt ihre Hand.)*

MARIA. Nicht meine Hand soll küssen wie ein Knecht,
Den ich zu meinem Herren machen will.

BOTHWELL. So küß ich Deine Stirne — ehrfurchtsvoll
Und kühn zugleich, Du königliche Frau! *(er thut es.)*
Und als mein Eigen — faß' ich diese Hand.

MARIA. Nimm mit ihr, Bothwell, auch das Herz des Weibes,
Und theil' hinfort die Macht der Königin —
Ich grüße Dich als Herzog über Orkney
Als meinen Herrn, Gebieter und Gemal.

BOTHWELL. Jetzt Himmel! Wahre Deine gold'nen Sterne!
Verlang' ich es, Du müßtest sie mir geben,
Die Sonnen, die in Deinem Aether schweben!

MARIA *(zu den Lords).*
Ihr wagtet Euch an Bothwell, den Vasallen,
Der Kön'gin König wird Euch heilig sein!

MURRAY. Hoch Herzog Orkney!

(Bothwells Anhänger wiederholen den Ruf, die Uebrigen treten grollend zurück.)

104

Fünfter Aufzug

Erster Auftritt.

*(Dekoration des ersten Aufzuges.
Murray, Douglas, Ruthven, Athol und Kerr treten auf.)*

KERR. Es ist zu viel! Wir tragen's länger nicht!

ATHOL. War uns'rer Fürsten Einer, ob im Purpur
Geboren, je des Hochmuths und des Stolzes
Wie dieser Bothwell voll?

KERR.   Sein Stolz dünkt mich,
Ist seiner Sünden kleinste.

MURRAY.   O Mylords!
Er hat auf ihn ein wohlerworben Recht.
Schwang er sich nicht empor aus eig'ner Kraft,
So hoch wie nie ein König Schottlands stand?
Wo ist die Macht, die nicht der seinen wich?
Die Schranke wo? die er nicht niedertrat?
Dem Königthume hielten einst die Wage
Des Landes Adel, unser Parlament —
Was sind nun Adel und das Parlament?
Zwei Köpfe ohne Leib, die: „Ja," ihm nicken
Wenn er's gebietet, und: „Nein," wenn er's befiehlt.
Er hat die Sehnen jeder Kraft durchschnitten,
Die nicht in seinem Dienste keuchen will,
Bezwungen liegt dies Eiland ihm zu Füßen,
Und: Bothwell, heißet das Gesetz in Schottland.

DOUGLAS. Schmach über uns, daß wir's nicht läugnen können!

ATHOL *(zu Murray).*
Fürwahr, von Euch, hätt' And'res ich erwartet
Als des Tyrannen Lob.

KERR.   Zweideutig schien
Es mir! Nicht blind noch feig, kann Murray plötzlich
Geworden sein.

MURRAY.   Habt Dank. — Liegt für die Meisten
Auch unter Schloß und Riegel dieses Herz,

Für Freundschaft ist's: ein aufgerolltes Blatt. *(er geht ab.)*

KERR. Ich glaub' an ihn wenn ich ihn auch nicht fasse!

ATHOL. O glaubet — glaubt, bis Euer Haupt vom Rumpf,
Bis Euer Leichnam in die Grube fällt!
Ich baue nicht auf Wolken und auf Luft,
Auf ein Vielleicht, auf eine schwanke Ahnung,
Hilft mir kein And'rer — wohl, ich helfe selbst!

DOUGLAS. Was hast Du vor?

ATHOL.   Nach Stirling aufzubrechen,
Wo sich Lord Mar zum Widerstande rüstet.

DOUGLAS. Er wagt…

ATHOL.   Er muß, denn mit Gewalt droht Bothwell,
Den Prinzen seinem Schützer zu entreißen,
Der edle Peer jedoch steht für den Knaben
Bis auf den letzten Tropfen Blut's. Schon ist
Ein Bund geschlossen zwischen Mar und Flemming,
Der täglich neue Anhänger gewinnt,
Und dessen Losung: siegen oder sterben
Für dieses Reiches königlichen Erben!
Ich selbst gehör' dazu, und ford're Euch
Bei Recht und Treue auf: Folgt meinem Beispiel!

KERR. Ich folge ihm. Wer könnte da noch zögern?

RUTHVEN *(sinnend)*.
Bei Gottes rechtem Aug' hab' ich geschworen
Und bei dem Schlüssel zu der Himmelspforte,
Ich wollte Bothwell's sein, mein Lebelang.

ATHOL. Ein Treubruch war der Schwur. Ihr seid des Königs.

DOUGLAS. Auch meine Hände sind gebunden, Athol.
Ich gab mein Wort.

KERR.   Ich gab es auch, und hielt's
Dem Redlichen; Verräthern halt' ich's nicht.

ATHOL. O Douglas, Ruthven, schließt Euch an dem Bund!

RUTHVEN.
„Bei'm Auge Gottes und bei'm Himmelsschlüssel! —"
O hätt' ich Thor, bei Minderem geschworen,
Ich bräche meinen Eid, jetzt kann ich's nicht,
Sonst schließet sich für mich die Himmelsthür,

Das Auge Gottes schließet sich mir zu!

ATHOL. Es wachet über jeder reinen Sache —
O kommt!

DOUGLAS. Ich sag Euch: Gehet! Kämpfet! — Sieget!
Ihr jubelt über Eueren Triumph
Nicht höher als ich juble über ihn —
Doch — lebet wohl!

ATHOL.   Du kommst — Du kannst nicht anders! …

DOUGLAS *(ihm die Hand reichend)*. Zum letzten Mal als Freund!

ATHOL.   Du fühlst das Recht —
Und *mußt* ihm folgen — komm!

DOUGLAS.   Leb' wohl!

ATHOL.   Nein! Nein!
O bleib!

DOUGLAS. Ich gab mein Wort — und heiße: Douglas.
(er geht ab.)

ATHOL. Zum zweiten Male hab' ich ihn verloren!

KERR. Kann er uns missen — wir entbehren ihn.
(zu Ruthven.) Und Ihr?

RUTHVEN.   Ich will für Bothwell kämpfen — für
Euch beten. Lebet wohl. *(er geht ab.)*

KERR.   Der alte Narr!
Wir brauchen Krieger, keine Psalmenbeter.
— Brecht auf! Was steht Ihr sinnend da? Seitdem
In diese Luft wir uns'ren Vorsatz hauchten,
Geht sie für uns mit gift'gen Dünsten schwanger,
Und sie zu athmen, ist gewollter Tod.

ATHOL. Nach Stirling denn! Und helf' uns Gott zum Siege!

(Beide ab.)

Susanne Kord

Zweiter Auftritt.

(Bothwell mit einem Briefe. Huntly.)

BOTHWELL. Er gibt den Knaben nicht? die Weigerung
Ist off'ner Widerstand. Er gibt ihn nicht?
So wollen wir ihn holen!

HUNTLY. Herr, erwäge!
Du weckst den Aufruhr durch Gewalt.

BOTHWELL. Schläft er
So leise? O ich will ein Schlummerlied
Ihm singen, das für ewig in das Reich
Der Träume ihn versetzt!

EIN PAGE *(meldend).* Die Königin.

MARIA *(zu Huntly).* Allein? Nicht ohne meinen Sohn zu mir
Zurück zu kehren hatt' ich Euch geboten.

HUNTLY. Ihn schützt ein kampfbereites Heer, Mylady.

MARIA. Mar weigert ihn?

BOTHWELL. Er will den Krieg, und soll
Ihn haben denn! *(zu dem Pagen.)* Ruft Athol mir und Kerr.

(Page ab.)

BOTHWELL *(zu Huntly).*
Ihr brecht nach Pinkie auf mit Euren Leuten,
Und nehmet Stellung in der dort'gen Ebne.
Ich sende Douglas nach, und folge selbst.
Bescheidet Murray her. *(Huntly ab.)*

PAGE *(zurückkommend).* Die beiden Lords,
Herr Herzog, sind nach Stirling. *(geht ab.)*

BOTHWELL. Höll' und Teufel!

MARIA. O der Verrath! So schleicht sein Gift sich schon
Bis in die Herzen meiner nächsten Diener?

BOTHWELL. Weg mit den Herzen, die vergiftet sind!
Die unheilbare Wunde schneid' ich aus.

(Murray tritt ein.)

108

MARIA. Da kommt die beste Stütze uns'rer Macht.
Willkommen Murray! Zu den Waffen, Freund:
(zu Ruthven und Douglas, die kommen).
Und Ihr! Auch Ihr! — Greift Alle zu den Waffen!
Ihr sollt mein Kind in meine Arme führen,
Von Euch, Ihr Treuen, fordr' ich meinen Knaben!

MURRAY. Bevor Du uns entlässest, Königin,
Beschwichtige das aufgeregte Volk,
Und lenk' die Geister in der Wahrheit Bahn.
In ihrer Meinung schwanken sie beirrt,
Sich fragend: wo das Unrecht, wo das Recht
Ob bei dem Bunde, ob bei Deinem Heer?

MARIA. Sie fragen sich? Sie wagen? O! Sagt ihnen:
Wo ihre Kön'gin steht, da steht das Recht!
Erlasset einen Aufruf an mein Volk:
— Ein Jeder, der sich treu und bieder nennt,
(auf Bothwell deutend)
Folgt Diesem da! Wenn er zum Kampfe ruft,
In Wehr und Rüstung, Jüngling oder Mann;
Mit Wunsch und Segnung, was nicht Waffen trägt!

BOTHWELL. Den Wunsch entbehr' ich. Gehet Bruder Murray.

(Murray ab.)

EIN PAGE *(meldend)*. Der Graf Brienne.

MARIA.   Er ist willkommen.

BRIENNE *(eintretend)*.   Als
Gesandter Deines Volkes steh ich hier
Erwählt vom Adelsbunde zum Vermittler.

MARIA. Vermittler?!

BOTHWELL.   Herr — seid Ihr ein Advokat? —
Schont Eure Zunge und die unseren,
Es kommen jetzt nicht andere zur Sprache,
(an sein Schwert schlagend) Als diese spitzen, diese scharfen hier!

BRIENNE. Mein Auftrag lautet an die Königin,
Will sie ihn hören?

MARIA.   Redet, Graf Brienne.

BRIENNE. Die Führer der Verbündeten, sie schwören
Gehorsam Dir und Unterwerfung.

MARIA. Was
Sagt Ihr?

BOTHWELL. Gehorsam?

BRIENNE. Nimmer gegen Dich
Ergriffen sie das Schwert, sie thaten's gegen…

MARIA.
Ich bitt' Euch — sprecht nicht aus! — Nicht gegen mich —
Doch gegen Einen, der mir theuerer
Ist als das eig'ne Leben? — —

BRIENNE. O! gib nach
Im Augenblick, um jahrelang zu herrschen,
Mit einem Wort erkaufest Du den Frieden!

MARIA. Gehorsam schuldig ist mir, Herr, mein Volk,
Nicht kaufen will ich ihn!

BRIENNE. Du hörst mich nicht.

MARIA. Bis wir die überwundenen Empörer,
Bereuend, uns zu Füßen knieen seh'n,
Dann, Graf Brienne, übt Euer Mittleramt.

BRIENNE. Nicht allzu sicher baue auf den Sieg;
Der Deinen überlegen ist an Zahl
Und Muth die Heermacht der Rebellen —

MARIA. O
Sie haben keinen Bothwell, der sie führt!

BRIENNE. Ich komm' aus ihrem Lager. Wenn ich's auch,
Das Herz erfüllt von Bitterkeit, betrat —
Nicht ohne Achtung schied ich, Königin;
Ich habe Männer kennen lernen — Männer
Die wackersten, die Schottland's Erde trägt.
Ob Deine Gegner — ehren mußt' ich sie.
— Für eine *gute* Sache einzusteh'n —
Ob wahr, ob falsch, ist ihre Ueberzeugung —
Und aus ihr schöpfen Alle, hochbegeistert,
Den Muth, der Heere unbesiegbar macht.

MARIA. Fürwahr Brienne, wenn Ihr bei meinen Feinden
So warm für mich gesprochen, wie für sie
Bei mir Ihr sprecht, verdient Ihr meinen Dank.

BOTHWELL. Es steht Euch an, französischer Gesandter,
Zur Schau zu tragen solche Sympathie,

Für die Empörer eines fremden Reichs.

BRIENNE. Mylord! …

MURRAY *(stürzt herein)*. Ich bringe schlechte Kunde Königin —
Ein Aufruf an das Volk traf vor dem Deinen
Vom Lager uns'rer Gegner ein. Das Herz
Der Menge ist dem Feind gewonnen —
Verwünschungen nun haben wir geerntet,
Und: „Tod dem Bothwell" — rief man uns entgegen.

*(Diese Worte von der Straße herauf, oft und mit wachsender
Heftigkeit wiederholt.)*

BOTHWELL. Die Raben kreischen in der Nähe schon!
Thut einen Schuß hinein in das Gesindel. —
Zu Pferde Douglas! mit ein hundert Mann
Und säubert mir die Nähe des Palastes.

BRIENNE. O Königin! gestatte nicht! …

MARIA *(zu Douglas)*.   Gehorcht. *(Douglas ab.)*

BOTHWELL *(zu Murray und Ruthven)*.
Ihr Andern folgt, und hört den Schlachtenplan.

(Bothwell, Murray und Ruthven ab.)

BRIENNE. So ist erfüllet meine Sendung denn,
Wenn auch zu gutem Ende nicht.

MARIA.   Bringt den
Empörern meine Antwort, da Ihr Euch
Zu ihrem Boten willig finden ließt:
Brienne! — So Gott in meine Rechte legte
Die Königskronen aller dieser Erde,
— In meine Linke, Bothwell's Hand, und spräche: „Wähle!" —
Ich ließe alle Kronen dieser Erde
Und ging' mit ihm. Und stünd' die ganze Welt
Dawider auf und fluchte mir mein Kind —
Ich ging' mit ihm. Und so lang eine Scholle
Auf schott'scher Erde mein, so lange theilt
Er sie mit mir; so lang ein treuer Arm
Sich für die Kön'gin hebt, kämpft er für mich,
Und ihn.

BRIENNE. Dir gilt das Flehen Deines Volks nichts mehr!

MARIA. Warum fleht nicht mein Volk, daß ich mein Herz

Aus meinem Busen reiße und verbanne
Nach Frankreich, England, in die weite Welt?
Warum begehrt's nicht das? Unmöglich scheint
Es ihm? Brienne! Mir scheint's unmöglicher
Zu Bothwell sagen: Scheide! — als zu meinem Herzen.
— Bringt meinem Volk die Botschaft — Lebet wohl! —
Wir werden uns vielleicht nie wiedersehn —
Ein ernstes Wort. — Grüßt mir mein schönes Frankreich,
Einst dacht' ich, daß ich's liebte, einstens ja,
Als ich noch nicht gewußt, was lieben heißt.

BRIENNE. O Königin! Gott schütze Eure Hoheit
Und Heil und Segen sei auf Deinen Wegen,
Doch wenn das Glück sich jemals von Dir wendet —
Vergiß nicht Deiner zweiten Heimat! Offen
Steht sie Dir immerdar.

MARIA.   In Thränen schied
Ich einst — mein Königserbe anzutreten,
Ich will in Thränen nicht zurücke kehren,
Nachdem ich es verloren. — Lebet wohl.
*(reicht Brienne die Hand. Er küßt sie, ein Knie beugend, und geht
dann langsam ab.)*

(Bothwell, Ruthven, mehrere Offiziere treten auf, Alle gerüstet.)

BOTHWELL *(zu einem Offizier).*
Ein Bote Huntly's? Hier empfang' ich ihn. *(Offizier ab.)*

BOTHWELL *(zu Maria).*
Schon ist Murray nach Dunbar aufgebrochen,
Ich bring' Euch seinen Abschiedsgruß.

OFFIZIER *(zurückkommend).*   Der Bote.

(Iverneß, dessen rechter Arm verwundet ist, tritt auf.)

RUTHVEN. Ihr, Iverneß?

BOTHWELL.   Wir hören. — Redet!

IVERNESS *(zögernd).*   Herr...

BOTHWELL.
Beim Donner! Schont uns nicht! ... Auf dem Gesichte
Steht schon so jämmerliche Zeitung, daß
Nichts Schlimmes mehr die Zunge bringen kann.

IVERNESS. Dein Diener Huntly ward auf seinem Zug

Vom überleg'nen Feinde überfallen,
Und trotz des kühnsten Widerstands zurück
Geschlagen bis nach Dunbar…

BOTHWELL.   Schmach ihm! — Nie
Wetzt er den Fleck von seiner blanken Ehr'!
Ihr war't wohl auch dabei?

IVERNESS *(auf seinen Arm zeigend)*. Ihr seht, Herr Herzog.

BOTHWELL.
Verwundet? — Nun, mich freut's, daß Euch die Schmarre
Nicht an dem Ritt nach Edinburg gehindert.
— Das ist ein Bursch dünkt mich, der seinen Tod
Zu melden käm' — dürft' er die Kunde weit
Vom Schlachtfeld tragen.

IVERNESS *(auffahrend)*. Herzog!

BOTHWELL.   Schweige Knabe! —
(zu den Uebrigen.) Zu Pferd! Wir brechen auf.

MARIA.   Ich folge Dir.

BOTHWELL. Du bleibst. Der Krieg ist nicht für Weiber.

MARIA. Für Königinnen ist auch Krieg und Ruhm:
Dies Haupt umwand schon oft der Eichenkranz.
Ihr alle wißt's, sagt ihm, wer führt' Euch an,
Als Ihr den Murray schlugt? Sagt ihm: Wer ritt
An Eurer Spitze, als die Fliehenden
Ihr vor Euch her gejaget bis nach Dumfries?

IVERNESS. Du selbst.

MARIA *(zu Bothwell)*. Hörst Du?

BOTHWELL *(bitter)*.   Beim Himmel, willst Du mir
Nicht *einen* Vorzug lassen? Soll ich selbst
Im Felde Deiner Größe Schatten sein?

MARIA. Im Krieg und Frieden bin ich nur der Deine,
O liebe Sonne dulde Deinen Schatten! …

BOTHWELL. Du willst's.

MARIA.   Ich bitte!

BOTHWELL.   Folge denn. Nach Dunbar!

(Alle ab. Verwandlung.)

Dritter Auftritt.

(Feld bei Dunbar. Im Vordergrunde eine Rasenbank, im Hintergrunde aufgeschlag'ne Zelte.)

HUNTLY *(tritt auf mit seinem Stabe).*
Das ist der Plan, Ihr Herrn. Ihr haftet mir
Daß ausgeführt er werde, Punkt für Punkt.
Die Höhen Dunbars halten wir besetzt,
Indessen Murray Dumbarton umgeht,
Und von den Brücken die Rebellen trennt,
Die an dem Clydefluß sichern ihren Rückzug.

IVERNESS *(tritt auf).* Der Herzog bringt die Königin hierher.

HUNTLY. Wir heißen sie willkommen. Folgt.

BOTHWELL *(kommt mit Gefolge).*   Wohin?

HUNTLY. Die Königin begrüßen.

BOTHWELL.   Das habt Ihr
Mit einer Nachricht heute schon gethan,
Die Eure Grüße ihr verleidet hat.
(zu Iverneß.) Ruft Murray.

EIN OFFIZIER.   Herr, er ist nach Dumbarton.

BOTHWELL. Er hätte meiner Ankunft warten sollen.
Ich hab' ein Wort für Alle auf dem Herzen,
Hört es nun Ihr, die es am meisten trifft:
Der einen Fußbreit weicht im heut'gen Kampf
Und stünd' er Einer gegen Drei und Vier —
Der bete zu dem allbarmherzigen Gott,
Um Tod aus Feindeshand! Käm' er mir heim,
Ihm würde ein Empfang, von welchem schaudernd
Noch späte Enkel sich erzählen sollten.
(zu den Offizieren.) Ihr kennt den Plan. An Eure Posten. Fort!

(Alle ab außer Huntly und Iverneß.)

HUNTLY. Ihr seid verwundet, Iverneß, Ihr bleibt.
Besteigt den Hügel an des Waldes Saum;
Von dort beherrschet Ihr das Schlachtgefild;

Bringt treue Kunde an die Königin
Vom Schicksal ihres Heers.

IVERNESS. Es soll gescheh'n. *(Beide ab.)*

Vierter Auftritt.

(Maria und Lady Argyll kommen.)

MARIA. Komm Leonor, hier ist die Luft noch freier,
Dort Oben, Liebe, drückt sie wie ein Alp.

LADY ARGYLL. Ihr seid ermüdet, ruht auf dieser Bank.

MARIA. Ruh'n? *Jetzt*, wo tausendfach der Tod sich an
Ihn drängt? … Wenn meine Arme ihn umfangen,
Wenn ich ihn weiß von jedem Schutz umgeben,
Den Erdenhoheit irgend leihen kann —
Verzehrt die Qual der Todesangst um ihn
Die letzte Spur von Ruh' in meiner Seele —
Wo fänd ich sie in dieser Schreckensstunde?
In meinem Herzen ist ein Tropfen Gift,
Das sendet Bläschen zum Gehirne auf,
Die dort zerplatzen als solch' grauenvolle
Gedanken, wie der Wahnsinn sie erfindet
Wenn der durch Denken tödten will … Ein Gräu'l!
… Ich hab' die Ruh' verscherzt. Seit König Darnley's
Verhängnißvollem Tod flieht sie vor mir —
Ein aufgescheuchtes Reh — und niemals mehr
Kehrt sie zurück, die Milde! Niemals mehr!
Es ist in dieser ganzen Welt kein Pfühl,
Auf dem mein armes Haupt sie finden könnte.
O daß ich ihm nicht wider seinen Willen
Gefolgt, Eleonor! — Nicht Schlachtengraus,
Der Anblick nicht von Blutenden und Leichen,
Hätt' mich erfüllt mit solcher Riesenqual
Als wie sie jetzt in meinem Innern wüthet.
        (Iverneß kommt, ihm entgegen stürzend.)
Was bringt Ihr? … Bothwell … *(mit einem Schrei.)* Todt?!

IVERNESS.   Verrathen, fürcht'
Ich, Königin — Dein Kriegsvolk flieht…

MARIA.   Und Bothwell?

115

IVERNESS. Das feige Heer…

MARIA.   Ich frag' nicht nach dem Heer —
Ich frag' nach Bothwell…

IVERNESS.   Er ist unverletzt.

MARIA. Ach *gnäd'ger* Himmel! — Unverletzt!!

(Bothwell's Stimme außerhalb der Scene.)

MARIA *(lauschend).*   Hört Ihr?

IVERNESS. Des Herzog's Stimme.

MARIA.   O! — Er ist's — er kommt…

BOTHWELL *(noch außerhalb).*
Dort ist der Feind, zurück Ihr Hunde! Steht!
*(tritt auf mit einigen seiner Leute, die sich im Hintergrunde
aufstellen, bald nach ihm Huntly mit seinem Gefolge.)*

MARIA. Das Auge glühend, fahl das Angesicht —
Doch lebend, lebend, lebend, o mein Gott! *(stürzt an seine Brust.)*

BOTHWELL. Begrüß' mich nicht, als kehrt' ein Sieger heim,
Ich bin kein Sieger — habe keinen Hieb
Gegen den Feind gethan!

MARIA *(schaudernd).* Dein Schwert ist roth —

BOTHWELL. Vom Blut der Meinigen. Der Schnitter: Tod
Hätt' besser nicht gemäht, als ich's gethan,
Da sich die Schurken wandten.

MARIA.   Großer Gott!

BOTHWELL *(zu Iverneß).*
Schickt das Gefolg' voraus nach Edinburg,
Wir geh'n dahin zurück. *(Iverneß ab.)*

BOTHWELL.   O Schande! Schande!
Einst schien ein Tropfe Deines Gift's mir Tod,
Jetzt leer' ich athmend Deinen vollen Becher!

MARIA. Komm' zu Dir selber! Höre mich!

BOTHWELL.   Hör' Du
Zuerst! — Ich habe große Kunde für
Die große Königin. Dein Bruder Murray ist
Zum Feind hinüber…

MARIA.   Nein!

BOTHWELL.   Und stürmt
An seiner Spitze gegen Dunbar… O!
Im Augenblick, wo Deine Söldner wanken
Beim ersten Anprall der Rebellen, und
Auf ihm allein mein ganzes Hoffen steht,
Wirft Dein Panier er in den Koth und sprengt
Gefolgt von seinen jubelnden Vasallen
„Hoch König Jakob!" rufend — Mar entgegen
Und preßt im Angesicht des Heers den Gegner
In seine ungetreuen Arme! —

MARIA.   Auch
Mein Bruder? … Murray… O, es fließt *ein* Blut
In uns'ren Adern! … *Bruder*, die Natur
Knüpft süß're Bande, keine heiligern
Als die den Bruder binden an die Schwester:
Desselben Stammes schützend stärk're Zweig,
Ihr Schirm und Hort, und ihr *geborner* Freund!

BOTHWELL. Wehklage nur, recht wie ein hülflos Weib,
Hab' ich mit einer Fürstin mich vermählt,
Und steh' nun da, verlassen wie ein Bettler?
Wo ist die Macht, die Du gelobt zu legen
In meine Hand? Bringt Deine Majestät
Nur Eine dieser Memmen dort zum Steh'n?
Schaff' Hülfe, große Königin! Schaff' Hülfe!
Der Feind rückt an, schon naht er Dunbar's Wällen,
O heiße Helden aus den Steinen wachsen,
Befiehl' den Katzen, daß sie Tiger werden
Und gieße Feuer in ihr wäss'rig Blut! …

HUNTLY. Herzog!

MARIA.   Was ich vermag — geschieht — *(zu Huntly).*
                              Hierher, Mylord,
Die Offiziere Uns'res Heers. *(Huntly ab.)*

BOTHWELL.   Willst Du
Mit Worten Wunder wirken, oder durch
Gebet die Feigen von der Feigheit heilen?

MARIA. Jetzt Himmel! Weihe diese schwachen Lippen!
Der Du die Sprache gabst, die zündende,
Den Märtyrern und Lehrern Deiner Wahrheit,
Gib sie der Kön'gin, die ihr Volk beschwört,

117

Gib sie der Frau, die Männer ruft zur That!
(Huntly und die Offiziere kommen.)
Ich ließ Euch rufen, werthe Herren…

BOTHWELL.   Werth?

MARIA. Um selbst mit Euch ein dringend Wort zu sprechen,
In dieser Stunde äußerster Gefahr. —
Ich bin von Allen außer Euch verlassen,
Mein Volk erhebt sich gegen mich, mein Bruder,
Verläugnend jede Treue — jedes Recht —
Ergreift die Waffen wider seine Fürstin,
Und selbst ein Hochverräther und Empörer,
Sä't er Empörung durch das ganze Land…
Geblutet hat mein Herz, als sich von mir
Gewendet, Schlag auf Schlag, der Eine um
Den Andern, doch nicht *ganz* verloren hielt
Ich mich, und meine Hoffnung baute fest
Auf Eins: Auf Eure Treue — Offiziere
Vom Heer der Königin! Hab' ich's umsonst
Gethan? Wacht auf! Besinnt, ermannet Euch
Wenn noch ein Funken Ehre in Euch glüht,
Facht ihn im Herzen Eurer Krieger an!
Schaart Euch um Bothwell, geht dem Feind entgegen — —

EIN OFFIZIER. Nicht unter Bothwell…

BOTHWELL.   Schurken!

MEHRERE OFFIZIERE.   Huntly soll
Uns führen!

ALLE OFFIZIERE. Huntly soll uns führen!

MARIA.   Himmel
Und Erde! Immer die Empörung? Kreischt
Sie mir aus *jedem* Mund entgegen? Starrt die
Meduse mir aus jedem Antlitz?! …
Ihr kämpft für mich, wer immer auch Euch führe!
Mein Banner ist es, dem Ihr folgen sollt,
Nicht fragend nach der Hand, die es entfaltet.

EIN OFFIZIER. Gib Huntly uns zum Führer, Königin.

MARIA. Nicht Huntly!

ALLE OFFIZIERE.   Keinen oder Ihn.

MARIA *(heftig)*.   Ihr wagt?! —

(mit Ueberwindung.) O Ihr *vermögt* es jetzt, wo die Sekunde,
Die ungenützt verfließt, ein sich'rer Schritt
Mir zum Verderben ist — Bedingungen
Zu stellen — einen Preis zu knüpfen an
Die Pflichterfüllung? Freunde, fordert nicht
Bezahlung unschätzbarer Treu… Ihr hört
Mich nicht! Ihr wendet stumm Euch ab? … Ward je
Ein König so wie ich erniedert?! Huntly,
Sprich Du zu ihnen — Du —

BOTHWELL.   Nicht eine Silbe!
Ihr sollt so sehr nicht schänden Eure Bitte
Daß Ihr an Jene sie verschwendet — O!
Die Bitte ist die Sprache des Vertrauens,
Und sie versteh'n nur der Verachtung Sprache.
(wüthend zu den Offizieren.)
Ich hab' für Euch ein einzig Wort: Ihr Hunde!
Und alle Wuth, Verachtung, allen Haß,
Uns eingeflößt vom Nied'ren und Gemeinen,
Ergieß' ich in das eine Wort: Ihr Hunde!
Und werf' Euch's in's Gesicht, und wünsche, daß
Darauf es brenne wie ein Feuermaal,
Untilgbar bis zum jüngsten Tag: Ihr Hunde!

EIN OFFIZIER *(den Degen ziehend).* Das fordert Blut!

BOTHWELL *(ihn verwundend).*   Da hast Du Blut!

(Alle Offiziere dringen auf Bothwell ein, Maria und Huntly
werfen sich dazwischen.)

HUNTLY *(zu Bothwell).*
Verblendeter! Treibt Dich ein böser Dämon
Zu jeder Handlung, die Verderben bringt?

MARIA *(zu den Offizieren).* Zurück!

HUNTLY. Gebt Raum, ich folg Euch, geht Ihr Freunde!

EIN OFFIZIER *(zu Maria).*
Wohlan! Wir geh'n — voll Hasses gegen *Diesen,*
Doch immer noch bereit für Dich zu sterben,
Zwingst Du uns nicht den Mann zum Führer auf,
Dem zu gehorchen uns entehrt. *(Offiziere ab.)*

BOTHWELL.   O Himmel! —
Beleidigt mich schon ungestraft dies Volk?
Bin ich ein Schimpf der Knechte denn geworden? — —

119

Fürwahr! Ich wollt' ich wär' daheim in Bothwell,
In meiner Väter, meiner Ahnen Erbe,
In meines Hauses festgefugtem Bau —
Ein kleiner Herr, allein ein wahrer Herr.
Mich dünkt, bei Gott, daß ich ein König *war*,
Da noch mein Aug' nicht and're Kronen kannte,
Als meines Hochlands stolze Föhren tragen!

IVERNESS *(kommt).* Herzog von Orkney, rettet Eure Fürstin!
Lord Murray's Boten treffen ein in Dunbar,
Und fordern auf die Bürger dieser Stadt,
Euch auszuliefern und die Königin. —
Noch schwanken sie, noch ist es Zeit zu handeln.

BOTHWELL. Zu handeln? Wie zu handeln? Thor und Tropf!

MARIA. Zurück nach Edinburg!

IVERNESS.   Die Hauptstadt ist
In Deiner Feinde Händen.

MARIA.   Edinburg?!

IVERNESS. Schließt seiner Königin die Thore.

MARIA.   O!

BOTHWELL. Die Elenden!

HUNTLY *(zu Bothwell).* Werft Euch dem Feind entgegen, Herzog.
Und hemmt nur eine Stunde seinen Fortschritt,
Ich bring' indeß die Königin nach Riddie,
Sein festes Schloß gewährt ihr sich'ren Schutz.

BOTHWELL. Und ich soll hier indeß mich schlachten lassen?
„Werft Euch dem Feind entgegen!" Tollheit das!
Wirf einen Tropfen in den Strom hinein
Du Narr und Träumer! Vielleicht dämmst Du ihn!

HUNTLY. O Majestät, hinweg, hinweg von hier!

IVERNESS. Wir schützen Dich!

MARIA *(an Bothwell's Seite tretend).*
                    Der schützt mich oder Keiner!
Verschmähend jede Sicherheit, die er
Nicht theilt, erwart' ich hier die nahenden
Empörer.

HUNTLY *(zu Bothwell).* So spricht Königin Maria!
Laßt Ihr durch ihre *Großmuth* Euch beschämen,

120

So wie durch ihren *großen Muth?*

BOTHWELL. Beim Satan!
Ich *habe* Muth! Ich hab' ihn gegen Zwei,
Und gegen Drei, und gegen Zehn. Hierher
Die kühnsten Führer der Rebellen! Einen
Besteh' ich um den Andern, doch was soll
Ich, Gift und Pest! mit ihrem Heer? — Ich hab'
Ja keines, kein's! Und kann für *einen* Mann
Allein nur steh'n, wenn auch für einen ganzen.
— Ich hab' kein Heer und lege somit auch
Den Feldherrnstab, in meiner Hand ein Hohn,
Der Königin von Schottland hier zu Füßen,
(schleudert den Stab zu Boden.)
Erhebe ihn wer mag — ich sag' mich los!

MARIA. Unmöglichkeit! Ich opf're jeden Anspruch
Auf Krone, Reich und Macht, eh' nur ein Blatt
Am Baume Deiner Ehren welken darf.

BOTHWELL. Genug der Großmuth, Königin, hör' auf
Mir eine Gnadenfülle aufzudringen,
Die anzunehmen endlich ich ermüde!
Als Bube hab' das Danken ich verschworen,
Mich ekelt, daß ich's wieder lernt' als Mann!

MARIA. Bin ich von Sinnen? …

BOTHWELL. Ich bin es gewesen!
Ich blinder Thor, der es zu spät begriff,
Daß Macht zur Ohnmacht wird in Manneshänden
Dankt er sie Weibergunst, nicht eig'ner Kraft.
Was längst geschehen sollen, thu' ich jetzt!
In Stücke reiß ich meine Sklavenkette,
Und meine Sohle setz' ich auf die Trümmer.

MARIA. Und Deine Schwüre ew'ger Lieb' und Treu?
So kannst Du Schwüre brechen? …
(wie überwältigt von einem plötzlichen Gedanken.) Himmel! …

BOTHWELL. Kön'gin! —

MARIA *(mit schwacher Stimme).*
Das ist nicht Deine erste Lüge, Bothwell —
An einer größern krankel Dein Gewissen —
Jetzt glaube ich, und mahne Dich daran:
Du *hast* gethan, was Du zu thun verschworen —
Ich sehe Blut an Deinen Händen, Mörder!

BOTHWELL. Ich *hab's* gethan, durch mich fiel König Darnley,
Ich hab's um *Dich* gethan — Unselige!

MARIA. Entsetzlich!

BOTHWELL.   Trag' der Unthat größ're Hälfte! —
Ich pflückte ihre gold'nen Früchte nicht.

MARIA. Bothwell!

BOTHWELL.   Hörst Du die Trommeln der Empörer?
Sie kommen, o! das ist ihr Sieg'sgeschrei!
Voran, auf weißem Roß Dein Bruder Murray — —
Ich will nicht seiner warten, seinen Hohn
Nicht hören, seinen Sieg nicht seh'n, sie kommen,
(mit dem Fuße stampfend.)
O treulose Erde — trägst Du sie?!

MARIA. Erbarmen, Bothwell! Gib Dein Weib nicht Preis
Dem Uebermuthe siegender Empörer —

BOTHWELL. Bist Du nicht Königin? Beschütz' Dich selbst.
(zu seinen Leuten.) Heran! Und folget mir!

MARIA.   Nicht von der Stelle!
Bevor Du mir gegeben, was auf Knien
Von Deinem Mitleid ich erfleh: den Tod!

BOTHWELL. Laß mich!

MARIA.   Die letzte Gunst gewähre — zieh'
Dein Schwert — und triff' — in's Herz — hierher, — Du kennst
Die Stelle wohl — hast oft an ihr geruht.

BOTHWELL. Ha! Neue Künste nun? Vergeblich. Weib!
Ich bin gefeit gen alle. Ich durchschaue
Dich ganz, Syrene mit dem Kinderauge,
Und mit der Brust voll Arglist und voll Tücke!
— Was Du verheißest, ist Glückseligkeit,
Was Du gewährest, Höllenqual und Pein,
Dein Wort ist Balsam — Gift sind Deine Thaten —
Deine Geschenke, Goldesechtheit lügend —
Bei der Berührung Moder — ekler Staub!

HUNTLY *(vorstürzend)*. Genug!

BOTHWELL *(zu den Seinen)*. Wer folget seinem Herrn? Wer ist
Ein Mann und will nicht fallen, wie ein Schelm
In schmachvollste Gefangenschaft?
     (Seine Leute umdrängen ihn.) Das Schwert

Zur Hand! Schließt Euch um mich, und *durch* nun in
Die Freiheit!

MARIA.   Bothwell!

HUNTLY *(auf Bothwell eindringend)*. Nieder streck' ich ihn
Daß er, wie sich's gebührt, den Boden leckt,
Den Deine Sohle trat.

BOTHWELL.   Nimm da!

HUNTLY *(um den sich seine Leute schließen)*. Komm' an!

BOTHWELL *(und die Seinen werfen sich auf sie mit dem Schrei)*:
Durch!

MARIA. Huntly! — Her zu mir!

HUNTLY *(zu Bothwell, der die Reihen seiner Anhänger
durchbricht)*.   So geh'! Du bist
Nicht werth von eines Braven Hand zu fallen.

BOTHWELL. Triumph! Nun bin ich Bothwell wieder! — Frei
Wie freie Luft, und ganz ich selbst! *(zu seinen Leuten.)* Folgt mir!
(zu Huntly.) Und wehe dem, der in den Weg mir tritt!
(unter Geschrei und Tumult der Seinen ab.)

MARIA *(zusammensinkend)*. O leidgewohntes Herz, Du brichst!

LADY ARGYLL. Maria! Königin! — Hilf Himmel, sie
Vergeht! …

HUNTLY.   O die Beklagenswerthe!

*(Kriegerische Musik, Geschrei und Getümmel hinter der Scene.
Murray's Stimme):*   Hier
Sind sie! Sitzt ab — mir nach!

Fünfter Auftritt.

*(Truppen ziehen auf, auf ihren Fahnen ist Darnley's Leiche und
ein vor ihr kniendes Kind gemalt. Murray, Mar, Athol, Kerr,
Offiziere. Von der entgegengesetzten Seite kommen Douglas
und Ruthven.)*

RUTHVEN.   Willkommen Streiter

Des Herrn!

MAR *(kalt abweisend)*. Auch Euch?

MURRAY.   Wo ist die Königin?

HUNTLY. In meinem Schutz.

MURRAY.   Und Bothwell?

HUNTLY.   *Euerem*
Gericht — entfloh'n.

MURRAY.   Wohin?! *(zu seinen Leuten.)* Zu Pferde — auf!
Zerstreu't Euch in der Gegend, hetzt ihm nach!
Der ihn mir bringt, dem zahle ich mit Gold
Ein jedes Haar auf seinem Scheitel. Fort!

(Eine Schaar von Murray's Leuten ab.)

MURRAY *(zu Maria tretend)*. Du aber — Ha! Zu spät!

DOUGLAS.   Gerechter Gott!

MAR. Ohne Leben?

LADY ARGYLL. Sie regt sich — Dank dem Himmel!

HUNTLY. Wofür? — Daß sie zu solchem Leid erwacht?

MARIA *(schlägt die Augen auf, und erhebt sich mit Hilfe Lady Argyll's. Sie blickt anfangs fremd und betäubt, dann lebhafter, wie suchend um sich, endlich stürzt sie mit einem Schrei an Lady Argyll's Brust)*. Fort!

ERSTER SOLDAT *(zu den Übrigen)*. Seht die Mörderin!

ZWEITER.   Ihr Buhle selbst
Hat sie verlassen.

DRITTER.   Auf das Blutgerüst
Mit Ihr!

VIERTER. Wagt sie die Augen aufzuschlagen?

MAR *(zu den Soldaten)*.   Still!
Wer spricht?

MURRAY. Maria Stuart, blick um Dich!
Es stehen hier, und fordern Rechenschaft,
Für alle Pflichten, welche Du verletzt,
Für das Gesetz, das Du mit Füßen tratst,

Die Großen Schottlands — Deines Volkes Boten.

EIN OFFIZIER. Wo ist Dein Gatte, Königin Maria!

EIN ZWEITER. Von wessen Hand fiel Heinrich Darnley? Sprich!

KERR *(auf die Fahnen zeigend).*
Die Fahnen sieh, worunter wir gekämpft!
Vor seines Vaters Leiche kniet Dein Sohn,
Und schreit zu Gott um Rache wider Dich!

MARIA *(blickt empor und wendet sich schaudernd ab).*
Du bist erhört, mein Kind!

MAR.   Als Deinen Sohn
Vor jedem Feind zu schützen ich geschworen,
Besorgt ich nicht, Dein Gegner je zu werden.

MURRAY. Dein Volk Maria, spricht durch mich zu Dir,
Und kündet Dir Gehorsam auf und Treue,
Wie Du sie beide brachst an Deinem Gott.

RUTHVEN. So spricht der Herr der Herren: Thue weg
Den Hut, und lege ab die Krone!

SOLDATEN.   Leg'
Sie ab!

MURRAY. Entsag' ihr, die Du nicht getragen
Zu Schottlands Wohl, zu Deinem eig'nen Ruhm.
Vor diesen Zeugen, Königin, entsage!

MARIA. Ihr habt die Krone mir vom Haupt gerissen,
Braucht es daß ich noch spreche: Nehmt sie hin?

MURRAY. Im Angesichte Gottes, frag' ich Dich:
Bist Du bereit, jedwedem Recht und Anspruch,
(Für jetzt, und alle Zukunft,) auf dies Reich,
Zu Gunsten Deines Sohnes zu entsagen?

MARIA. Ich bin's.

MURRAY.   So heb' die Hand, und schwöre!

SOLDATEN.   Schwöre!

MARIA. O den befleckten Reif, auf Deine reine
Schuldlose Stirn', mein Kind!

MURRAY.   Du zögerst?

MARIA.   Nein…

Ich hab' entsagt.

SOLDATEN. Hoch lebe König Jakob!

HUNTLY. Fürwahr — nicht länger kann ich schweigend hören!
(zu den Soldaten.) Bei meinem Leben, überfrech Gesindel,
Den hau ich nieder, der ein Wort noch wagt!
(zu den Lords.) Euch aber frag' ich, die Ihr Euch vermeßt
Zu richten über ein gesalbtes Haupt:
Wer gab Euch dieses unerhörte Recht? —
Ihr Diebe an dem Heiligsten und Höchsten,
Ihr greift mit kirchenschänderischen Händen,
An *Gottes* vorbehalten Eigenthum…

MARIA. Still Huntly, still! Beruf Dich nicht auf Ihn
Bei dessen Namen mein Gebein erbebt…
Er selber trifft — Er selber will die Wunde,
Zürnst Du dem Werkzeug womit er sie schlägt?

MURRAY. Ihr höret! Die Verbrecherin erliegt
Der Bürde ihrer Sündenlast. Maria,
Nicht *Kön'gin* mehr: *Gefang'ne* Deines Volks! —
Folg' Deinen Richtern, komm nach Edinburg.
(zu den Übrigen.) Nach Edinburg, zur Krönung König Jakob's!
   (Die ausgeschickten Leute kommen.)
Allein? — Wo habt Ihr Bothwell?

EIN SOLDAT.   Schick uns um
Den Teufel, und wir bringen ihn — nicht Bothwell.

EIN ZWEITER. Kein Fußbreit mehr hielt mich von ihm getrennt,
Den Felsenabhang jagt er hin zum Strom.
Der Geier schießt nicht wilder auf die Beute
Als wir auf ihn und seinen kleinen Troß…
Doch er, verwünscht! er überjagt den Pfeil,
„Erreicht Dich nicht der Fuß, die Kugel thut's,"
Denk ich, und schick' ihm eine nach, er wankt.

MARIA. O Gott!

SOLDAT.   Die Andern legen an — und: Feuer!
Da habt Ihr's — Rechts und Links — und — da und dort —
Pfeifen die Kugeln hinter ihnen her —
Und treffen — treffen nicht, nach Jägerglück.
Vor *ihm* fällt Einer, und zur Linken, ihm
Der Nächste, liegt im Blut. Er aber fort,
Ob rothe Spuren seinen Weg bezeichnen,
Ein angeschoß'ner Eber, bis zur Bucht.

Zwei Kähne ankern dort — der Troß hinein!
Bothwell zuletzt — die Andern greifen nach
Den Rudern — „Stoßt ab!" tönt's — und hole mich
Der Teufel! Es geschieht. O'Mail, voran
Uns Allen, kommt dazu und sinnt nicht lang,
Und Hui! Ein ungeheurer Sprung. — In's Schiff,
Dem Bothwell nach, als wie ein Rasender!
Sie ringen — O'Mail liegt — der Riese! — Doch —
Nur einen Augenblick; im nächsten schon
Hat Bothwell hoch in Lüften ihn erhoben
Und schleudert ihn an's Felsenufer hin,
Daß schier zu Brei die Knochen er zermalt,
Und seinem Schädel, der in Trümmer flog,
Gehirn und Blut, wie einem Quell enttroff.

MURRAY. Ihr aber — wie die Affen — steht am Ufer
Und seht ihm zu!

SOLDAT.   Mit ungelad'nen Büchsen
Vor Wuth und Galle schäumend — indeß er
Schon auf den Wellen trieb. —

MARIA *(an Lady Argylls Halse weinend)*. Ein Heimatloser!

LADY ARGYLL. Hast Du noch Thränen, Unglückselige,
So weine über Dich — nicht über ihn.

MURRAY. Bereitet Euch zum Marsch nach Edinburg,
Wir brechen auf, noch eh die Sonne senkt.

(Alle ab, außer Maria, Murray, Huntly, Lady Argyll und einige Wachen im Hintergrunde.)

MURRAY *(zu Maria)*. Auch Du, bereite Dich. —

MARIA.   O Bruder Murray,
Erspare mir den Hohn und Spott des Pöbels
O Bruder Murray — nicht nach Edinburg!

MURRAY. Doch muß es sein, ich kann nichts für Dich thun.

MARIA. Laß mich entfliehen.

MURRAY *(forschend)*. Zu — Elisabeth? — —

MARIA *(zurückfahrend)*. Elisabeth?!

MURRAY. Der Weg zu ihrem Throne steht Dir offen.

HUNTLY. Nicht dahin!

MURRAY. Nicht? — So komm nach Edinburg,
— Zeig Dich dem Volk, das lechzt nach Deinem Anblick,
Gönn' ihm die Lust, die stolze Königin,
Einmal erniedrigt — und beschimpft zu seh'n.

MARIA. Laß mich nach England flieh'n.

MURRAY. Du wolltest?

HUNTLY. O! —
— Zu Deiner schlimmsten Feindin?!

MARIA *(auf Murray zeigend)*. Sieh — das war
Ein Freund! —

MURRAY. Ist Dein Entschluß gefaßt, will ich
Aus Mitleid Deine Flucht begünst'gen. Wähle
Ein klein Gefolge unter Deinen Leuten,
Und scheide.

MARIA. Also thu ich. Eines nur
Gewähre gnädig mir — bevor ich gehe:
Laß mich mein armes, liebes Kind umarmen!

MURRAY. Das kann nicht sein.

MARIA. Wer darf's mir weigern? Ist's
Ja doch noch *mein!*

MURRAY. Du hast das Recht verscherzt
Es Dein zu nennen.

MARIA. Einen Kuß nur auf
Die blonden Härchen, — seine Augen, und
Den zarten Mund — Nur einen Segen auf
Sein kleines Haupt!

MURRAY. Es kann nicht sein. Ich sprach's.

MARIA. O Murray, wird Dir je ein Sohn geboren,
So bete, daß bei seinem Anblick Dir
Nicht die Erinnerung an diesen Tag
Vor die entsetzte Seele treten möge! …

MURRAY. Die Stunde drängt — benütze ihre Gunst,
Bis an die Grenze hast Du frei Geleit.
(Er tritt zurück und spricht mit einer Wache, diese ab.)

LADY ARGYLL und HUNTLY. Wir folgen Dir.

MARIA. Ihr bleibt. Allein will ich

Dem Loos entgegen gehn', das ich allein
Beschworen auf mein Haupt.

LADY ARGYLL.   Was hab ich Dir
Gethan, daß Du mich von Dir stoßest?

HUNTLY. Kannst Du so hart uns strafen? Hab Erbarmen…

MARIA. Zu lange büßt Ihr Lieben meine Schuld,
Maria Stuart's Freunde sind Verwaiste,
Sie sollen nicht auch Heimatlose werden…
Ihr weint? O räthselhaft Geschick! Als ich
Dies Land betreten, unschuldig und rein,
Von allem Glanz der ird'schen Macht umgeben,
Die achtzehnjährige Kön'gin dreier Reiche —
Da schlug kein Herz auf diesem ganzen Eiland
Der jungen Fürstin theilnahmsvoll entgegen,
Und nun, wo ich's verlasse, arm, gebrochen,
Ein schuldbelad'nes, leidzerriß'nes Weib,
Begleiten Thränen mich auf meinen Weg?
*(sie faßt Lady Argyll's und Huntly's Hand, und zu den Knieenden
gebeugt):* Ein tief'rer Vorwurf ist mir Eure Liebe,
Als aller Haß, den ich erfahren hab'! …
Ich laß Euch meinem Sohne! Sagt ihm, daß
Als seine Mutter hilflos von hier schied —
Sie ihm ihr Letztes, Bestes, hinterließ:
Zwei warme Herzen, die ihr treu geblieben!
— Den Kuß für meinen Knaben! Leonor —
Den Händedruck für ihn, mein wack'rer Huntly.
Ach! Es ist Alles was ich geben kann! —
Lebt wohl! Und wenn er wächst, gedeihet, blüht,
Lehrt ihn den Namen seiner Mutter nennen,
Nicht richtend, Freunde — liebend! Liebend!

MURRAY. Folg Deinen Führern.

MARIA.   Zu — Elisabeth! …
— So leb denn wohl, du Stätte meiner Schmerzen,
O schott'sche Erde, einst mir unterthan!
— Du trägst kein Weh, mit welchem ich nicht tauschte,
Und keinen Stein — den ich nicht neidete!
O Heimaterde, meine Thränen küssen,
Und meine Lippen Deinen heil'gen Grund,
Und: Segen! Segen! ist mein letzt Gebet,
Und heiße Reue jeder Athemzug! —
Ein weinend Kind liegt hier an Deiner Brust,

Und fleht verstoßen, eh es von Dir geht:
Vergib o Mutter — was ich Dir gethan!
(zu Lady Argyll und Huntly.) Lebt wohl.
(zu Murray.)　　　Leb wohl auch Du — O Murray! Murray!
Sei meinem Knaben mild!

MURRAY.　　　　　Leb wohl Maria.

(Maria auf Lady Argyll gestützt, Huntly und die Wachen ab.)

MURRAY. Ich bin Regent von Schottland!

BEDFORT *(tritt auf).*　　　　　Ist's gelungen?

MURRAY. Maria ist auf ihrem Weg nach England.

BEDFORT. Sie sucht dort Schutz und findet einen Richter!
Es ist für sie der Weg zum Blutgerüst. —

Ende

MARIE ROLAND.
TRAUERSPIEL IN FÜNF AUFZÜGEN (1867)

Marie Roland. Trauerspiel in fünf Aufzügen (1867)

Personen:

Roland,		*Marie, Roland's Gattin*	
Vergniaud,		*Eudora, ihre Tochter*	
Buzot,	*Girondisten.*	*Lodoïska*	
Barbaroux,		*Der Friedensrichter*	
Louvet,		*Nicaud*	
Gensonné		*Maillard*	
		Der Schließer	
Danton,		*1. und 2. Commissär*	
Robespierre,		*1. und 2. Huissier*	
Marat,	*Jacobiner.*	*1. und 2. Wache*	
Lacroix,			
Legendre,		*Sofie*	
			Diener bei Roland
Graf Beugnot		*Lecoq*	

Deputirte. Municipalgardisten. Volk.
Ort: Paris. Zeit: 1793.

Erster Aufzug

(Roland's Wohnung in der Rue la Harpe. Im griechischen Style einfach decorirtes Zimmer mit zwei Seiten- und einer Mittelthüre im Hintergrunde. Im Vordergrunde rechts ein Schreibtisch, links ein Kamin.)

Erster Auftritt.

(Vergniaud, Gensonné und Barbaroux treten ein. Barbaroux pocht an die Thüre links.)

BARBAROUX. Wir sind's, Roland! wir bringen Neuigkeiten —
Hörst Du?

BUZOT *(tritt aus der Thüre).* Geduld, und stört ihn nicht.

BARBAROUX. Geduld?
Aus Eurer Sprache tilgt mir dieses Wort!
— Geduld! Geduld! — Ich komm' aus dem Convent —
Wir alle sterben noch an der Geduld! —
Wo ist Marie Roland?

BUZOT. Bei ihrem Manne,
Und schreibt mit ihm —

GENSONNÉ. Das heißt: Sie schreibt *für* ihn,
Und spricht für ihn, und handelt wohl für ihn.

BARBAROUX.
Sie schreibt? Roland's Rechtfertigung? O glänzend.
— Betheuert, daß der ehrliche Gelehrte
Ein ehrlicher Minister auch gewesen,
Und man recht übel that ihn abzusetzen;
Daß er kein Räuber war, kein Royalist —
Im Solde nicht der Feinde Frankreichs stand —
Daß er nicht schwelgte mit dem Gut des Volks,
Auch schamlose Orgien nicht gefeiert —
Sie schwört — beweist — berechnet — Dies und Das!
Er schreibt — sie schreibt — was Keiner lesen wird,
Und liest es Einer, sicherlich nicht glauben.

BUZOT. Nicht glauben, Freund? Daß vier gleich zwei und zwei?
Ich dächte doch, daß Wahrheit ist in Zahlen.

BARBAROUX. O Vorurtheil! Die Zahlen, die behaupten,
Der ärgste Schuft von einem Publicisten,
Der darum nur in Gunst beim Pöbel steht,
Weil er ihn an Gemeinheit übertrifft, —
Der niedrigste Verläumder sei Hébert: —
Die dummen Zahlen, welche das behaupten,
Die lügen, und gehören auf das Kehricht —
Und der sie schrieb, gehört auf das Schaffot!

BUZOT. Ging's heute im Convent aus diesem Ton?

BARBAROUX. Aus diesem und aus — doch — da ist Roland.

GENSONNÉ *(für sich)*. Sein böser Geist, und unserer, mit ihm.

Zweiter Auftritt.

(Vorige. Roland mit Schriften. Marie. Begrüßung.)

ROLAND. Seid mir willkommen, und verzeiht mein Säumen,
Die Arbeit mußte erst vollendet werden.
(Zu Vergniaud, ihm die Schriften überreichend.)
So antwort' ich der Lästerung Hébert's.
Ein unbefangen Auge, dies zu prüfen,
Wird im Convente doch noch offen sein.

VERGNIAUD. Ich — wünsche es.

BARBAROUX.   Ich glaub' es nicht. — Roland!
Daß Du der Redliche der Redlichen:
Meinst Du, sie zweifeln d'ran, die Triumviren?
Was sie in Dir bekämpfen, ist der Gegner,
Und jede Waffe gut, die ihn verwundet.
Trifft eine Tugend sie statt einer Sünde —
Je nun — gleichviel, wenn sie nur tödtlich traf!
Der Leu Danton, Marat und Robespierre
Verachten tief Hébert den Journalisten,
Doch sie beachten klüglich — Deinen Feind.

ROLAND. Mit welcher Stirne klagt der Mann mich an?
Veruntreut hätt' ich öffentliche Gelder? —
Kein halber Heller ging durch meine Hand,

Der nicht verzeichnet steht in jenen Blättern.
Verderbt hätt' ich den Geist der Republik? —
Man frage nach in den Departements,
Durchforsche meine Briefe all und Schriften,
Und antworte sich selbst. Ich sag' es Euch:
Stünd' ich ein Einzelner, wär' unauflöslich
Mein Name nicht geknüpft an Eure Namen,
Statt Prüfung zu begehren dieser Schrift,
Die zeigen wird, wie ich mein Amt verwaltet,
Hätt' ich in der Versammlung sie verbrannt
Wie Scipio gethan vor seinen Klägern!

BARBAROUX. Den Römer spielen taugt nicht in Paris.
Dein Unglück ist, daß Du zu groß empfindest,
Zu tugendhaft, zu stolz, zu edel bist.
— Ein rein' Gewissen — pfui! das ist gefährlich,
Gefährlich fast wie reine Wäsch' und Hände.
Die Republik ist gründlich schmutzig worden,
Und alle Sauberkeit erregt Verdacht.
Ich wollt', du wärst gesessen im Convent,
An meiner Seit' statt dieses stummen Redners —
(er zeigt auf Vergniaud)
Der sich fürwahr! um seinen Ruhm noch — schweigt,
Und hättest ihrem Wuthgeschrei gelauscht.
An allem Elend, aller Noth des Volks,
Am Aufruhr der Vendée, am Bürgerkrieg,
An jeglicher Gefahr, die wild und drohend
Von Innen und von Außen sich erhebt,
Sind ganz allein wir Girondisten Schuld!
Dies Liedchen pfeift Marat auf der Tribüne,
Und läßt es drucken auf viel tausend Blätter
Und streut den gift'gen Schnee in alle Luft!
Den Chor dazu brüllt Cyniker Hébert,
Weiht uns dem Tod zehnmal in einem Athem,
Und fügt zu jedem Fluche einen Schimpf.

ROLAND. Der Zwölferausschuß aber wankt und zögert?

BARBAROUX. Wie sollt' er nicht? Ist er doch unser Schatten.
Wir warfen eines Tags ihn an die Wand,
Daß er vollende, was uns nicht gelang:
Die Ruhe herzustellen — das Gesetz;
Er soll in der Commune Ordnung halten,
In ihren Schranken jegliche Partei.
Der Zwölferausschuß wär' ein nützlich' Amt,

Wenn er nur Eins, wenn er kein — Schatten wäre.

GENSONNÉ. Er ging hervor aus uns'rer Wahl und Mitte,
Er ist verhaßt wie wir.

ROLAND.   Gleichviel — er *ist*;
Steht im Besitz ausübender Gewalt,
Und sollte sie gebrauchen.

BARBAROUX.   Sollte — ja!
Ja ganz gewiß. — Ach wenn er doch nur *könnte*!
Der Zwölferausschuß nennt sich treffend selbst:
Ein Brett, geworfen in das wilde Meer
Zur Rettung in dem allgemeinen Schiffbruch; —
Vertrau' dich ihm, ertrinkende Gironde!

Dritter Auftritt.

(Vorige. Louvet.)

LOUVET. Gegrüßt, Marie Roland, *(zu den Uebrigen)* und Ihr.

ROLAND.   Du kommst?

LOUVET. Aus dem Convent.

ROLAND.   Und bringst nichts Gutes.

LOUVET.   Nein.

BARBAROUX. Louvet, mein Schatz, Du bist ja ganz verstört.
Saß Gott Marat vielleicht in Deiner Nähe
In seines Schmutzes königlichem Glanz,
Und hat Dich Aermsten Ekel krank gemacht? —
Mißlang Dir eine Ode, lieber Freund?
Ist Lodoïska ungetreu geworden?
Heraus damit! was fehlt uns'rem Poeten?

LOUVET. Ich bin besorgt — besorgt um die Geliebte —
Die, als die Nacht schon angebrochen war,
Ihr Haus verließ, wie eben ich erfuhr, —
Und bis zur Stunde noch nicht heimgekehrt.

BARBAROUX. Nicht heimgekehrt? Ei! ei!

LOUVET.   Ihr alle kennt
Des kühnen Weibes beispiellosen Muth;

Sie wagte in des Löwen Höhle sich,
Gält's abzuwenden, ach, von diesem Haupt
Ein drohend Uebel, nahende Gefahr.
Sie ruht und rastet nicht, und stets besorgt
Späht' sie, und lauscht und wandert durch die Straßen,
Bewacht das Thun und Lassen meiner Feinde,
Und warnte schon — wie oft! — zu rechter Zeit.
Doch *meine* Warnung findet kein Gehör;
An sich zu denken, sie verschmäht's, — und doch,
Bei allen Göttern! ist in dieser Stadt
Louvet's Geliebte sich'rer nicht als er.

ROLAND. O nähm' ein End' dies Zagen und dies Bangen
Um uns und Alles, was uns theuer ist!
Ich bin der Müh' zu ringen um mein Leben
So herzlich satt! —

LOUVET.   Sei ruhig — bald bist Du
Von ihr erlöst. Die Würger des Septembers
Erbarmen sich und schenken uns — den Tod.

ROLAND. Und nehmt Ihr ihn aus ihren schnöden Händen? —
Ich wahrlich nicht — ich gebe ihn mir selbst;
Wie Cato und wie Brutus will ich sterben,
Am Tag, der mir den letzten Glauben raubt
An Deine Zukunft — freie Republik!

MARIE *(die bisher schweigend, mit allen Zeichen heftiger*
Ungeduld zugehört, unfähig sich länger zu bezwingen).
Wer spricht von Sterben, eh' sein Werk vollbracht?
Galt's nur allein das Unrecht zu vernichten,
Als Ihr den Bau der Monarchie gestürzt? —
Es galt wohl mehr! es galt das Recht zu gründen,
Ein neu Gesetz im neuerstand'nen Reich.
Die große Arbeit ist noch ungethan;
Sie fordert Euch; — wohlan, hier stehet Ihr!
Der Göttin Freiheit kampfbereite Söhne,
Nicht wild berauschte Priester des Idols,
Die sich im Wahnsinnstaumel der Verzückung
Auf dem Altar des Götzen selber schlachten.

VERGNIAUD. Auf seiner Bahn begrüßt Dich mein Gedanke.
Du sprichst es aus: — noch wurde nichts gethan!
Zu handeln gilt's! und was beginnen wir?
Wir geh'n in den Convent und halten Reden —
Und wenn die Wellen uns'res Zorn's zerstäuben

Am Felsen des Triumvirats, — zerstäubt
Auch unser Muth; — dann wandern wir nach Haus
Und sinnen still auf einen schönen Tod.

BARBAROUX. Gieb bessern Rath, wenn besseren Du weißt.

VERGNIAUD. Man wirft mir vor, daß ich seit langer Zeit
Die Macht des Worts, die ich besitzen soll,
Nicht übe. — Nun, ich bin des Redens müd,
Und mich verdrießt es, stets zu wiederholen:
„Vertrau' auf uns, du irrgeleitet Volk!
Wir gaben Dir die Freiheit, wir sind's, wir
Die sie verkündet, Deine ew'gen Rechte,
Wir sind's, die des Tyrannen Haupt gefällt,
Und Dich zur Herrschaft riefen über Dich.
Wir sind's, die jetzt im Schoße des Convents
Aus seiner eig'nen Mitte schaudernd seh'n
Der neuen Ordnung schlimmsten Feind erwachsen,
Den Geist der Zwietracht, Eigennutz, Verläumdung.
Vertraue nicht auf Jene, die ihn säen,
Vertrau' auf uns, nicht auf die Jakobiner,
Nicht auf die Henkersknechte blutberauscht;
Laß Deine Deputirten nicht ermorden,
In ihnen, Volk! ermordest Du Dich selbst.
Leih' nicht ein willig' Ohr dem Unsinn —
Vervehme nicht die Tugend…" und so weiter!
So weiter! — O bei der Vernichtung! — nein! —
Ich will den Blinden nicht mehr sagen: Seht!
Den Tauben nicht mehr pred'gen: Hört doch, hört! —
Euch aber, Euch, die Ihr nicht blind noch taub,
Zu Euch erheb' ich heute meine Stimme,
Und fleh' Euch an: Ihr Männer, rettet Euch,
Und Eurem Vaterland — die Republik!

ROLAND. Ist's uns're Schuld, daß es noch nicht gescheh'n?

BARBAROUX. Es fehlt dazu uns eben nur das Mittel.

LOUVET. Und dieses fehlt uns, weil es keines gibt.

VERGNIAUD. Es gibt ein Mittel! und ich will's Euch nennen…
(Hält plötzlich inne, und wendet sich an Marie.)
Entscheide Du, ob wir's ergreifen dürfen,
Du bist die Seele der Gironde, und stets
Erschien Dein Wunsch ihr ein Gesetz.

MARIE.   Mein Wunsch?

— Wohl darum nur allein, weil er noch nie
Nach Anderem begehrt als dem was recht.

VERGNIAUD. Daß wir zu schwach, der Anarchie zu steuern,
Ihr alle fühlt's — Ihr alle mögt's gesteh'n.
Was Noth uns thut, ist eine starke Hand,
Die sich zum Bund in uns're Hände legt.
Die Hand — wird uns gereicht.

ROLAND.   Wer bietet sie?

BARBAROUX. Wer ist's?

VERGNIAUD.   Ein Größerer als wir, wenn auch
— Kein Besserer. Der Triumviren einer…

ROLAND. Vollende nicht!

VERGNIAUD.   Der mächtigste…

ALLE UEBRIGEN.   Danton?

MARIE *(nach kurzer Pause)*.
Er will sich Euch versöhnen? … Er vergißt,
Daß zwischen Euch und ihm für ewig trennend
Das Blut der Opfer des Septembers qualmt. —
Wer gab es zu, daß eine Handvoll Teufel,
Des Pöbels Abschaum — Auswurf noch des Auswurfs —
Aus ihren Kerkern die Gefang'nen riß,
Und ungerichtet würgte — würgte — würgte! —
Wer gab es zu? … Gerechtigkeit! und wer
Beschwichtigte, bog scherzend aus und lachte,
Kaut' an den Nägeln, zuckte mit den Achseln,
Wenn hier — Roland, Minister Frankreichs, kam,
Von dem Convent der Mörder Strafe fordern? …
Wer war der Mann? Derselbe doch wohl nicht,
Mit dem er jetzt ein Bündniß schließen soll?
Die Niedrigkeit wird ihm nicht zugetraut,
Daß er, gestürzt, die Freundschaft Dessen suche
Dem er Verachtung schwor viel tausendmal,
So lang noch sein ein Schatten war von Macht!

VERGNIAUD.
Nein, nein, Marie! Ihr sucht nicht Danton's Freundschaft,
Noch bietet er sie an. Nicht Eure Herzen,
Doch Eure Köpfe sollen sich versteh'n.
Nehmt Ihr ihn auf, er kommt kein Einzelner,
Er führt das Volk ins Lager der Gironde…

Noch ist Danton kein ganz Verlorener,
Noch ringt ein Gott in seiner wilden Seele
Mit allen Höllengeistern, und noch schlägt
In *seiner* Brust das *Herz der Republik*;
Er ist zur Umkehr fähig! — macht sie möglich.
Je tiefer seine Schuld ihn niederwarf,
Je höher wird ihn seine Reue heben.

BUZOT. Ihn heben? — bis zur Dictatur!

BARBAROUX.   Halt da!

MARIE. Kein Bündniß mit Danton! O Freunde! Freunde!
Habt Ihr das Land der Tyrannei entrissen,
Es dem Verbrechen in den Arm zu schleudern?
— Ihr wißt mit welchem Aug' ich *sie* betrachte,
Die alle Schuld an Frankreichs Unglück trägt,
Des schwachen Ludwig's ränkevolles Weib. —
Ich hasse sie, ich habe sie gefürchtet,
Und laut aufjauchzend grüßt' ich ihren Fall.
Doch schwör' ich's Euch: Mit dieser meiner Hand
Erschlöß' ich lieber ihres Kerkers Pforten,
Und böte ihr der Herrschaft Scepter an,
Als daß ich Euch — wär's eine Stunde nur —
Ihn führen säh' im Bunde mit Danton!

GENSONNÉ. Er hat Dich oft verspottet im Convent;
Wir kennen Deinen Abscheu gegen ihn.
Doch gilt es jetzt des eignen Groll's vergessen —
Es gilt —

MARIE. Es gilt? — ich will Dir sagen, *was*!
— Es gilt für Euch, auf eig'nen Füssen steh'n,
Braucht Ihr der Hülfe, sucht sie bei Euch selbst!

BUZOT. Das wollen wir! Sie spricht aus meiner Seele.

BARBAROUX. Kein Bündniß mit Danton!

ROLAND.   Nein, Vergniaud,
Kein Bündniß mit der Schwelgerei, dem Treubruch! —

VERGNIAUD. Bedenkt noch einmal — Gensonné — Louvet —

LOUVET.
— Erwägt — beschließt — thut was Ihr wollt; — ich sage:
Er ist ein großer Mensch, allein — ich hass' ihn…
Thut was Ihr wollt: — wozu Ihr Euch entschließt,
Dazu bin ich entschlossen. — Lebet wohl.

ROLAND. Wohin, Louvet?

LOUVET.   Zu Lodoïska. Ich
Will fragen, ob sie noch nicht heimgekehrt.

ROLAND. Ist sie's, so sucht sie Dich hier auf.

LOUVET.   Nicht hier;
Sie meidet dieses Haus.

ROLAND.   Aus welchem Grunde?

LOUVET. Sie weiß von Deiner Gattin sich verachtet.

MARIE. Verachtet? nein, mein Freund, nur nicht gesucht;
Wir gehen andere Wege — sie und ich.
   (Stimmen und Lärm von außen.)
Doch was ist das?

LOUVET.   Die Stimme Lodoïska's!! …
(Eilt zur Thüre; Lodoïska stürzt ihm entgegen.)

MARIE *(zu Roland).* Bestellt Louvet hieher seine Geliebte?

Vierter Auftritt.

   (Vorige. Lodoïska.)

LODOÏSKA *(in Louvet's Armen).*
Heil mir! Heil mir! — ich habe — halte Dich — —

LOUVET. Geliebteste! — —

LODOÏSKA.   Du bist bei mir, und nun
Bist Du gerettet — o mein süßer Freund! …
— Ihr alle seid's mit ihm. — Hört mich! — entflieht! —
Verbergt Euch! — fort! — Hinweg aus diesem Hause! …

ROLAND. Was ist gescheh'n?

LODOÏSKA.   Ich fleh' Euch an: Entflieht!

BARBAROUX. Warum entflieh'n? —

LODOÏSKA.   Warum? Warum? … Ach ja —
Ihr wißt noch nicht —

LOUVET.   Erhole, fasse Dich! —

ROLAND. Was ist geschehen?

BARBAROUX.   Rede! — sprich!

LODOÏSKA.   So hört. —
Ich wohne nah' dem Jacobiner Club,
Und heute — als die Nacht schon angebrochen —
Vernahm ich einen gräßlichen Tumult
Auf jener Höhle gottverlaß'ner Schwelle...
Ich eilt' hinab — ich schlich mich in den Saal —
— In einer Ecke Dunkel barg ich mich...
Da sah ich sie beim matten Fackelschein,
Die Schrecklichen, auf ihren Bänken sitzen —
— Die Einen roth wie Blut — die Andern wie
Die Leiche weiß — und Alle, Gräuel sinnend —
Entsetzen redend! ...
Auf der Tribüne stand ein Mann und sprach —
Und jedes seiner Worte rief zum Mord
Der Zweiundzwanzig! ... O Louvet! Louvet! —
Er nannt Euch alle — Einen nach dem Andern —
Roland — Buzot —

MARIE *(mit einem unterdrückten Schrei).* Buzot? —
(zu Lodoïska).   Fahrt fort! — fahrt fort! —

LODOÏSKA. Und es erscholl, so oft ein Name klang,
Ein dumpf' Geheul durch die gedrückte Luft —
Und Fäuste ballten sich — und Augen blitzten —
Und Dolche blank... Was sagt' ich? — Ja — als er
Geendet, kam Marat — bestieg die Bühne,
Und seine Stimme kreischt' in die Versammlung:
„Bluttrinker nennt man uns? — Verdienen wir
Den Namen! ... Im Senat ward Cäsar hin-
Gemordet: — morden wir die Volksverräther,
Die Girondisten — morgen im Convent!"

BARBAROUX. Schon morgen? Hei — ihr „morgen" das ist heut!
(Einen Dolch hervorziehend.)
Komm' du hervor, denn Arbeit gibt's für dich!

MARIE. Nur weiter! — weiter! —

LOUVET.   Was beschlossen sie?

LODOÏSKA. Die Meisten jauchzten auf bei jenem Vorschlag —
Hébert jedoch verwarf ihn, und er rieth
Zum Meuchelmorde — dieser tödtet auch,
Und zeigt die Hand des Volk's zu jeder Zeit

Erhoben über seiner Feinde Haupt! …

BUZOT. Das sagte er? — das hörtest Du? — O herrlich! —
O göttlicher Hébert! o Mann des Heil's! —
All' unser Blut zahlt diese Worte nicht!

BARBAROUX. Und dabei blieb's?

LODOÏSKA.   Sie kommen — bald — gewiß!
Sie suchen Euch in Euren Wohnungen;
Ich hörte sie das Losungswort vertheilen, —
Ich sah die Klingen zieh'n, die Fackeln löschen,
Die Fluth der Menge trug mich aus dem Saal…
(Zu Louvet.) Dann rannte ich zu Dir, und fand Dich nicht,
Und suchte Dich vergeblich bei den Freunden
Sièyes und Gensonné und endlich hier,
Geliebter! — endlich hier!

LOUVET.   Nun komm! — hinweg! —
Wir geh'n von Thür zu Thür und warnen die
Genossen.

MARIE. Halt! es gibt noch mehr zu thun…
(Zu den übrigen Girondisten.) Was unternehmet Ihr?

BARBAROUX.   Da mir Besuch
Gemeldet ward, so geh' ich ihn erwarten.

ROLAND. Ich bin bereit, den meinen zu empfangen.

MARIE. — Nicht so! — Verbergt Euch jetzt. Ihr findet bei
Du Bosc ein sicheres Versteck, und morgen —
Sobald der Tag beginnt zu grauen — zum
Convent! *(Zu Louvet.)* Dorthin entbiet' die Unsern alle;
Sag' ihnen: diese kämen zum Gericht
Der Jacobiner und der Triumviren.

LOUVET. Das könnte sein? — wir hätten noch die Macht? —

MARIE. Der Zwölferausschuß möge sich versammeln,
Die Bürgergarde zu den Waffen rufen.

BUZOT. Geh' hin, Louvet! —
(Zu den Uebrigen.) Ihr seid doch einverstanden?

BARBAROUX *(zu Louvet).*
Mach' fort! — mach' fort — ruf halb Paris zusammen! —
Doch still', damit nicht ganz Paris es hört.

VERGNIAUD *(zu Louvet)*.
Vor Allem geh' und rette uns're Freunde.

(Louvet und Lodoïska wenden sich zu geh'n.)

BUZOT *(leise zu Marie)*. Für Lodoïska nicht ein Wort des Dank's?

MARIE *(zu ihr)*. Habt Dank.

LODOÏSKA. Madame — verzeiht mir, daß ich kam.

(Louvet und Lodoïska ab.)

ROLAND. Dem Tod, Marie, den heut wir fliehen sollen,
Führ'st Du auf einem Umweg uns entgegen.

GENSONNÉ. Das ist auch meine Meinung.

BARBAROUX *(ernst)*.   Gensonné!
Ein Sieg ist möglich. Andere als wir
Errängen ihn. Wie schade, daß wir nur:
— Wir selber sind!

MARIE.   Seid einmal mehr. Versucht's!
Erhebt Euch über Euer eig'nes Selbst —
Das kann der Mensch in großen Augenblicken,
O traut Euch's zu! … Ihr Männer des Gedankens,
Wagt Euch beherzt an eine kühne That!
Viel tausend Freunde zählt Ihr in Paris
Und fest zu Euch steh'n die Departements;
Ihr habt die Stimmenmehrheit im Convent,
Ertrotzt Euch die vollziehende Gewalt,
Und statt zu fordern — *übt* Gerechtigkeit!
Du Vergniaud mit Deinem Feuerwort
Klag' an die Mörder; — Ihr laßt sie verhaften,
Auf ihren Bänken, in demselben Saal
Der rauchen sollte heut' von Eurem Blut!

GENSONNÉ. Das Alles kann nicht ohne Kampf geschehen.

MARIE. So nehmt ihn auf!

BARBAROUX.   Ich thu's — bei meinem Eid!

MARIE. Die Bürgergarde hat Geschütz und Waffen,
Zu ihrem Führer wählet Lanthenas.

VERGNIAUD. Baust Du auf seine Treue?

MARIE.   Unbedingt!

Er soll die Thore des Convents besetzen —

BARBAROUX. Und dringe ein auf uns'ren Wink und Ruf.

MARIE. Habt Ihr Marat, Hébert in Eurer Hand,
Dann nützt den ersten Eindruck Eures Sieg's,
Und nehmt Danton, nehmt Robespierre gefangen,
Die Häupter all' des Aufstandscomité's!

BARBAROUX. Deß sei gewiß! — wenn wir den Fuß nur einmal
Auf festen Grund gestellt, ist mir nicht bang
Um uns'ren nächsten Schritt.

MARIE. Geht hin, — erkämpft dem Volk
Wonach es fiebernd und vergeblich ringt:
Den Frieden in der Freiheit!

ALLE.   Frieden in
Der Freiheit!

MARIE.   O, gelobet mir —

VERGNIAUD.   Ich schwöre,
Zu thun nach Deinem Wort, das warm und klar,
Und mit der Kraft der Wahrheit mich berührt.

BARBAROUX. Du Herrliche, vor deren Geist auf Knieen
Der meine liegt, nimm ihn in Dienst und Pflicht! —

ROLAND. Wir folgen Deinem Rath —

GENSONNÉ.   Und sei's zum Heile!

MARIE. Es wird zum Heile sein. — Doch fort nun, fort!

BUZOT. Auch Du bist hier nicht sicher — folge uns.

MARIE. Ich fürchte nichts und habe nichts zu fürchten.
(Sie fortdrängend.) Lebt wohl!

ROLAND.   Auf morgen denn! —
*(Will sie umarmen, sie macht unwillkührlich eine abwehrende
Bewegung.)*   Marie?

MARIE *(schließt ihn sanft in die Arme).*   Leb' wohl.
(Zu Barbaroux.) Du gehst mit ihm. Bewache mir dies Haupt. —

BARBAROUX. Sei ruhig. Komm, Roland.

BUZOT *(zu Marie).*   Wir Männer flieh'n,
Und Du —

MARIE.   Ich bleibe.

BUZOT.   Schicksal! Schicksal!

VERGNIAUD.   Vorwärts!

(Roland, Barbaroux, Buzot, Vergniaud ab.)

Fünfter Auftritt.

MARIE *(allein).* O einen Tropfen nur in ihre Adern
Vom flüß'gen Feuer, das durch diese wallt,
Und ein erlöstes Frankreich grüßt den Morgen!
Sie schwören und geloben... Worte! Worte! —
Ich aber zähl' auf ihn allein, der — schwieg.
Ich zähl' auf ihn, den Kühnsten, Besten, Liebsten...
Den Liebsten? — Ja! mir selbst darf ich's gestehn.
(Nach einer Pause.) Die erste Regung dieser Brust war Dein,
Mein Vaterland! — des Mädchens erste Liebe Dein.
Um Dir zu dienen trat als Gattin ich
In eines Greises freudenleeres Haus,
Und weihte meine Jugend strenger Pflicht.
Dein Tag erschien, o Freiheit, die ich träumte,
Und meine ganze Seele jauchzte Sieg! —
Doch bald, wie bald! betrat die Schuld den Weg,
Der mir gebahnt nur für die Tugend schien;
Der Undank kam, noch eh' der Ruhm gekommen,
Und Alles log, worauf ich fest gehofft.
Da trat er mir entgegen, er — Buzot;
Da liebt' ich ihn. Roland's vermältes Weib —
Den fremden Mann? Was wallst Du auf und steigst
Mir in die Wangen, thöricht Blut? — Erbärmlich!
Du kannst ja nur mich zwingen zu erröthen,
Doch Grund mir schaffen zu erröthen — nie! —
Was regte sich?
(Sie öffnet die Thüre rechts.) Riefst Du, geliebtes Kind?
Nein, nein, sie schläft. — Nun, ich will bei ihr wachen.
Die Liebeswache, Kind, an Deinem Lager
Soll heute mir anstatt des Schlafes sein.
Zu Dir! —

(Sie hat das Licht vom Tische genommen. Im Augenblicke, wo sie in das Nebenzimmer treten will, wird die Thüre im Hintergrunde rasch geöffnet, Buzot tritt ein.)

Sechster Auftritt.

(Vorige. Buzot.)

BUZOT. Marie!

MARIE.   Buzot!

BUZOT.   Ich bin's —

MARIE.   Was willst Du hier?

BUZOT. Dich schützen. Eine Bande Hébertisten
Umschleicht das Haus. Sie suchen Deinen Gatten,
Und Deinen Namen auch hört' ich sie nennen.

MARIE. Du irrtest wohl. Gewiß, mich sucht man nicht. —
Dich dürfen sie nicht finden. Geh'.

BUZOT.   Zu spät.
Die Pforte ist umstellt.

MARIE *(auf die offene Thüre deutend)*. So tritt hier ein.
Das letzte Fenster öffnet auf den Hof,
Ein Sprung bringt Dich hinab, Du kannst ihn wagen.
Der schmale Gang, am längern Ende rechts
Führt dann hinaus ins Freie. Geh', ich will's!

BUZOT. Ich gehe nicht, verlasse Dich nicht hülflos.

MARIE. Ich fleh' Dich an! — ich bin nicht in Gefahr —
Du aber bist verloren, wenn Du zögerst.
O ich beschwör' Dich! … Deine Gegenwart
Beschützt nicht — sie bedroht… Hinweg, Buzot!

BUZOT. Um keinen Preis! — Ich kam — weil ich Dich liebe!
Versuch' es nun und sag' noch einmal „Geh',
Verlaß' mich in der Stunde höchster Noth!" —
Marie! — es spricht's kein Jüngling in des Lebens
Verheißungsreicher Zeit; es spricht's ein Mann
Im Angesicht des Tod's: Ich liebe Dich! —
Dein Beifall war das Ziel all' meines Strebens,

Und Dein Gedanke war's, dem ich gedient! —
(Er wirft sich vor ihr nieder.)

MARIE. Das sage nicht. Du dientest nur Dir selbst,
Dem tiefsten Drang der hochgemuthen Seele,
Denn Du bist groß und edel und gerecht,
Und weil Du's bist — darum lieb' ich Dich wieder.

BUZOT. Ihr Himmlischen!
(Er springt auf und faßt sie stürmisch in die Arme.) Marie!! ...

MARIE *(entzieht sich ihm).*   Was jubelst Du?
Erwache! uns're Liebe heißt Entsagung,
Und ihre schönste Stunde — ist gelebt.

BUZOT. Entsagung? Nimmermehr! ich werb' um Dich
Im Angesicht der Welt. Der freie Mann
Um das befreite Weib! — Die Ehe ist
Das Sklavenjoch nicht mehr, das ewig zwingend
Auf seiner Opfer müdem Nacken ruhte;
Das Herz darf sprechen und die Neigung wählen,
Die Schranke fiel, die ihr geheiligt Recht
In enge Grenzen frevelnd eingedämmt.
Die Schranke fiel, und *Du* hast sie zertrümmert.

MARIE. Ich hab's gethan; und *weil* ich's that, mein Freund,
Darf ich sie nie und nimmer überschreiten.

BUZOT. Warum? Warum?

MARIE.   Fühlst Du es nicht?
Weil sie, die leben, und die leben werden,
Nicht sagen dürfen: „Seht, sie that's für sich."

BUZOT. Und deßhalb wolltest... Nein — das ist unmöglich —
Das war, Geliebte, nicht Dein letztes Wort!

MARIE. Mein erstes Wort ist stets mein letztes Wort.
        (Pochen an der Hausthüre.)
Sie kommen — geh'! — Hörst Du? — gib nicht die Ehre
Des Weibes, das Du liebst, dem Hohne preis.
Roland ist ferne — und Du bist bei mir! ... *(Ihn fortdrängend.)*
Weil Du mich liebst — weil ich Dich liebe: fort! —

BUZOT. In einem Athem Gift und Himmelslabe? —
Du treibst zum Wahnsinn, Weib!

(Lärm und Schritte auf der Treppe.)

MARIE *(leidenschaftlich flehend).* Hinweg! Hinweg!

BUZOT. So höre denn, Du Unerbittliche: —
Um ihn zu leiten, den Verzweiflungskampf,
Zu dem Du heute uns begeistert, braucht
Es eines Mann's, der mit der Hoffnung brach —
Er ist gefunden! Lebe wohl, Marie. *(Er geht.)*

(Stimmen und Rufe dicht vor der Eingangsthür.)

MARIE. Beschütz' ihn Du — den ich nicht nennen kann,
Den anzurufen ich beinahe verlernt! …

MAILLARD'S STIMME.
Wo ist Roland? — Nicht da? — Man wird ihn finden.

Siebenter Auftritt.

(Vorige. Maillard, eine Schaar bewaffneter Sansculottes.)

MAILLARD. Wo ist Roland?

MARIE.   In Sicherheit.

MAILLARD *(zu seinen Leuten).*   Durchsucht
Das Haus.
          *(Einige der Männer treten durch die Thüre rechts, die andern
          durch die Thüre links ab.)*
                    Du bist's, die ihn verbarg — gesteh'!

MARIE. Zwing' mich dazu — versuch's!

MAILLARD.   Dich zwingen, Weib?

MARIE. Du kannst es nicht, Du kannst mich tödten nur —

MAILLARD. Beim Blut Capet's! den Tod verdientest Du,
Du Buhlerin und Freundin der Verräther:
Du leitest sie mit Deinem Rathe, Du
Rufst zur Empörung die Provinzen auf —
Du willst durch Elend uns zur Knechtschaft zwingen —
Es schreit nach Brot das Volk, es hungert — Ihr
Laßt das Getreide in die Seine schütten…

MARIE. O Wahnsinn! … Und das glaubt das Volk?

149

MAILLARD.   Das *weiß*
Das Volk!

(Die Sansculottes kommen zurück.)

EINER DER MÄNNER. Er ist nicht hier.

MAILLARD *(zu Marie)*.   Noch einmal: Wo
Ist er?

MARIE. Noch einmal: — tödte mich!

(Einige von Maillard's Männern nähern sich Marie mit drohender Geberde.)

MAILLARD.   Laßt sie!

EINIGE. Nehmt sie als Geißel mit!

MAILLARD.   Zurück! wir haben
Mit Weibern nichts zu schaffen. Kommt, Ihr Leute.
(Maillard ab mit seiner Bande.)

MARIE *(sieht ihnen mit ruhiger Fassung nach)*.
Noch schlug sie nicht, die Stunde, die mich beugt:
Der Stolz, der aufrecht hielt in der Gefahr,
Er läßt mich auch in Schmach nicht untergeh'n! —

Zweiter Aufzug

(Decoration des ersten Aufzugs.)

Erster Auftritt.

(Marie und Sofie kommen von rechts.)

MARIE *(in fieberhafter Aufregung)*. Führ' sie herein.

SOFIE.   Gebieterin — Du wolltest...

MARIE. Führ' sie herein.

SOFIE.   Ich gehe — *(zurückkommend)*. Du empfingst
Doch sonst sie nicht — warum gerade jetzt,

Wo die Verläumdung Deinen Namen schmäht?

MARIE *(lebhaft)*. Weißt Du davon?

SOFIE.   — Warum gerade jetzt
Dein ehrbar Haus dem schlechten Weibe öffnen? ...
Sieh' hier und hier...
(Sie zieht Zeitungen aus der Tasche und wirft sie unmuthig auf den
Kamin.)   Das dringen Deinen Dienern,
Das Deinem Kind sie auf, so oft den Fuß
Wir setzen vor das Thor...

MARIE.   Lass' doch — gehorche!

SOFIE *(zögert)*.

MARIE. So muß ich selbst? — *(Geht zur Thüre.)*

SOFIE.   In Gottes Namen denn!
(Sie öffnet die Mittelthüre, Lodoïska tritt ein. Sofie ab.)

Zweiter Auftritt.

(Marie. Lodoïska.)

MARIE. Was bringt Ihr mir?

LODOÏSKA.   Dies von Roland.
(übergibt ihr einen Brief.)

MARIE *(ihn entfaltend)*. Hébert ist arretirt — wir siegen! o,
Ich hab's gewußt! ... Allein Marat — Danton —
Sie sind noch frei?

LODOÏSKA.   Sie theilten Hébert's Schicksal,
Wenn Lanthenas zur rechten Zeit erschien;
Doch zögert er —

MARIE.   Er zögert? — Lanthenas?
Den ich entschlossen kenne, tollkühn, rasch?

LODOÏSKA. Er läßt dem Berge Zeit, zur Gegenwehr
Gewaltig sich zu rüsten —

MARIE.   Thorheit!

LODOÏSKA.   Sagt:

Verrath. —

MARIE. Unmöglich! nein! *(Nach einer Pause.)* Ich will zu ihm.
Ich will ihn sprechen, ihn bestimmen —

LODOÏSKA.   Bleibt! — es wäre —
Es ist zu spät. Sein Treubruch liegt am Tag.

MARIE. Von wem habt Ihr die Kunde?

LODOÏSKA.   Von Roland.

MARIE *(für sich).* Und ich — ich hieß sie bauen auf den Mann!
Er war die Stütze, die ich ihnen bot,
Als in den Kampf die Zögernden ich trieb! —
O daß ich's that! — daß ich ihr Leben wagte,
War das auch gut gethan, und durfte ich's? ...
Mit welchem Recht gebrauch' ich so die Macht,
Dir mir ein Gott verliehen über sie? ... *(Sich stolz emporrichtend.)*
Mit welchem Recht? mit dem der guten Sache!
Im unbefang'nen Geiste klar erkannt. *(Zu Lodoïska.)*
Verdoppeln nur wird Lanthenas' Verrath
Den Muth der Meinen, ihren heil'gen Zorn.
Um einen Gegner mehr gilt's zu vernichten.

LODOÏSKA. Noch tobt der Kampf im Saale des Convents,
Und kann vielleicht ein kostbar Opfer kosten.
Buzot beschwört die Wuth der Jakobiner
Mit Todeskühnheit auf sein einzig Haupt;
So oft er spricht, erheben hundert Hände
Sich gegen ihn, und hundert Dolche blitzen.

     (Marie zuckt zusammen.)

LODOÏSKA. Er will auf der Tribüne sterben, scheint
Es fast —

MARIE. Er wird nicht sterben! er wird siegen —
Wird leben glorreich, ruhmgekrönt, ein Held!

LODOÏSKA. Mein Auftrag ist erfüllt.

MARIE *(in Gedanken verloren).*   Behüt' Euch Gott.

LODOÏSKA *(die sich zum Gehen gewandt, bleibt plötzlich stehen).*
Madame... Ihr glaubt an ihn?

MARIE *(verwirrt).*   Ich — Lodoïska?

LODOÏSKA. Sie sagten doch: Ihr glaubtet nicht an Gott;

Auf Eurer stolzen Höhe stündet Ihr
Durch eig'ne Kraft allein; da schaudert' ich. —
Mich hat der Glaube nicht vor Schuld bewahrt,
Und Ihr bliebt heilig ohne seine Stütze.
Was ist er denn? — so frug ich in Verzweiflung,
Wenn er nicht hilft in der Versuchung Stunde?
Und der Gedanke wurde meine Folter.
Nun aber — ach — nun seh' ich's klar: Ihr glaubt —
Lebend'ger, frömmer, stärker nur als ich.
Zu Einem Gott, o Reine, beten wir;
Erhob'nen Haupt's rufst Du ihn an: „Gerechter!"
Ich lieg' im Staub, und stammle: „Allerbarmer!"

MARIE. Du fehltest durch die Liebe, armes Weib!
Der Kampf ist furchtbar mit der Leidenschaft.
Verzeih', daß ich hochmüthig Dich verdammt! ...

LODOÏSKA *(wirft sich ihr zu Füßen und küßt ihre Hände).*
O Gütige, Du gibst des Trostes Balsam.

MARIE. Bedarfst Du sein?

LODOÏSKA.   Wie sehr! wie unaussprechlich! ...
Denn elend macht die unerlaubte Liebe,
In der Entzückung macht sie elend noch! —
Marie Roland, auch ich war einst geehrt
Und eines edlen Mannes stolzes Weib,
Bis er erschien, der vielgeliebte Feind,
Und sagte: „Komm!" und ich mein Haus verließ,
Mein armes Kind, den Gatten, und ihm folgte. —
Jetzt bin ich wie der Vogel auf dem Zweig —
Wie das gehetzte Wild den Speer im Herzen —
Bin heimatlos, verworfen und vervehmt.

MARIE. Viel wird vergeben dem, der viel geliebt.

LODOÏSKA. Vielleicht dort oben, doch auf Erden nicht.
Die Welt kennt kein Erbarmen, und in ihr
Sind glücklich nur, die edel sind wie Du. — *(Sie geht.)*

Dritter Auftritt.

MARIE *(allein)*.
O herber Hohn! — Ich wäre — ich — beglückt —
Und gläubig — ich — in Deinem Sinn? — Betrog'ne!
Den Gott, zu dem Du betest, kenn' ich nicht,
Zertrümmern half ich selbst seine Altäre,
Und sah in lichten Zukunftsträumen schon
Die freigeword'nen Geister rein und stolz
Auf eig'nen Schwingen herrlich aufwärtsschweben. —
Was sprach sie noch, das mich so schmerzlich traf? —
Ja! — „Elend macht die unerlaubte Liebe..."
Wie wahr, wie fürchterlich! ... Pocht' ich auf meine Stärke?
Die erste, heiße Sorge um sein Leben
Erschüttert sie, die felsenfest mir schien.
Bin ich's denn noch? ... Ich hasse Dich,
Verbotenes Gefühl — du gift'ge Schlange,
Die mir am Herzen frißt — ich hasse Dich!

Vierter Auftritt.

(Vorige. Beugnot, Eudora.)

EUDORA *(eilt herein und wirft sich in die Arme ihrer Mutter)*.
Da bin ich wieder, Mutter, liebe Mutter!

MARIE. Du bliebst sehr lange, Kind! — Wo seid —
(Erblickt Beugnot.)   Mein Herr? —

EUDORA. O! wenn Du wüßtest...

MARIE.   Was ist? — wie siehst Du aus?

EUDORA.
Ich war verloren; der *(Zeigt auf Beugnot.)* hat mich gefunden...

MARIE. Gefunden? wie? —

BEUGNOT.   Ihr Töchterchen, Madame,
Ward auf dem Weg zum Tuileriengarten
Durch einen wüsten Trupp von Maratisten,
Die ihrem Gönner folgten zum Convent,

Von ihrer Führerin getrennt…

EUDORA.   Ach denke!
Es kamen tausend Menschen, Männer — Weiber —
Sie schrien, rannten, und sie stießen mich;
Ich hielt mich fest am Arme meiner Bonne —
Da war auf einmal sie weit weg von mir
Und all' die fremden Leute um mich her —
So bös — so wild — sie traten mich — ich fiel…

MARIE *(die ihr mit Entsetzen zugehört, kniet bei ihr nieder, und drückt sie in die Arme).* Mein Kind — mein armes Mädchen!

EUDORA.   Da — da kam
Der gute Herr, und warf zurück die Andern,
Und hob mich auf, frug mich um meinen Namen…

MARIE *(angstvoll).*
Du bist doch unverletzt? Der Kopf? — die Hand? —
Hier ist ein rother Fleck auf Deiner Stirne…
(Sie drückt leise mit der Hand darauf.)
Eudora — thut das weh?

EUDORA *(schluchzend).* O ja! … Ein wenig —

MARIE. Ein wenig nur? *(Mit zum Himmel erhobenem Blicke.)*
                          Ihr guten gnäd'gen Mächte!
Ein wenig nur? Das ist so viel wie nicht
(Wieder zu dem Kinde gebeugt)
Für meine wack're Tochter. Sag', nicht wahr? —
(Sich plötzlich aufrichtend, zu Beugnot).
Verzeihung, Herr! ich scheine undankbar —
Die Wohlthat macht des Wohlthäters vergessen,
Wenn sie so groß ist wie die Eurige. *(Geht auf ihn zu, warm.)*
Gebt mir die Hand, und nennt mir Euren Namen.
Wer ist der fremde Mann, dem mehr ich danke
Als wie dem nächsten Freund?

BEUGNOT.   Ich heiße, Graf —
Beugnot.

MARIE *(zurücktretend).* Ein — Royalist?

BEUGNOT.   Ihr sagt es. Ja.

MARIE. Das thut mir leid, und ich bedau're Euch.

BEUGNOT. Weil über mir das Beil des Henkers schwebt?

MARIE. Viel mehr noch, weil ihr einem Irrthum dient.

BEUGNOT. Ich diente ihm von Kindheit an, Madame;
Bin jetzt ein Greis. Die lange Uebung macht,
Daß mir mein Irrthum — eine Wahrheit scheint.
Im Alter bleibt man seinem Glauben treu.

MARIE. Auch seinem — Vorurtheil?

BEUGNOT.   — Nicht jedem, nein!
Und eins der meinen — wurde jetzt besiegt.
Nicht so, wie ich sie finde, dacht' ich mir
Die Königin der Gironde.

MARIE.   Mein Name ist
Marie Roland.

BEUGNOT.   Nun — *sie*, Madame — die Frau,
Bei der ihr Anhang sich die Losung holt,
Die immerdar „Zum Kampfe!" heißt — die Frau,
Die Gott verläugnet und den Glauben höhnt,
Die Frau, die einen Königsmord gebilligt,
Ich glaubte herzlos sie, gemüthlos, fühllos,
Und sehe nun — das alles ist sie nicht.
Sie kann ja zittern, weinen, sie kann beten —
Und sie kann lieben, denn sie liebt ihr Kind.

MARIE. Ihr schließet seltsam. Weil ich Euren König
Gehaßt, kann ich darum mein Kind nicht lieben?
Weil ich kein Herz für Unterdrücker habe,
Hab' ich darum auch kein's für Unterdrückte?

BEUGNOT. Ein Herz für Unterdrückte? — Seid gesegnet! —
Gesegnet sei dies Wort! … Ich danke Euch
Im Namen der Gefangenen im Tempel —

MARIE. Mein Herr!? …

BEUGNOT.   O wenn Euch fremdes Unglück rührt,
Wenn Eure Liebe ist bei den Verfolgten,
Dann wahrlich steht auf dieser weiten Welt
Kein menschlich' Wesen Euch so nah, Madame,
Als jene arme Frau…

MARIE *(fällt ihm ins Wort)*. Ersparet mir —

BEUGNOT. Als jene Fürstin, deren heilig Haupt
Einst eine Krone trug, und jetzt sich beugt
Der Last des nackten Elends. Jene Witwe,
Die ihren Gatten, meinen — Euren König
Verloren auf dem Blutgerüst.

MARIE. Ich kann —

BEUGNOT. Als jene Mutter, welcher man den Sohn,
Ihr liebstes Kind, erbarmungslos entriß,
Ihn preisgegeben niedriger Mißhandlung,
Und der man selbst den herben Trost versagt,
Den Jammerschrei aus seiner Brust zu hören.

MARIE. Ich kann für sie nichts thun.

BEUGNOT. O doch, Madame!
Ihr feiert heute einen großen Sieg,
Ein Schritt nur noch, und an des Reiches Spitze
Steht die Gironde — steh'n sie, die Ihr regiert,
Dann könnt Ihr helfen! dann habt Ihr die Macht…

MARIE. Und hätt' ich sie! ich wollt' sie nicht gebrauchen
Zum Nachtheil meines Volks, das Sühnung fordert,
Für hundertmal an ihm gebroch'ne Treu,
Für Hoffart, Haß, Bedrückung und Verachtung…
Der Büsserin im Tempel war dies Volk
Nicht werther als der Staub zu ihren Füßen,
Und seine Klagen, seine Thränen gingen
Nicht näher an ihr übermüthig Herz
Als Windeswehn und als des Regens Fall.
Sie hat … Genug: — sie frevelte — sie leide!
Es gibt nur Eins, das wir empfinden sollen
Beim ernsten Anblick selbstverdienter Qual —:
Bewunderung der ewig waltenden
Und ewig siegenden Gerechtigkeit.

BEUGNOT. Es gibt ein zweites — doch Ihr kennt es nicht;
Es gibt — das Mitleid.

MARIE. Herr, in dieser Stunde
Durchzuckt es alle Tiefen meines Wesens!
Allein es ist das feige Mitleid nicht
Mit Schuldigen, die ihre Strafe trifft,
Es ist der Schmerz um Edle, um die Meinen,
Die jetzt vielleicht für uns're große Sache
Verbluten im Convent. Wenn diese sterben,
So sterben sie für ihre Tugend. Ihnen
Gehört jedwedes liebende Gefühl,
Das meine vielbestürmte Seele sich
Im harten Kampfe dieser Zeit bewahrt.
Ich habe keines für die Andern mehr.

EUDORA *(die an einem Tische, Bilder ansehend, gestanden, nähert sich bei den letzten Worten, ein Bild in der Hand. Zu Marie).* Bist Du ihm bös'? — und er ist so gut!
(Zu Beugnot.) Ich hab' Dich lieb, und sieh zum Angedenken
Schenk' ich Dir dieses schöne Bild. Das ist
Capet, weißt Du? man macht ihn eben todt,
Weil er das Blut der kleinen Kinder trank.

BEUGNOT *(zu Marie).*
Die Republik, Madame, das Reich der Wahrheit
Zieht ihre Kinder auch bei Märchen auf?

MARIE *(zu Eudora).*
Wer hat Dich das gelehrt? Gib weg! Gib weg!
(Sie ergreift das Bild und wirft es in den Camin. Die Zeitungen fallen herab. Beugnot hebt sie auf.)

MARIE. Umarme diesen Herren, Kind, und geh.

EUDORA. Mein Bild! …

MARIE.   Gehorche!

EUDORA *(zu Beugnot).*   Lebe wohl.

BEUGNOT *(sie umarmend).*   Leb' wohl. *(Eudora ab.)*
BEUGNOT *(Marien die Zeitungen überreichend, in welche er einen Blick gethan).*
Es sorgt, seh ich, nicht blos für Kindermärchen
Die Republik.

MARIE *(nimmt die Blätter).* Was soll — was wollt Ihr sagen?

BEUGNOT. Nicht nur gekrönte Königinnen sind
Dem Angriff der Gemeinheit ausgesetzt.
Mög' diese in den aufgeklärten Bürgern
So tiefen Abscheu wecken wie in mir,
Dem alten Finsterling und Royalisten.
(Er verbeugt sich und geht ab.)

MARIE *(sieht ihm befremdet nach, dann in die Zeitung blickend).*
Hébert's Journal? *(Sie liest.)* „Boudoir der Königin
Roland" — „Dies Weib mit seinem" — „diese feile — —"
O pfui! … Entsetzlich! … Scheußlichkeiten, die
Ein redlich Weib dem Namen nach kaum kennt,
Und deren sie mich zeih'n vor aller Welt! … *(Nach einer Pause.)*
Buzot, mein Freund! — ich habe Dich betrogen! …
Dein Glück und meines geopfert einem Wahn:
Der makellosen Reinheit meines Namens.

Ach, dieser Name ist so schmachbedeckt,
Daß er die Lippe, die ihn nennt, beschmutzt! ...
Gab ich mein Alles für ein einzig Gut
Und finde es geraubt im Augenblick,
Wo ich daran in Angst und Todesnoth
Mich klammern will? O nein! — nein! nein! — Buzot,
Du sollst nicht sterben um ein Hirngespinst —
Wir wollen glücklich sein — 's ist unser Recht —
Der Preis ist hier bezahlt! ... Horch! — Schritte! — — Er? —
(Sie eilt dem Ausgange zu.)

Fünfter Auftritt.

(Marie. Buzot. Roland.)

MARIE *(zu Buzot, der zuerst eintritt).* Du bist es! ...
(Roland erblickend, mit mühsamer Fassung.)
Ihr... Ihr kommt — seid mir gegrüßt —
Und tausendmal Glück auf! — Ihr triumphirt...

ROLAND. Frohlocke nicht. Hébert's Gefangennahme
Empört das Volk. In wilden Schaaren stürmt
Es gegen den Convent. Die Sectionen
Umlagern den Palast der Tuilerien.
Dein Freund, Marie, der falsche Lanthenas,
Der Renegat, thront auf des Berges Spitze.

MARIE. O Fluch und ew'ge Schande über ihn!

ROLAND. Danton, Marat, gereizt durch die Gefahr,
Entfesseln jede wilde Leidenschaft
Der heißen Blutgier und der blinden Wuth.
In Waffen steht der Pöbel von Paris
Und führt Geschütze gegen den Convent,
Der unter diesem Druck — berathen soll.

MARIE. Was thun die Zwölfe?

BUZOT.   Sie verzagen nicht.
Sie bauen auf die treue Bürgergarde;
Kein Wankelmuth kam noch in die Gemüther. —
Entbrennt nur heute — heute nur der Kampf,
So siegen wir... Doch gilt's die Glut zu schüren.

159

(Innehaltend, mit verändertem Tone.)
Ich wollte Dich noch einmal seh'n, bevor
Der letzte Sturm beginnt. Ich wollt' Roland
Zu seinem Haus geleiten und allhier
Ein feierlich Versprechen von ihm fordern.
Gib mir Dein Wort, Roland! — gib mir Dein Wort,
Daß Du nicht wieder den Convent betrittst —

MARIE. Ist er nicht Deputirter so wie Du?

BUZOT. Er ist's nicht mehr.

ROLAND.   Von neuem angeklagt
Gemeiner Feilheit, niedrigen Betrugs,
Begehre ich ein öffentlich Gericht,
Und damit frei das freie Recht entscheide,
Durch keine Rücksicht, keine Scheu beirrt,
Damit es sei ein ungeschütztes Haupt,
Das hier sich beugt dem Spruche des Gesetzes —
Entkleid' ich mich des Amt's, das mich beschirmte.

MARIE. Verkehrtheit! Ein unseliger Entschluß!
— So konntest Du in stillen Tagen handeln,
Wo die Vernunft, Gerechtigkeit und Güte
Im Rath der Völker eine Stimme hat,
Nicht jetzt, da hochgeschwellt der Zeitenstrom
In wilden Güssen durch das Weltall rast,
Die Kräfte von Jahrtausenden austobend! —
Das Ungeheure, Unerhörte, wiegt
In diesem Gischt nicht schwerer als ein Tropfen, —
Und Du trittst hin, und wirfst in das Getose
Die Blume einer That, so zart, so edel,
Daß ihren Werth ein feiner Sinn nur faßt.
Was kann sie anders bringen als Verderben?
— Du bist geopfert — und die Deinen sind's!

BUZOT. Noch nicht! noch steh'n wir aufrecht, noch umrauscht
Mit weicher Schwinge Siegesahnung uns
Die heiße Stirn…

MARIE.   Nun dann! dann ist… Doch nein —
Du täuschest mich. — Sei wahr mit mir, Buzot! —
Du glaubst nicht an den Sieg.

BUZOT.   Ich ring' um ihn.

MARIE. O Himmel! — mit Verzweiflung in der Brust! —
Ihr alle kämpft wie Männer nicht, die siegen,

Ihr kämpft wie Märtirer, die sterben wollen.
(Plötzlich vor ihn hintretend.) Ich weiß, Du suchst den Tod!

BUZOT.   Er sucht wohl mich.

MARIE. Buzot! —

BUZOT.   — Leb' wohl, Marie!

MARIE.   Verweile! — höre! —
Nicht freventlich vermessen stürze Dich
In die Gefahr! — Besteh' sie, wenn sie naht,
Doch ruf' sie nicht herbei! …

ROLAND *(Mariens Hand erfassend)*. Du glühst — erbleichst —
Du bist bewegt wie ich Dich nie gesehn…

MARIE. Ich leide! leide! —

BUZOT.   Gnäd'ger Gott! um mich? —
Hat sich Dein Sinn geändert? — Sprich es aus —
In dieser Stunde und vor diesem Mann!

MARIE. Mein Sinn geändert?
(Für sich, dumpf.) Ach, zu sehr! — zu sehr! *(Laut.)*
Mein Sinn geändert? … Nein! — verlass' mich — geh'! —
(Flehend.)
Doch nicht zum Tode! — Hörst Du? — Nicht zum Tod! —

BUZOT. Dies ist ein Weg wie ins Gewühl der Schlacht,
Und nicht bei mir, beim Höchsten steht das Ende.
— Wenn ich vor Nacht nicht wiederkehre, flieht!
Lenkt Euren Schritt nach Caen. Dies Blatt, Roland,
Führt Dich ein bei den Meinen. Nimm Dein Kind,
(Mit einem schmerzlichen Blick auf Marie) Dein Weib, und flieh'.

ROLAND.   Ich fliehe nicht. Ich habe
Rechtfertigung begehrt, und ich muß bleiben
Bis sie mir ward, die volle, glänzende.
Die Republik ist mir die Ehre schuldig,
Ich weiche nicht, eh' diese Schuld bezahlt.

BUZOT. Heil Dir und uns, treibst Du die Ford'rung ein;
Ich will die Schuldner mahnen. Lebe wohl. *(Rasch ab.)*

Sechster Auftritt.

(Roland. Marie.)

MARIE *(die eine Bewegung macht, als wollte sie Buzot folgen, bleibt stehen, regungslos, in stummen Schmerz versunken. Nach einer Weile mit mächtigem Entschluß).*
Roland, wir müssen fort.

ROLAND.   Wir müssen bleiben!
Zur Flucht treibt Schuldbewußtsein oder Furcht,
Ich hab' ein rein Gewissen, und — kann sterben.

MARIE. Auch ich kann sterben! Was hinweg mich treibt
Ist schlimmere Gefahr, als die des Todes...
Ich bin verloren, wenn ich bleibe — *Dir*
Verloren!

ROLAND.   Weib! ... Versteh' ich dich...?
(Tritt einige Schritte zurück. Die Knie versagen ihm, er setzt sich auf den Stuhl am Schreibtische. Sein Auge fällt auf das Zeitungsblatt, welches Marie dahin gelegt, er schiebt es verächtlich von sich.)   Hier steht
Ich sei ein arg und schnöd betrog'ner Gatte.

MARIE. Ich schwöre Dir...

ROLAND.   Halt ein! was willst Du thun?
Mir schwören — mir — daß Du nicht schuldig bist? —
Geh' hin und schwör's Hébert — dem ersten Besten
Auf off'ner Straße schwör's — nicht mir!

MARIE.   — Roland! ...

ROLAND. Blieb Tugend je von Lästerung verschont?
Ward Tugend je durch Lästerung erniedrigt?
Macht die Verläumdung Edles minder edel?

MARIE. Die stark sich fühlen, mögen ihrer spotten.
Ich bin ein schwaches Weib wie alle andern,
Vom großen Troß durch Eins nur unterschieden,
Durch Ekel vor der heuchlerischen Lüge! —
Und so mit offnem Freimuth denn gesteh' ich:
Verbrecherische Neigung hegt dies Herz —
Ein Anderer gewann's... An Dich knüpft mich
Die Pflicht — zu Ihm treibt allgewalt'ge Liebe.

ROLAND. Du sagst das Herbe — in der herbsten Art.

MARIE. Wenn es Dir herbe ist, so mach' ein Ende,
Sieh nicht mit ruh'gem Auge meine Qual! —
Reich mir die Hände — nimm mich an Dein Herz —
Verbirg mich vor der Nähe, die ich fürchte! —
Laß uns entflieh'n, Roland! — weit weg von hier! —
Die stündliche Gefahr, die ihn umdroht,
Macht mir ihn allzu theuer… O mein Gatte! …
Ich fühle, daß ich schuldig werden könnte…
(Fällt ihm zu Füßen).
Erbarme Dich! — führ' mich hinweg — hinweg!

ROLAND. Hier auszuharren, Kind, verlangt die Ehre.
Kämpf' Deinen Kampf! — ich kann Dir's nicht ersparen —
Ich kann nur Eins — ich kann dir sagen, Tochter:
Wenn allzuschwer der Pflichten Last Dich drückt,
Die Deine Jugend an mein Alter binden,
Das Leben Dir an andern Mannes Seite
Verheißungsvoller, würd'ger, schöner winkt,
So mach' Dich los von mir — ich geb' Dich frei. —

MARIE. Mein Freund! — mein Herr! — —

ROLAND. Dein Freund? Ja wohl! … Dein Herr?
O nein! — Hab' ich als Dien'rin Dich gehalten?
Warst Du mir nicht durch zehn beglückte Jahre
Noch mehr als Gattin — warst mir Freundin nicht?
Und Tochter, Schwester, Rath und Trost und Freude? —
Du warst mir Alles — und was war ich Dir? — —
Der Dürftige, den Du beschenken konntest —
Der Greis, um dessen Stirne Deine Jugend
Den Abglanz ihres eig'nen Glanzes wob —
Der oft Verdrossene, an dem Geduld
Du übtest — —

MARIE. Lieber! o nicht so — nicht so! — —

ROLAND. Der kalte Mann, den Deine Glut erwärmte —
Der Finst're, dessen Ernst Du oft zerstreutest —
Das war ich Dir! Dein Leben mit Roland
Gebrachter Opfer eine Kette nur…

MARIE. Mir bricht das Herz — o schweige — schweig, Roland!...

ROLAND. So lange Dich's beglückte, sie zu bringen,
Nahm ich sie an — und durfte wohl es thun.
Jetzt aber, wo zur Qual das Opfer wird,

Jetzt aber, wo zum ersten Mal die Liebe
Mit ihrem Zauber Deinen Sinn umstrickt,
Wo Deine Jugend ihre Rechte fordert,
Wo müde Du, den Müden zu geleiten
Den Pfad entlang, der schon sich abwärts neigt,
Und Dich's verlangt, dem Hochanstrebenden,
Voran zu schreiten auf dem Weg zum Ruhm,
Jetzt ziemt mir's nicht, an Pflichten Dich zu mahnen,
An ein Versprechen — an ein trocknes Wort! —
Jetzt ziemt es mir, die Hände Dir zu reichen,
Und dankend noch… *(Hält inne, von Rührung übermannt.)*
        Genug… Wir wollen scheiden! —

MARIE. Nein, niemals! — nie! …

ROLAND.   Für Dich spricht das Gesetz;
Nicht mehr untrennlich sind der Ehe Bande.
Du selber wünschtest ihre Lösbarkeit.
Was Andern Du erringen halfst, Du hast
Es miterrungen —

MARIE.   Das — das wollt' ich nicht! …

ROLAND. Von mir besorge keinen Laut des Vorwurfs —
Ich werde in der Abschiedsstunde noch
Dich segnen, segnen — aus des Herzens Fülle!
Und kommt von Dir mir frohe Kunde zu,
Mich freuend Deines neugewonn'nen Glücks,
Des Glück's gedenken, das Du einst mir gabst. *(Will sich erheben.)*

MARIE. O bleibe! — bleib', Roland — es ist vorbei! —
Die bösen Geister alle sind gebannt —
Ich bin Dein treues Weib — ich bin es wieder,
Die Deine ganz und gar so lang ich athme!

ROLAND. Bedenke was Du thust!

MARIE.   Ich denke, Freund,
Ich denke recht zu thun! — Kennst Du mich nicht?
Ich kann nur leben, wenn ich redlich lebe —
Im Frieden nur mit dem Gewissen leben.
Wir bleiben? — gut! — und was in mir auch kämpfe —
Ich bin gefeit — ich trotze der Gefahr! …

Dritter Aufzug

(Im Convent. Saal der Petitionnaire. Wachen an den Thüren.)

Erster Auftritt.

(Lacroix und Legendre aus dem Saale kommend.)

LEGENDRE. Die Gironde wehrt sich gut; ich hätte nicht geglaubt, daß die Staatsmänner noch so viel Athem in den Lungen hätten.

LACROIX. Laß sie schwatzen, sie haben von jeher nichts Anderes gethan. *(Wüthendes Geschrei und Lärm auf der Gasse.)* Mit den Rednern, die ihnen Danton entgegenstellt — hörst Du sie? — werden ihre Buzot's und Vergniaud's doch nicht fertig.

DANTON *(aus dem Saale; zu einem Huissier, der durch die Mitte athemlos hereinstürzt).* Huissier! Was bedeutet dieser Lärm?

HUISSIER. Sechshundert Petitionnaire stürmen heran — sie verlangen Eintritt in den Convent, sie verlangen die Freilassung Hébert's — sie verlangen...

DANTON. Verlangen! verlangen! verlangen!

HUISSIER. Sie brechen ein, wenn man die Pforten länger verschlossen hält — man kann ihnen den Einlaß nicht verweigern.

DANTON. Man kann nicht? — gut! — dann bitte man sie herein. *(Huissier ab.)*

LEGENDRE. Was soll daraus werden?

DANTON. Ein Platzregen über die Gironde. Die Petitionnaire werden sie überschreien, Hébert wird freigelassen werden, der Zwölferausschuß abgesetzt.

LACROIX. Ja! auf die Stufen der Guillotine! *(Mit Legendre in den Saal zurück.)*

(Schrecklicher Tumult, der bald steigend, bald abnehmend, bis zu Lacroix' Wiederauftreten fortdauert.)

ROBESPIERRE *(kommt).* Sechshundert Petitionnaire haben auf den Bänken der Deputirten Platz genommen, und stimmen mit.

DANTON. Entsetzlich! welcher Unfug!

ROBESPIERRE. Weh' über Diejenigen, die das tugendhafte Volk zu solchen Ausschreitungen verleiten.

DANTON. Was willst Du, Robespierre? *(Ihn parodirend.)* Die Tugend muß durch den Schrecken herrschen.

ROBESPIERRE. Aber der Schrecken darf nicht planlos walten.

DANTON. Ein System! Ein System für den Schrecken!

ROBESPIERRE. Die Revolution muß aufhören, und die Republik muß anfangen. Das Volk...

DANTON *(verbessernd)*. Das tugendhafte Volk.

ROBESPIERRE. Das Volk darf sich nicht selber aufreiben, und das zerrissene Reich nicht wieder die Beute seiner Tyrannen werden. Oder ist das die Absicht Derjenigen, welche die Insurrection begünstigen? Wollen sie das Vaterland geschwächt sehen, wie sie selbst durch ihre Ausschweifungen geschwächt sind?

(Danton lacht laut auf.)

ROBESPIERRE. Ihre Ausschweifungen und Laster! Diejenigen, die ich meine, haben in diesen Punkten die Erbschaft der Aristokraten angetreten. Aber das Laster muß bestraft werden, wo immer es sich finde.

DANTON. Es findet sich aber nicht. Es wird bald kein's mehr geben. Das Laster kommt nicht vor in Robespierre's großer Rechnung: „Die philosophische Republik".

LACROIX *(kommt zurück)*. Die Petitionnaire haben gesiegt.

DANTON. Ist das möglich?

LACROIX. Sie verlassen den Saal, um ihren Hébert aus dem Gefängnis zu holen.

MARAT *(kommt aus dem Saale, gegen denselben sprechend)*. Tobt! — rast! — Brüllend zerreißt der Löwe seine Beute. — Tobt! — rast! — und: Tödtet! tödtet! tödtet! *(Zu den Anwesenden.)* Hébert's Triumph muß zur Niederlage der Girondisten werden — sie müssen —

DANTON. Abdiciren.

MARAT. Das Leben! Es ist Zeit, daß die Sense der Gleichheit alle Häupter niedermähe, die sich über die andern erheben gewollt.

DANTON. In diesem Falle: weh' jedem zweiten Mann! — Wir sind eine ehrgeizige Nation.

MARAT. Es ist Zeit, nicht mehr jeden Kopf, der fällt, zu zählen, — die Guillotine feiert, Frankreich dürstet nach Blut.

DANTON *(sich abwendend, für sich)*. Das Scheusal! — Mir graut vor diesem Menschen!

ROBESPIERRE. Frankreich dürstet nicht nach Blut, es dürstet nach Gerechtigkeit. *(Zwischen den Zähnen.)* Gemeiner Schurke!

MARAT *(ebenso)*. Elender Heuchler!

Zweiter Auftritt.

(Vorige. Vergniaud und Buzot aus dem Saale.)

BUZOT *(die Anwesenden erblickend, zu Vergniaud)*. Ich wollte ein wenig freie Luft schöpfen, aber die Atmosphäre ist auch hier verpestet.

(Danton geht auf die Eingetretenen zu; Robespierre und Marat wenden sich ab, aber jeder nach einer andern Seite.)

DANTON *(zu Vergniaud und Buzot)*. Ihr müßt Euch dem Frieden der Republik opfern. Legt Eure Mandate nieder, wie schon Roland gethan.

VERGNIAUD. Sprichst Du im Namen unserer Wähler? Ich zweifle. Wir behalten unsere Mandate. *(Stark.)* Was unsere Köpfe betrifft, Danton, diese legen wir der Republik zu Füßen, wenn sie ihrer bedarf. — Unsern Mördern bieten wir sie nicht.

DANTON. Immer dieselben! — Immer heißblütig und enthusiastisch wie die Frau, die Euch inspirirt. Warum wählt Ihr keinen Mann zu Eurem Führer? Diese Frau richtet Euch zu Grunde — sie ist die Circe der Revolution.

BUZOT. Einen Mann zu unserm Führer? Das heißt — Danton?

DANTON. Heut' noch wird der Ausschuß der Zwölf abdanken; er kann nichts Anderes thun. Der Augenblick, der Hébert befreite, hat den Abgrund unter seinen Füßen aufgerissen. Hütet Euch, daß Ihr darin nicht mit begraben werdet!

BUZOT. Vergießt unser Blut! — Das meine wallt vor Entzücken auf, bedenk' ich, daß es kommen wird über Eure Häupter! Zurück zum Kampfplatz, Vergniaud! *(Buzot und Vergniaud zurück in den Saal.)*

MARAT *(zu Danton)*. Was sagten sie?

DANTON. Ich weiß nicht mehr. Doch ja! jetzt besinn ich mich. — Sie sagten, Marat sei ein großer Mann; die Hoffnung der Republik — der Todten... ein Philanthrop, der die hungernde

Nation mit Leichen füttert. Sie sagten, Robespierre sei die Tugend im blauen Frack mit immer blanken Knöpfen, das Dogma der Revolution, ihr Blutmessias.

ROBESPIERRE. Sagten sie? — Ich wollte, ich wäre der Mann, der Frankreich erlöst. — Aber die Ideen tödten ihre Apostel. Ich werde von dem Feuer der meinen verzehrt — verzehrt von dem Fieber des Patriotismus.

MARAT *(sieht ihn verächtlich an).* Dich tödtet dieses Fieber? Beim Gekreuzigten, vor dem ich mich im Staube niederwerfe: mich erhält's lebendig... Die Maschine dieses Leibes ist zerrüttet in jedem Nerv und Glied, aber sie darf nicht stocken bevor mein Werk gethan.

DANTON. Wir kennen es, Dein Werk; 's ist groß wie Du. Es wird geendet sein, wenn das Haupt des letzten — Glücklichen von der Guillotine rollt. Nicht wahr, Marat? „Vernichtung Allen, die das Elend nie gekannt, die nicht geweint, nicht gehungert, nicht geblutet unter der Geißel der Noth..."

MARAT. Vernichtung! nieder mit ihnen!

DANTON. Empor die Bettelhaftigkeit, der Jammer besteigt den Thron der Erde! Empor, empor zur Herrschaft, was sich jetzt in der Gosse wälzt, in Lumpen hüllt und — mit den Fingern schneuzt!

MARAT. Gerechtigkeit, barmherziger Robespierre? — Zu wenig! die Mißhandelten wollen Rache! Rache ist Gerechtigkeit! — Ich fordere zweihundert Köpfe heut', und vierhundert morgen... Auf die Tribüne, Danton! — Ich kann nicht mehr auf der Tribüne sprechen, meine Stimme ist gebrochen.

DANTON. Was liegt daran? Deine Feder hat tausend Stimmen.

MARAT. Auf die Tribüne, Danton! ... Danton! — einmal schon begehrte ich die Dictatur für Dich: — willst Du sie, Danton?

DANTON. Die Dictatur? ... ganz recht: Du trugst sie ja in der Tasche. Wie schade, daß Deine Tasche Löcher hat!

MARAT. Willst Du die Dictatur, Danton? Willst Du den Armen und Unterdrückten zum Führer dienen?

ROBESPIERRE. Der Gebieter der Welt ist die Menschheit, ihr einziger Gesetzgeber die Natur. Frankreich will keinen andern Herrn.

MARAT. Von einem Führer sprach ich, nicht von einem Herrn. Herr wird Keiner mehr über uns. Der Narr, der meint den Cromwell spielen zu können, er hüthe sich! Das Volk und ich — wir wachen. *(Marat zurück in den Saal, wo er mit lautem Jubel empfangen wird.)*

ROBESPIERRE *(nach kurzer Pause).* Sein Eifer reißt ihn hin.

DANTON. Sehr weit, und doch — nicht weit genug.

ROBESPIERRE. Vielleicht.

DANTON. Wir geh'n weiter, Robespierre und ich. Er führt nur Krieg mit seinen Feinden, — wir führen ihn sogar mit uns'ren Freunden. Die Girondisten waren uns're Freunde.

ROBESPIERRE. Und wären sie meine Kinder! — ich werfe sie zu den Todten. Sie wollen ein Maß für die Freiheit: die Freiheit hat keines. Unendlich muß sie sein, oder sie ist nicht. Keine Schonung für die Widersacher der Freiheit! *(Er folgt Marat.)*

DANTON. So spricht ihr Apostel! der sich aus Tugend zum niedrigsten Amt in ihrem Reiche bequemt, zum — Henkersamte! — — Wen ziehst Du vor, Robespierre oder Marat? Das Gespenst oder den Tiger? — Der Eine streicht seine Gegner so gleichgültig aus dem Buche des Lebens, wie Worte, die ihm nicht passen, aus einem geschriebenen Satze. Der Andere zerfleischte, die er haßt, am liebsten mit seinen Zähnen. Wen ziehst Du vor — das leidenschaftslose Gespenst, oder die leidenschaftliche Bestie?

LACROIX. Deine Abneigung gibt sich zu deutlich kund. Hab' Acht, Danton! Auch Du bist nicht unverwundbar. Man hat ungeheure Popularitäten wie die Deine sinken geseh'n.

DANTON. Wer besaß jemals eine Popularität, der meinen vergleichbar? Was beginnt Ihr ohne mich? Ich bin Euch Sporn und Zügel. Hier sind zwei Köpfe, der eine, um die Revolution zu machen, der andere, um sie zu regieren! — — Geht nur voran, Ihr alle. Man muß die Factionen sich aufreiben lassen. Die Revolutionen haben ihre Erschöpfungen, auch die unsere wird bei diesem Punkte ankommen. Dort erwarte ich Euch! — *(Ab in den Saal, wo er mit lange andauerndem Applaus empfangen wird.)*

Dritter Auftritt.

(Lacroix. Wachen. Marie Roland.)

MARIE *(außerhalb der Scene).* Laßt mich — weist mich nicht ab.

ERSTE WACHE.   Man tritt nicht ein.

MARIE. Ich bringe Botschaft für den Präsidenten...
Weist mich nicht ab. Ihr würdet es bereuen.

ERSTE WACHE *(zur zweiten).* Was soll ich thun?

ZWEITE WACHE.   Nun, wenn sie Botschaft bringt,
So laß' sie ein.

ERSTE WACHE. Kommt denn und wartet hier.

(Marie tritt ein, in einen schwarzen Schal gehüllt, verschleiert.)

LACROIX. Wer ist das? — Ei, wär's möglich, schöne Frau?

MARIE. Der Freund Danton's, der Erste, den ich treffe?
Ein böses Omen.

LACROIX.   Eine Römerin,
Vermuth' ich, kehrte um.

MARIE.   Verzweiflung sucht
In jedem Feind den Retter — wählt nicht lang; —
Sie spricht zum Wettersturm: „Erbarme Dich!"
Und zu Lacroix: „Thu' eine gute That!"

LACROIX. Womit kann ich Euch dienen?

MARIE.   Diesen Brief
Legt in die Hände Eures Präsidenten. —
Ich ford're dringend und sogleich Gehör!

LACROIX. Gehör? und hier? — und im Convent? — Ihr wollt? ...

MARIE. Im off'nen Saal, vor allem Volke klagen,
Den neuen Frevel, welchen Ihr vollbracht.

LACROIX. Den neuen Frevel? Ich versteh' Euch nicht.

MARIE *(mit verändertem Tone, kurz und scharf).*
Bedroht im eig'nen Hause wird Roland —
Der Wohlfahrtsausschuß sandte seine Knechte —
Sie kamen, um gefangen ihn zu nehmen.
Roland erklärt, nur der Gewalt zu weichen,
Und noch besinnen sich die Schergen... Noch? ...
O weiß ich denn, ob's nicht bereits geschah,
Dieweil ich hergeeilt, dieweil ich rede!

LACROIX. Beruhigt Euch.

MARIE.   Ihr spottet! ...
(Gebieterisch.)   Schafft mir Einlaß!
Indessen ich hier steh', verfliegt die Zeit,
Schwerwiegende Minuten — Ewigkeiten! ...

LACROIX. Ihr wollt im Ernste im Convente sprechen?

MARIE. Im Ernste? — Himmel, gibt's noch einen Scherz?!

LACROIX. Ihr fürchtet nicht — —

MARIE.   Ich fürchte nichts auf Erden.

LACROIX *(in ihren Anblick versunken).*
Wohlan! — es sei denn — schöne — schöne Frau.

MARIE. Habt Dank und geht.

LACROIX.   Habt Dank und — bleibt, kläng' besser.

MARIE. Ich bitt' Euch, geht! und kann es sein, so schickt
Der Freunde einen mir.

LACROIX.   Ha ha, Buzot!

MARIE *(mit mühsam unterdrücktem Zorn).* Schickt Vergniaud.

LACROIX.   Ich käme lieber selbst,
Euch der Erwartung Stunde zu vertreiben.

MARIE.
Thut's nicht! — Euch wär's nicht Freude — mir wär's Qual.

LACROIX. Ihr sprecht sehr klar. Doch will ich nicht verzweifeln.
Ich geh'... *(Marie macht ein freudig fortdrängendes Zeichen).*
          Gemach! — ich geh' und frag' Buzot,
Und Barbaroux, Louvet und Ein'ge andre —
Wie lang Ihr pflegt gewöhnlich, stolz zu sein,
Bevor Ihr gütig werdet.

MARIE *(halblaut).* Elender!

LACROIX. Ihr Ausspruch wird mich wohl nicht ganz entmuth'gen
Wie dieser Blick es soll?

MARIE.   Gebt meinen Brief!

LACROIX. O nein! — ich will Dir dienen treu — vortrefflich —
Ich ring' um Deine Freundschaft, wie sie's nennen: —
Soll sie mir unerreichbar sein? — Nicht doch!
Ein großes freies Herz, wie Dein's, gönnt Raum
Den Girondisten und dem Jacobiner! *(Er geht in den Saal.)*

MARIE. Das ist Dein Werk, Hébert! das dank' ich Dir!
So sieht mich, der durch Deine Augen sieht! —
Und ich wollt' mich dem Blick der Menge zeigen,
Beschimpft, verhöhnt wie ich es bin, mich zeigen? ...
Ist denn die Scham erstorben ganz in mir?
— Hinweg! — das Licht thut weh — o wär' es Nacht,

Und menschenleer die Welt! ... *(Will fort, an der Thür angelangt*
bleibt sie stehen.) Was will ich thun?
Beim ersten Schritt mich feige rückwärts wenden,
Weil ich ausschreitend eine Schlange trat? —
Hinab, empörter Stolz! gekränkte Würde! —
Ausharren gilt's in ungebeugter Kraft. —
Und wenn ich auch Roland nicht retten kann,
So werd' ich jene Lügner dort entlarven!
In diesem Haus des Trug's, der Heuchelei,
Soll einmal laut der Wahrheit Schrei ertönen!

(Ein Huissier, der sie die Zeit über mit Theilnahme betrachtet
hat, setzt ihr einen Stuhl.)

HUISSIER. Ihr werdet wohl noch lange warten müssen.
Setzt Euch.

MARIE.   Ich danke Dir.

ZWEITER HUISSIER *(leise zum ersten)*. Was fällt Dir ein?
Sprich nicht mit ihr — es ist das Weib Roland.

ERSTER HUISSIER *(erschrocken)*. Das Weib Roland?

ZWEITER HUISSIER.   Willst Du für einen Freund
Der Girondisten gelten?

ERSTER HUISSIER. Da sei Gott... *(sich verbessernd.)*
Will sagen: Sei der Teufel vor!

(Ungeheurer Tumult erhebt sich im Saale; die Thüre wird
aufgerissen. Marat, Legendre, eine große Anzahl Deputirter
treten herein, unter wildem Geschrei:)
Die Zwölfe auf's Schafott! — Hoch! hoch Marat!

MARAT. Die Zwölfe heut' und morgen die Gironde!

ALLE. Und morgen die Gironde!
(Alle Deputirten ab, durcheinander rufend). Es lebe das Volk!
Tod jeder Tyrannei! Hoch Marat! — Hoch die Republik!

MARIE *(die sich während des Vorhergehenden in den*
Hintergrund gedrängt,vortretend).
Und morgen die Gironde? — und morgen Ihr!
Wenn noch zum Hohn das Recht nicht ward auf Erden.

(Danton und Lacroix erscheinen an der Thüre des Saales.)

LACROIX *(zu Danton, auf Marie zeigend).* Sie wartet noch.

DANTON. Laß mich mit ihr allein.

(Lacroix gibt den Huissiers ein Zeichen; sie treten mit ihm in den Saal.)

Vierter Auftritt.

(Danton, Marie.)

DANTON. Gegrüßt, Marie Roland!

MARIE *(sich umsehend, mit einem halb unterdrückten Schrei).*
Er selbst — Danton!

DANTON. Ihr flieht vor ihm? Ihr fürchtet ihn wohl gar?

MARIE *(sieht ihm ins Gesicht).*
Du irrst, Danton — ich fürcht' Dich nicht.

DANTON. Ihr haßt
Mich nur.

MARIE. So ist es.

DANTON. Meine Häßlichkeit
Macht diesen Haß begreiflich. Doch läßt er
Sich überwinden: — mancher Frau gelang's.
Wir sollten Frieden schließen.

MARIE. Frieden — wir?

DANTON. Ich biet' ein Unterpfand: Roland ist frei.

MARIE *(aufathmend).* Ist frei! — und ist's — durch wen?

DANTON. Soll ich mich loben?

MARIE. Ich dank' Euch ungern — dennoch dank' ich Euch.

DANTON. Nun seht! es gilt ja nur sich überwinden.
Ihr habt's gethan aus Liebe zu dem Gatten;
Wie wär's, wenn Ihr's noch einmal unternähmt,
Aus Liebe zu dem allgemeinen Besten?

MARIE. Das Du vertrittst?

DANTON.   Das gerne ich verträte.

MARIE. O frevler Hohn! — Das allgemeine Beste,
Vertreten durch Danton? —

DANTON.   Durch einen Mann,
Zum mindesten! ... Kein Weib und keinen Träumer,
Durch keinen Wollenden und Hoffenden,
Nein, endlich einmal einen Könnenden!
Den stärksten Sohn der unerhörten Zeit,
Der, mündig worden, seine Mutter bändigt.

MARIE. Sie bändigt, sagst Du? — Sag: entwürdigt, schändet!
Auf ihre Stirn das Siegel drückt der Schmach, —
Dem Fluche preisgibt, die gesegnet war,
Blutrünstig durch den Koth der Erde schleift,
Die hoch und hehr vor allen Andern prangte.
O welch' ein Sieg! Ein Ungeheuer — nein!
Ein Mann, ein Held errang ihn im September! ...

DANTON. September! — gesprochen ist das Wort. —
Es drückte schwer. — Fühlt sich Dein Herz entlastet?
September und Danton — die zwei Begriffe,
Sind Einer für das Hirn der Girondisten. *(Nach einer Pause.)*
Was wälzt Ihr alle Schuld auf mich allein?
Rief ich zum Morden? hab' ich's hindern können?

MARIE. Verläugnest Du Dein Werk und Dich in ihm?

DANTON. Verläugnen? ... Du hast Recht; nun, sei's darum: —
Es war mein Werk. Ich dachte das Verbrechen,
Erwog's in meinem Sinne und — beging's! —
Wollt Ihr allewig nun darüber rechten?
Kennt Ihr von mir nur diese eine That?
Die dunkle hat so manche lichte Brüder;
Seh'n diese Eure scharfen Augen nicht?
— Gerechtigkeit! Ihr Richter stets bereit.

MARIE. Erzittere vor ihr! — begehr' sie nicht! —

DANTON. Sie nennen Dich: die Königin Roland;
Du bist's fürwahr — Dir unterthänig sind
Die Herzen Vieler —: übe Deine Macht,
Zum Heil und Siege Jener, die Dir dienen.
Du siehst, wohin der Kampf mit mir sie führt,
Und wohin mich Eure Verachtung treibt. —
Ihr steht am Abgrund — ich im Bündniß mit
Marat und Robespierre.

MARIE.   Durch Deine Wahl!

DANTON *(ohne ihren Einwurf zu beachten)*.
Ihr habt geträumt: — erwacht! — schließt Euch an mich! —
Ich bringe was Euch fehlt: die Kraft! Ein Volk
Läßt von der Rednerbühne aus sich nicht,
Wie Ihr geglaubt, regieren. Geister, Denker,
Sie üben nicht, sie leiten die Gewalt.
Berathen mögen tausend Köpfe, handeln
Kann doch nur Eine Hand. Ihr braucht die Hand,
Die einen Zaum anlegt dem rohen Pöbel,
Die dem Convente eine Richtung gibt,
Der Nation den siegenden Impuls,
Ergreift sie denn!

MARIE *(mit Abscheu)*. Die Deine? Mörder!

DANTON.   Thut's!
Ich steh' Euch näher als den Jacobinern,
Marat entwürdigt meine Politik,
Und Robespierre raubt mir des Volkes Liebe...
Noch bin ich stärker, ich allein als sie,
Doch kommt der Tag, wo sie mich überflügeln —
Ich kenne Schranken und sie kennen keine. — *(Ihr näher tretend.)*
Schließt Euch an mich, und Frankreich ist gerettet: —
Die Redlichkeit bringt Ihr, und ich die Stärke,
Ein kräftig Kind wird diesem Bund entspringen,
Das Gesetz! und unter seiner festen Herrschaft,
Ein neuer Staat auf stolzen Säulen steh'n!

MARIE *(sieht ihn mit einem langen Blicke zweifelnd an)*.
Vermöchte ich in Deiner Brust zu lesen!

DANTON. Du bist ein Weib — und liebst... Willst Du ihn seh'n,
Der Deinen Untergang? Roland — Buzot —
Die Freunde all', geschleppt vor feile Richter, —
Verhöhnt, beleidigt, schonungslos verlästert,
In jeglichem Gefühl verletzt, — gepeinigt
In jedem Sinn! bis endlich stumpf gemartert
Die Schatten Derer, die sie einst gewesen,
Den Henkerskarren schwanken Tritts besteigen
Und durch die Reih'n, die jubelnden, des Volks —

MARIE. Das schwör' ich Dir, *so* werden sie nicht sterben!

DANTON. Nie lauter jauchzt der Troß, als wenn die stürzen,
Mit denen er Abgötterei getrieben,

Und Keinem speit er lieber ins Gesicht
Als dem Idol, vor dem er Weihrauch brannte. —
O warne, die Du liebst! Dein Muth ist groß:
Du selbst, ich weiß, Du stürbest ungebeugt,
Doch sterben seh'n ist gräßlicher als sterben,
Wenn unser Glück erlischt mit jenem Leben,
Das scheidend dort, nur mehr ein kleiner Funke,
Auf der Getreuen bleichem Antlitz irrt.
Und jetzt — o einen Blick nur! — einen noch! —
Das Heil der Erde gäbst Du hin für ihn...
— Vorbei! — ein Schritt — es beugt sich Knie und Nacken —
Aufgällt ein Schrei — es sinkt das blanke Beil,
Und der Geliebten Auge bricht im Korb...

MARIE. Komm' mit Danton — komm' mit mir zu Roland —
Sprich zu den Meinen, wie zu mir Du sprachst;
Vielleicht vermag — und füge es ein Gott! —
Dein Wort die Redlichen Dir zu versöhnen.

DANTON. Wenn Du es willst, so sind sie mir versöhnt;
Und leichter wahrlich ist's an mich zu glauben,
Und meine Kraft, als an die wilde Posse
Der Revolution, die wie Saturn
Die eig'nen Kinder, ihre — Narren, frißt.
Ihr nahmt sie ernst, und das war Euer Irrthum,
Ihr saht in ihr den heiligen Altar,
Auf dem der Mensch zum Gotte sich verwandelt,
Und sie ist nur die Stufe, die man — tritt,
Sie hebt empor, allein sie steigt nicht mit.

MARIE. Danton!?

DANTON.   Die Freiheit freien Geistern! Knechtschaft,
Allewig Knechtschaft dem gemeinen Troß,
Der auch allewig bleiben wird — gemein.
Wir aber — wir...

MARIE.   Genug! ... Die Maske fiel —
Du stehst vor mir, wie ich Dich immer sah,
Und meine Seele schaudert vor dem Anblick! ...
— Du glaubst an eine schön're Zukunft nicht?
Du glaubst es nicht, daß dieses arme Volk
Das jetzt so gräßlich irrt, Besinnung finden,
Erwachen wird aus seinem Wahnsinnstaumel,
Und besser, stärker sich erheben wird
Aus diesem Kampf, in dem trotz aller Gräuel,

Vor denen wir das Angesicht verhüllen,
Trotz allem Unrecht, aller Schuld, dies Volk
Doch um der Menschheit höchste Güter ringt...

DANTON. O Thörin! Schwärmerin!

MARIE.   Das glaubst Du nicht?
Du glaubst nicht an das Volk und kniest vor ihm?
Du glaubst nicht an das Volk und siegst durch's Volk?
— Nun sieh! wir unterliegen ihm und lieben's!
Wir fallen, — unser Glaube steht!

DANTON.   Noch heut'.
Er wird erst wanken auf der Guillotine.
Dahin führt Euer Weg.

MARIE.   Wir geh'n ihn freudiger,
Was Du auch sagst, und wie Du Dich betrügst,
Als Du den Deinen gehst — zur Dictatur! ... *(Sie will gehen.)*

DANTON *(ergreift ihre Hand und zwingt sie stehen zu bleiben).*
Halt da! Wir sind zu Ende nicht, wir beide!
Du wirst von mir nicht scheiden, wie Du kamst,
Im siegenden Bewußtsein Deines Rechts,
Mit dieser Stirne und mit diesem Blick! ...
Es gibt ein Wort, das sie zerfließen macht,
All' Deine Herrlichkeit. — Vernimm's!
— Ich sag' Dir — ich! der gräßliche Danton —
Er hält um nichts Dich besser als Du ihn,
Und hat dazu ein unbestreitbar Recht!

    (Marie bleibt sprachlos, und starrt ihm ins Gesicht.)

DANTON. Wir sind von Einem Standpunkt ausgeschritten,
Wir wandern einen und denselben Pfad,
Und Deine Spur wie meine raucht von Blut!
Die Opfer des September fielen mir,
Den Mord des Königs, der vollzogen ward,
Den Mord der Kön'gin, der vollzogen wird,
Nimm sie auf Deine Seele!

MARIE.   Oh!

DANTON.   Den Fall
Der Girondisten, wer rief ihn herbei?
— Diejenige, die in den Kampf sie trieb,
Und doch gewußt, und doch es wissen mußte:
Das sind nicht die gewaltigen Titanen

Mit Marmorherzen in der Brust von Erz,
Gemacht zu schreiten durch die blut'ge Zeit,
Noch furchtbarer, noch blutiger als sie,
Vor keiner Unthat schaudernd, doch den Sieg
Gefesselt schleppend an der Ferse Tritt!
— Das sind nur Träumer, tugendhafte Schäfer,
Die um die Freiheit buhlen mit — Gedichten.
Das kräft'ge Weib braucht kräftige Umarmung,
Und spottet der platonischen Verehrer.
Du schicktest wehrlos sie zur Werbung aus;
Sie boten ihre nackte Brust dem Sturm,
Und liegen nun zerschmettert auf dem Grund.
Zerschmettert — athmend noch — die Rettung naht
Und Du — Du stößest sie zurück, weil Dir
Verhaßt der Retter, der sie bringt!

MARIE.   Entsetzen!

DANTON. Das thut ein Weib, an Denen, die sie liebt,
Und dieses Weib erkühnt sich mich zu schmähen?
Mich zu verachten? — — Höll' und Tod! dies Weib
Ist meine ebenbürtige Genossin —

MARIE.   Hinweg! — hinweg! —

DANTON.   Hieher, Marie Roland!
Hier steht der Mann, zu welchem Du gehörst.
(Mit dreistem Hohne.) Der Haß ist oft nur mißverstand'ne Liebe,
Ich bin vielleicht Dir theurer als Du glaubst,
Wie Du mir ähnlicher als Du's gewußt.
Zu mir! zu mir! Wir beide fest verbunden,
Wir unterwerfen spielend uns die Erde! *(Er geht auf sie zu.)*

MARIE. Zurück!

DANTON.   Flöß' ich Dir Abscheu ein?

MARIE.   Du mir?
Den größten — ja! *(Tonlos.)* Und ich mir selber! ...

DANTON.   Abscheu?
— So schwer gebeugt und trotzdem ungebrochen?
So tief gesunken — ?

MARIE.   Noch nicht bis zu Dir! *(Dumpf vor sich hin.)*
Wenn auch entsetzlich — von so stolzer Höhe —
O welch' ein Fall! ... Weh' über mich! ... Mir schwindelt...
Was wollt' ich hier? ...

Verwirrt mein Sinn, umdüstert die Gedanken —
Das ist der Wahnsinn! ... *(Aufschreiend.)*
Retten wollt' ich — retten!
Es gibt noch Rettung, muß sie geben. — — Fort!
(Sie stürzt hinaus.)

DANTON. Verlorene, fahr' hin! — stürz' in's Verderben
Die Deinen und Dich selbst. — Ich geb' Euch auf:
Ihr wollt den Tod. Ihr konntet meine Flügel,
Jetzt aber müßt Ihr meine Brücke sein!

(Von der Straße herauf ertönt tausendstimmiger Ruf.)
Danton! Danton!
(Lacroix erscheint an der Thür des Sitzungssaales.)

LACROIX. Kommst Du, Danton? Die Deputirten alle
Verbrüdern mit dem Volke sich; es ruft
Nach Dir.

DANTON. Ich komme! *(Ab mit Lacroix.)*

(Robespierre kommt durch die Mitte, Huissiers folgen ihm.)

ROBESPIERRE.   Nicht mehr hier Danton?

HUISSIER. Nun eben fort; er weilte lang.

ROBESPIERRE.   Mit wem?

HUISSIER. Mit wem? — Ich glaube mit dem Weib Roland.

ROBESPIERRE. Mein guter Freund, Danton verräth das Volk.

HUISSIER. Ich sag' es ja; er hält's mit der Gironde.

ROBESPIERRE. Gebt Acht! gebt Acht auf seine nächste Rede.
(Er tritt an das Fenster, und blickt hinab, während das Geschrei auf der Straße fortdauert. Für sich.)
Sie lieben ihn zu sehr; er wird zu mächtig.
Die Republik braucht weder Herrn noch Götzen.

Vierter Aufzug

(Decoration des ersten Aufzugs. Im Hintergrunde ein einfach gedeckter Tisch. Lichter auf demselben und auf dem Camin.)

Erster Auftritt.

(Roland. Sofie.)

ROLAND. Nach dem Convente, sagst Du, eilte sie?

SOFIE. Und ihr, gewiß, verdankt Ihr Eure Freiheit.

ROLAND. Mein armes Weib!

SOFIE.   Wär sie nur schon daheim!
Mir bangt um sie, die schutzlos und allein...

(Pochen an der Hausthür.)

ROLAND. Sie ist's!

SOFIE.   O Gott sei Dank! *(Sie eilt ab.)*

ROLAND *(geht nach bis zur Thüre)*. Ist sie's? Marie?
Entsetzliche Erwartung! — — Laß sie mir!
Erbarme dich, erbarmungsloses Schicksal! *(Entmuthigt.)*
Das ist nicht ihre Stimme, nicht ihr Schritt.

Zweiter Auftritt.

(Der Vorige. Buzot.)

BUZOT. Roland allein?

ROLAND.   Du siehst.

(Aus weiter Ferne dumpfer Lärm, wie von wogenden Menschenmassen.)

BUZOT.   Hörst Du? hörst Du?

Bis hieher dringt, in Deine stille Wohnung
Das wogende Gebraus des Menschenmeers,
Das sturmbewegt, im Taumel wilder Lust
Durch alle Straßen flutet, gräßlicher
In seiner Freude als in seinem Zorn.

ROLAND. Was erweckte diesen Siegesrausch?

BUZOT. Die Zwölf sind abgesetzt und sind verhaftet,
Wir selbst als Hochverräther angeklagt.

ROLAND. Ein schwerer Schlag. Er finde uns gefaßt.

BUZOT. Gefaßt nur? O Du spottest! nur gefaßt? —
Erschöpft und muthlos liefert der Convent
Dem Volk die Opfer seines Wahnsinns aus,
Und wir, Roland, die Sieger von heut' morgens,
Vernichtet jetzt, und feig und jämmerlich,
Wir beugen uns dem neueren Erfolg,
Wir knieen vor der Tyrannei des Schreckens!

ROLAND. Was soll das heißen?

BUZOT.   Freund Roland! das heißt:
Als der empörte Pöbel dem Convent
Die kläglichen Beschlüsse abgetrotzt,
Die uns verderben und die Republik,
Zog die Versammlung aus dem Saal hinab
Zu dem Gesindel auf der Straße, ihm
Den — *Bruderkuß* zu geben! ... Freund Roland!
Und sie, die angeklagten Girondisten,
Die Deinen, Mann! die Unsern, die Genossen,
Sie schlossen sich dem Zuge an, o Himmel!
Zu werben um des Trosses Huld und Gunst!

ROLAND. Das kann nicht sein!

BUZOT.   Sie mischten ihre Stimmen
In das Geschrei der Hunderttausende,
Die jauchzend stürzen das Gesetz und Recht!

Dritter Auftritt.

(Die Vorigen. Vergniaud, Barbaroux, Louvet.)

BARBAROUX. O Schmach und Schande!

ROLAND.   Ist es wahr? ist's wahr?

BARBAROUX. Ich sah, mit diesen Augen sah ich sie
Dem Leichenzuge ihrer Ehre folgen!

BUZOT. Heut' wird ein Fest gefeiert sonder gleichen,
Es triumphirt ein Volk über sich selbst
In seinen Besten, seinen Edelsten!
In Lichterglanz gebadet ist die Stadt,
Die sich dem Reich der Finsterniß verschrieb;
Die Lüfte beben von dem Jubelschall
Der Freiheitshymne aus der Brust von Knechten;
Umringt von Fackelträgern feierlich
Wallt der Convent dahin im Siegerschritt,
Und preist den Tag, der seinen Ruhm begräbt!
Die Opfer selbst, die man zur Schlachtbank schleppt,
Sind von der Tollheitsseuche angesteckt,
Und jauchzen mit!

ROLAND.   Ach dieser Todesgang!
Ihm vorzuziehen wäre das Schaffot.

VERGNIAUD. Ihm vorzuziehen? — Wir hatten keine Wahl,
Und zwischen ihm und dem Schaffot gibt's keine;
Er führt dahin. Der zagende Convent
Gibt heute noch die zagende Gironde
Dem Heldenvolke preis. Was soll er thun?
Hat nicht Danton, der Triumvir, gegrollt?
Hat nicht Danton gesprochen: „Nehmt sie hin!"
Schlug jemals noch sein Donnerwort umsonst
Dem großen Troß ins aufgeregte Herz?
Schon ist die Stadt zum Feldlager verwandelt,
Schon zieht ein lustig Heer von Sansculottes
Bewaffnet mit Geschütz, mit Dolch und Flinte,
An allen Thoren, allen Brücken auf. —
Wenn man bedenkt, daß alles dies geschieht
Um zwei und zwanzig Männer zu bekriegen,
So harmlos, daß sie nie ein Schwert umgürtet,
Von so versöhnlicher Natur, daß sie

Dem Falle ihrer Brüder zugejauchzt,
Um sich die Gunst der Gegner zu erringen —
Dann kann man keck behaupten: diese Männer,
Sie sind so gut wie todt und hingerichtet.

BARBAROUX.
Sie sind nicht harmlos mehr, nicht mehr versöhnlich,
Getilgt aus ihrer Brust wie Sünd' und Schmach
Ist jedes milde, friedliche Gefühl! *(Ausbrechend.)*
Wir wollen mindestens als Löwen sterben,
Wenn wir, Gott sei's geklagt, auch leider, leider
Als Löwen nicht gelebt! — Zum Kampf — zum Kampfe!

Vierter Auftritt.

(Die Vorigen. Marie. Sie ist bei den letzten Worten Barbaroux' eingetreten, und von den Uebrigen unbemerkt am Eingang stehen geblieben.)

MARIE *(vortretend).*
Hinweg ihr Freunde! — fort — in die Provinzen!

ALLE. Marie!

ROLAND.   Sie ist es! O mein Kind!

MARIE.   Roland!

ROLAND. Hab' ich noch eine Regung für die Freude?

BUZOT *(zu Marie).* So bleich — so außer Dir?

BARBAROUX *(fast zugleich).*   Du kommst — woher?

VERGNIAUD *(fast zugleich).*
Du wagtest Dich hinaus an diesem Tag?

MARIE *(dumpf).* Ich sprach Danton, und sprach ihn im Convent.

BARBAROUX. Wozu? — Doch nicht um ihn uns zu versöhnen?

MARIE. Versöhnen? — O die Flamme seines Hasses
Sie lodert hell wie nie, umzüngelt Euch
Verderbendrohend, zeichnet meine Stirn
Mit einem Brandmal unauslöschlich, ewig!

BUZOT. Marie!

183

ROLAND. Besinnung! Wie? kann ein Danton sie rauben
Der reinen Frau des redlichen Roland?

MARIE. Ich bin verflucht! — bin Eure Mörderin!

BUZOT. Verflucht durch ihn? ... Sein Fluch ist unser Segen,
Und seine Schmähung unser höchster Preis!

MARIE. Entflieht! entflieht! Eh' noch der Morgen graut,
Wird durch die Straßen die Empörung rasen,
Und gegen Euch Paris in Waffen steh'n.
Nach der Gironde, nach dem Calvados geht;
Der Tarn, der Lot, Cantal und Puy-de-Dôme
Erklären sich im Zwist mit dem Convent,
Im Süden gährt's, im Norden bietet Caen
Den Girondisten eine Zufluchtsstätte;
Dorthin Buzot, Roland! ...

BUZOT.   Dorthin Louvet! *(Zu Barbaroux.)*
Du aber, nach der Vaterstadt Marseille!

MARIE. Lyon erhebt sich, schüttelt ab die Ketten
Des blutigen Marat; Bordeaux wirbt Truppen;
Von allen Grenzen, allen Marken, kommen
Die Freunde, die Genossen Euch entgegen!
Stellt Euch an ihre Spitze, führet sie,
Erscheinet vor Paris, als die Befreier
Der Freiheit!

ROLAND.   Mit bewehrter Faust? — gefolgt
Von einem Heer?

BARBAROUX. Von einem bald geworb'nen!
Vor Kriegslust brennt ein jedes Herz im Lande.

LOUVET. Zum Kampfe denn! Ich bin kein Mann des Schwerts,
Doch zwingt man mir das Eisen in die Hand,
So will ich's führen wie ein Mann des Schwerts!

VERGNIAUD. In Caen errichtet ihr den Herd, das Centrum
Des Aufstands gegen die Tyrannen von
Paris.

BARBAROUX. Zehntausend Mann stellt mein Marseille.

LOUVET. Nicht weniger Toulouse, Lyon und Nimes.

BUZOT. Brissot soll nach Moulins, das ihn erwartet.

VERGNIAUD. Und Grangeneuve entsend' ich nach Bordeaux.

ROLAND. Ist's möglich? — träum' ich denn? bin ich verrückt?
Wißt Ihr, was Ihr beschließt?

MARIE *(nach einer Pause)*. Wir wissen es.

ROLAND. Was Ihr beschließt, es ist der Bürgerkrieg!
Die blutigste, die schärfste aller Geißeln,
Die je der Mensch geschwungen über Menschen;
Der Abgrund, aufgerissen unter ihr,
Der heiligen, der heimatlichen Erde;
Der Streit, getragen in des Armen Hütte,
Wild tobend in den Werkstätten des Fleißes,
Am stillen Herde, in der Freunde Kreis!
Der Bürgerkrieg! das grause Widerspiel
Von Allem, was wir glühend angestrebt,
Von Allem, was dem Volke zu erringen
Wir *ihm* gelobt und *uns* mit Manneswort:
Der Bürgerkrieg! Reizt Euch's ihn zu entzünden?

MARIE. Sie thun es nicht mit frevelhaftem Leichtsinn!
Dies ist kein Kampf in dem der Ehrgeiz siegen,
In dem ein Einzelner gewinnen will.
Dies ist ein Kampf Gerechter für das Recht.
Vom Joch Danton's soll er das Volk erretten —

LOUVET. Vor der Partei'n, vor seiner eig'nen Wuth —

VERGNIAUD. Vor Anarchie und Zügellosigkeit.

BARBAROUX. Er soll den Boden ebnen, den zerriss'nen,
Auf welchem wir den Bau der Republik
Errichten wollen für die Ewigkeit.
Er soll als Racheengel sich erheben,
Auf Flammenflügeln durch das Chaos wettern,
Vertilgend treffen jeden gift'gen Keim,
Den heilsamen mit Götterkraft befruchten;
In seinem Flug der Furien Fackeln löschen,
Anfachen aber jeden reinen Funken,
Der schüchtern jetzt noch unter Trümmern glimmt,
Daß er, ein Strahl der Himmelssonne: Wahrheit,
Die Finsterniß mit seinem Licht durchflute,
Gedeih'n und Leben hauche durch die Welt!

ROLAND. Bethörte! hofft Ihr Lebensernte von
Der Todessaat? — Ergreift auch Euch der Rausch
Der Jacobiner? ... Bleibt Ihr selbst! Steht fest
Im Wirbel, in der Brandung, felsenfest!

MARIE. Sind wir aus Stein? — *Es gibt kein Stehenbleiben!*

ROLAND. O Schicksal! — *Wir* der Zwietracht Lohe schürend,
Die Rache athmend, sie erregend — *wir*?!

VERGNIAUD. Weiß Gott, Roland, ich wollte dieses Volk
Erlösen durch die Liebe. — Schwärmerei!
Der für das Wohl der Menschen einzig ringt,
Der mache sich auf ihren Haß gefaßt,
Gefaßt auf den erbittertsten der Kämpfe.
Laß diese Männer ihres Weges zieh'n,
Sie müssen vorwärts und sie sollen so.

MARIE. Sie *müssen* vorwärts und sie *sollen* so! *(Für sich.)*
Unhold Danton, da liegt der Unterschied,
Der grenzenlose, zwischen Dir und uns:
Wir *haben* recht gethan, wir *thuen* recht! ...
Unwürd'ger Zweifel, Höllenqual der Reue,
Wie Staub aus meinen Locken schüttl' ich Euch
Und Euer Gift mir aus der reinen Seele!

BUZOT. Kein Zaudern, kein Bedenken mehr —: an's Werk!
Zum letzten Opfer oder letzten Sieg.

MARIE. Mein Segenswunsch folgt jedem Eurer Schritte,
Gebet für Euch ist jeder Athemzug!

ROLAND. Ihr unternehmt das Ungeheuere,
Mögt Ihr's vollführen.

BARBAROUX.   Du bleibst nicht zurück!

ROLAND. Ich bin ein Angeklagter.

BARBAROUX.   Ich bin's auch. *(Auf die Uebrigen zeigend.)*
Und der — und der — und welcher ist's denn nicht?
Und welcher fordert jetzt Rechtfertigung
In diesen Tagen und vor diesen Richtern?

VERGNIAUD. Gib nach, Roland!

LOUVET.   Gib nach!

BARBAROUX.   Entschließe Dich!

VERGNIAUD. Dein Platz ist bei den Deinen. Meiner ist
Noch in Paris. Ich gehe mit dem Sturm;
Gelingt mir's hie und da, in sein Gewirbel
Ein sprühend Wort des Licht's hineinzuwerfen,
So hat der — Redner wohl genug gethan.

MARIE. Auch ich will bleiben.

BUZOT.   Du?! — in ihren Händen? —

MARIE. Soll ich durch meine Flucht Verdacht erwecken?
So lange hier das Weib Roland's noch weilt,
So lange glauben sie Roland nicht fern.

BUZOT. Doch wenn der Krieg erklärt, wenn offen wir
Erheben unser Banner?

MARIE.   Dann?

BUZOT.   Dann richtet
Sich gegen Dich das Wüthen der Tyrannen.

MARIE. Ich biet' ihm Trotz! — ich kann's, mich liebt das Volk.
Sie wagen nicht an mir sich zu vergreifen;
Doch wagten sie's in sinnloser Verblendung,
Kein harmlos Opfer stieg ich aufs Schaffot.
Mein fließend Blut entflammte heiß zur Rache
Viel tausend Herzen, die jetzt ängstlich zagen.
O daß sie's trieben zu dem Acußersten!
Daß sie mir's gönnten, von der Guillotine
Herabzublicken auf die stille Menge,
Die ringend nur den Aufschrei der Empörung
Erdrückt auf ihren zornesblassen Lippen,
Zu lesen in den Augen, in den Mienen:
„Das Maß ist voll, Dein Blut macht's überströmen!"
— Entzücken! — O Danton, Danton, mich lockt's,
Allmächtig lockt mich's, Dir zu zeigen, Teufel!
Wie schwer ein Haupt wiegt in der Schicksalswage,
In dem gelebt ein göttlicher Gedanke!

(Alle blicken sie mit stummen Entsetzen an.)

ROLAND *(nach einer Pause).*
Ein unstät Wanderleben werd' ich führen
Und kann nicht sagen, komm' und folge mir!
Nur Eins vernimm und präg's in Deine Seele:
Was *mir* das Volk gethan, es ist vergessen,
Verzieh'n im voraus ist jedweder Frevel,
Den noch sein Wahn an mir vollbringen wird;
In der Verbannung, auf der Folterbank,
Auf die sein Undank und Verdacht mich spannt,
Bleib' ich sein treuergebener Tribun.
Doch *ein* Verbrechen kann dies Volk begeh'n,

Das mir das Herz verwandelt in der Brust,
Und hin mich stellt in seiner Feinde Reih'n:
Und dies Verbrechen ist —: der Mord an Dir!

MARIE. Roland!

ROLAND.   Mit meinem Weibe tödten sie
Das Beste, das mein eigen war: die Liebe,
Und lassen mir nur Haß für Frankreich übrig;
Mit Seligkeit erfüllte mich sein Elend,
Und mit Verzweiflung sein erblühend Glück;
Ich würde — kurz gesagt — ein schlechter Mann.
Und weil ich nun es nimmer werden will,
Weil ich mein Volk nie hassen lernen will,
So muß ich sterben an demselben Tag,
An dem es sich zu Deinem Mörder macht. —
Ich lege Dir mein Leben an das Herz.

MARIE *(für sich)*. Gebunden! fest geschmiedet ewig an
Die Pflicht! ... Ohnmächtig Weib!

VERGNIAUD.   Die Nacht rückt vor.
Kaum Euer ist die nächste Stunde noch.

ROLAND. Zum letzten Mal labt Euch an meinem Tisch.

*(Lecoq und Sofie haben den Tisch in die Mitte der Bühne
getragen.)*

LOUVET *(nimmt ein Glas vom Tische)*.
Der erste Tropfen dieser edlen Labe,
Der meine heißen Lippen heut' erquickt,
Der Republik, für die zum Kampf wir geh'n!

ROLAND *(ebenso)*. Der Reinen, Hohen, die wir uns gedacht,
Der Mutter aller Tugend, aller Größe.
Auf ihren Sieg! ... Auf meinen Untergang,
Wenn er des Sieges Preis!

BARBAROUX *(ebenso)*. Was liegt an uns?
Für mich begehr' ich von der Zukunft nichts
Als einen Tod, vom Strahl des Ruhms umglänzt.
Ob auf dem Schlachtfeld oder der Tribüne
Er mich ereilt, er nahe schön und stolz —
Im Flammenkusse der Begeisterung
Entringe meine Seele sich dem Dasein.

VERGNIAUD *(ebenso)*. Wir trinken auf das Leben und den Tod!

Von beiden eins birgt diese Nacht für uns
In ihren Schatten. Komme, welches mag!
Es schwinde jeder selbstische Gedanke.
In unsern Herzen habe keiner Raum,
Der „Frankreich" nicht, der nicht: „die Freiheit!" heißt.
Wär' dieses Glas mit meinem Blut gefüllt,
Ich leerte es aufs Wohl der Republik!

ALLE *(erheben ihre Gläser).*
Aufs Wohl der Republik! Sie lebe! lebe!

(Man hört die Sturmglocke läuten, die Trommeln schlagen; die Allarm-Kanone gibt Schuß auf Schuß.)

ROLAND. Der Feind erwacht und seine Mahnung tönt.

LOUVET. So bald? Wohlan, wir folgen ihm, und ich zuerst.

ROLAND. Und wohin soll ich meine Schritte lenken?

VERGNIAUD. Geh nach Rouen, und harre dort der Freunde.
Ihr sollt die Stadt verlassen ungesäumt,
Doch ziehe jeder seines Weg's allein;
Trefft Euch im Walde von Montmorency.

LOUVET *(reicht Marien die Hand).* Leb' wohl!

MARIE *(zu ihm und Barbaroux).*
Leb' wohl, Louvet! und Du, leb' wohl!

BARBAROUX. Ich sag': Auf Wiederseh'n! Ich gehe froh.
Der kämpfen darf für eine gute Sache,
Der siegt im Tode noch. Kommst Du, Buzot? *(Ab mit Louvet.)*

BUZOT *(zu Roland).* Auf morgen.
(Zu Marie.)   Auf — die Ewigkeit!

MARIE.   Buzot! *(Buzot kniet nieder.)*
Ich segne Dich. Bleib' treu der Tugend, Freund!
Kannst Du für sie nicht leben, stirb für sie,
Stirb frei vom Joch unedler Leidenschaft,
Das Recht nur wollend, könnend was Du willst.
(Küßt ihn auf die Stirne.)
Ich segne Dich. Nimm diesen Schwesterkuß,
Und alles Wohl der Erde auf Dein Haupt!

BUZOT. Marie! Marie!

ROLAND *(leise zu Vergniaud).* Führ' ihn hinweg.

(Vergniaud nimmt Buzot's Arm, und führt ihn dem Ausgange zu. Marie bleibt in der Mitte der Bühne stehen, das Gesicht mit den Händen bedeckend.)

ROLAND *(öffnet ihr die Arme).* Hierher!
Hierher, Marie! *(Nach einer Pause.)* Komm mit zu uns'rem Kinde.

(Beide ab, nach rechts.)

BUZOT *(der an der Thüre wie angewurzelt stehen blieb).*
Ich sehe sie nicht wieder — niemals — nie!

VERGNIAUD.
Du träumst! — Wo blieb Dein Muth? Bist Du ein Mann?

BUZOT. Laß mich! — Zurück! — Ich will ja nur noch einmal
Die Schwelle küssen, die ihr Fuß betrat.
Gönn' meiner Brust noch einen Zug, noch einen,
Von dieser Luft, die ihren Athem trank —
Dem Aug' noch einen Blick in diesen Raum,
Den ihre süße Gegenwart verklärte! ...
Du bist mir heilig — Raum, der *sie* umfing!
Mein erst' Gebet in reifen Mannesjahren,
Ich sprach es hier; an Gottes Güte glauben,
Sie lehrte mich's, die still allhier gewaltet; —
Durch ihre Worte nicht — o nein! sie lehrte
Mich's *dadurch,* daß sie *lebte,* daß sie *war*!

(Roland und Marie erscheinen an der Thüre rechts.)

BUZOT *(ohne zu ihnen hinzusehen).*
Dich ruf' ich an, Barmherzigkeit des Himmels,
An der ich zweifelte, an die ich glaube —
So fester als Du ärger wirst gelästert!
Barmherzigkeit des Himmels, schütze sie!

VERGNIAUD. Und uns're Heimat, — Dich — uns Alle!

ROLAND und MARIE. Alle!

VERGNIAUD *(Buzot und Roland fortdrängend).* Folgt mir!
(zu Marie.) Leb' wohl!

(Vergniaud, Buzot und Roland ab.)

Fünfter Auftritt.

MARIE *(allein. Nach langer Pause).*
   Barmherzigkeit des Himmels?
Das ist ein Wort nur — nur ein leeres Wort!
— Wär *ich* ein Gott, und wäre *ich* barmherzig,
Es lebte kein Geschöpf in meiner Welt,
Dem so das Herz zerrissen wär', wie's hier,
Ach, dieses ist! —

Sechster Auftritt.

(Vorige. Sofie.)

SOFIE *(athemlos).* Gebieterin! ...

MARIE.   Was willst
Du mir?

SOFIE. Ein Commissär des Comité's —
Wie sagt er nur? — und ein'ge Herrn von der — *(Sie stockt.)*

LECOQ *(kommt).* Vom Insurrections-Comité
Sind Leute da, die Dich zu sprechen wünschen.

MARIE. Ich spreche niemand.

LECOQ.   Herrin — ich befürchte,
Du wirst — sie sprechen müssen...

SOFIE.   O mein Gott!
Da sind sie schon.

191

Siebenter Auftritt.

*(Vorige. Nicaud. Drei Commissäre des Insurrections-Comité's.
Der Friedensrichter. Municipalgardisten. Sie lassen die Thüre
offen stehen. Die Vorhalle und das Zimmer füllen sich nach und
nach dicht mit Menschen.)*

NICAUD. Verzeihung, Bürgerin; man läßt uns warten,
So treten wir unaufgefordert ein. *(Nach einer kurzen Pause.)*
Roland ist ausgegangen, wie ich höre;
Das thut mir leid, denn wir — mit einem Wort —
Wir kommen, ihn und Euch zu arretiren,
Und hier die Siegel anzulegen.

MARIE *(verloren).*   Wohl.

LECOQ *(für sich).*
Was sagt sie? — „Wohl"? — O Donnerwetter! „wohl"?
(Zu Marie.) Frag' doch nach ihrer Vollmacht.

MARIE *(zu Nicaud).*   Eure Vollmacht?

NICAUD. In bester Regel — bitte! *(hält ihr die Vollmacht vor.)*

MARIE.   Es ist gut.

LECOQ. Was wäre gut? Hier ist nichts gut — Besinn' Dich!
(Ergreift und schüttelt ihre Hand.)
Besinn' Dich! träumst Du? — bist Du krank?
          (Zu Nicaud.) Mein Herr —

NICAUD. Es gibt in Frankreich keine „Herren" mehr.

LECOQ. Nein — Bürger also! *(Für sich.)* Hol' der Teufel alle!
(Laut.) Ich bin zur Stund' der einz'ge Mann im Hause,
Und bin zum Schutze dieser Frauen hier.
Nun hört: Ihr dürft die Frau nicht arretiren...
Die nächtlichen Arrestationen, Herr,
— Will sagen, Bürger, Herr! — sind Euch verboten!

ERSTER COMMISSÄR *(halblaut zum zweiten).*
Ein starker Bursch! gesund und jung, und dennoch —
Der wird nicht alt, glaubt mir.

ZWEITER COMMISSÄR *(lächelnd).* Ihr seid Profet.

NICAUD *(zum zweiten Commissär, auf Lecoq deutend).*
Setzt den auf Eure Liste.

ERSTER COMMISSÄR *(zum zweiten leise).* Hatt' ich Recht?

NICAUD *(zu Lecoq).* Die nächtlichen Arrestationen, Freund?
(Er löscht die Lichter; die matte Helle des grauenden Tages bricht herein.) Jetzt ist es Tag! *(Auf Marie zugehend, sehr höflich.)*
            Wenn's Euch gefällig wäre —

MARIE. Ich folge Euch.

SOFIE.   Nein! nein!

LECOQ *(knirschend).*   Gebieterin!

MARIE *(zu ihnen).* Geduld und Muth! *(Zu den Commissären.)*
            Nur meiner Tochter noch
Ein Lebewohl. *(Sie geht der Thüre rechts zu.)*

NICAUD *(vertritt ihr den Weg).* In uns'rer Gegenwart —
Wir müssen bitten.

MARIE *(zu Sofie).* Bringe mir das Kind. *(Sofie ab nach rechts.)*

MARIE. Gestattet mir zu schreiben ein'ge Worte
An eine Freundin, der ich sie empfehle.

ERSTER COMMISSÄR. Wen? sie?

MARIE.   Eudora, meine Tochter.

NICAUD.   Schreibt,
Schreibt was Ihr wollt, doch das Gericht wird lesen.

(Marie setzt sich an den Schreibtisch und wirft rasch einige Zeilen auf ein Papier. Nicaud liest über ihre Schulter. Während dem öffnen und durchsuchen die Commissäre und ihre Leute die Schränke. Lecoq geht händeringend auf und ab. Sofie kommt mit Eudora.)

MARIE *(erhebt sich. Zu Nicaud, auf den Brief deutend, den sie offen auf dem Schreibtisch liegen läßt).*
Die Bitte einer Mutter, Herr.

NICAUD.   An wen?

MARIE. An eine Mutter. *(Zu Eudora, die in ihre Arme fliegt.)*
            Armes, liebes Kind!

EUDORA. Was wollen die? Warum weckt man mich auf?

MARIE. Du sollst zu Deiner kleinen Spielgefährtin.

EUDORA. Ach, zu Adèle La Touche?

MARIE *(zu Sofie).*   Führ' sie dahin.
(Den Brief vom Tische nehmend und in Eudora's Hände legend.)
Den Brief gib ihrer Mutter; sage ihr...
Nein — sage nichts, als nur — daß ich Dich schicke.
Was ich ihr sagen wollte, und nicht konnte,
Das wird sie fühlen, wenn sie Dich umarmt.

EUDORA. Kommst Du nicht mit?

MARIE.   Ich komme später nach...
(Umarmt sie wiederholt.) Leb' wohl, leb' wohl!

EUDORA.   Ich will nicht von Dir fort —
Ich bleib' bei Dir!
(Sie umklammert Mariens Knie; Lecoq und Sofie umdrängen ihre Herrin.)

SOFIE.   O meine güt'ge Herrin!

LECOQ *(mit geballter Faust gegen die Commissäre).*
Bevor ich's zugeb', daß...

NICAUD.   Laß gut sein, Bester!
(Er gibt den Municipalgardisten einen Wink. Diese treten zwischen die Commissäre und Lecoq, und drängen ihn zurück.)

LECOQ. Verwünschte Memmen! Zwanzig gegen Einen —

NICAUD *(zu den Municipalgardisten).*
So recht! — Nur ruhig — sanft!

MARIE *(zu Lecoq).*   Ich bitte Dich!

FRIEDENSRICHTER *(zu Marie).* Ihr werdet sehr geliebt.

MARIE.   Ich werd' geliebt,
Ja — weil ich liebe. *(Reißt sich von Eudora los; zu Sofie.)*
       Sorge für das Kind.

NICAUD. Darf ich den Arm Euch bieten?

MARIE.   Dank.
(Sie geht voran. Nicaud und die Municipalgardisten folgen mit Lecoq.)

NICAUD *(auf Lecoq deutend).* Laßt mir den Burschen los! —
(Leise.)   Ihr holt ihn morgen,

Ganz stille, ohne Aufseh'n.
(Gegen die Vorhalle, die mit Menschen überfüllt ist.)
Ihr! macht Platz!

(Gelächter und Geschrei.)

EINIGE WEIBER. Macht Platz der Königin Roland!

EUDORA. O Mutter!
Wo führen sie Dich hin?

EINZELNE STIMMEN *(den Lärm übertönend)*. Zur Guillotine!

Fünfter Aufzug

(In der Conciergerie. Kleines Zimmer mit vergittertem Fenster, auf dem Blumen stehen. Neben dem Fenster ein Tisch aus weichem Holze bedeckt mit Büchern, Schreib- und Zeichnengeräth. Zwei Strohstühle. Im Hintergrunde ein Ruhebett.)

Erster Auftritt.

(Sofie vom Schließer eingelassen. Sie trägt Blumen, die sie später in Gläser und auf das Fenster setzt.)

SCHLIESSER. Ihr könnt hier warten, bis sie wiederkehrt
Nach dem Verhör.

SOFIE. So hat es denn begonnen?

SCHLIESSER. Sie steht vor ihren Richtern.

SOFIE. Schütz' sie Gott!
Mir ist die Brust von Qual und Angst zerspalten...

SCHLIESSER. Stellt Eure Blumen her; daher! ... Schon recht;
Den Rosenstock ein wenig weiter links,
Damit er so das Gitterwerk verstecke. —
Noch weiter... Halt! — 's ist gut, jetzt sieht man's nicht.

SOFIE. Glaubst Du, weil man's nicht sieht, es sei verschwunden?
Die Eisenstäbe Eurer Kerker fallen

Nicht nur in's Aug', sie fallen auf das Herz.

SCHLIESSER. Hab' ich sie eingefügt? kann ich dafür?
Stellt Euer Unkraut hin, wie's Euch beliebt —
's ist ohnehin das Letzte, das Ihr bringt.

SOFIE. Was sagst Du da?

SCHLIESSER.   Nur was Ihr selber wißt.
Sie wird verhört. Spricht das Gericht sie frei,
Dann zieht sie fort und braucht des Krams nicht mehr.
Wird sie verurtheilt, zieht sie wieder fort,
Und wieder braucht...

SOFIE *(bricht in Thränen aus)*. O meine arme Herrin!

SCHLIESSER. Ich bitt' Euch, winselt nicht. Mir wird's zu viel. —
Ich war ihr gut, der Bürgerin Roland,
So lang sie sich vernünftig hier benahm,
Die Mitgefang'nen freundlich tröstete,
Selbst heiter blieb und And're heiter machte.
Doch jetzt — seitdem sie still und traurig ist,
Und stundenlang an diesem Fenster lehnt,
Und sich die Stirne wund am Gitter drückt,
Kein Wort mehr spricht, und weint oft wie ein Kind —
Jetzt ging er flöten, mein Respect für sie.
Ich denk': Aha! die gute Laun' ist fort,
Seitdem man nichts mehr von den Freunden hofft;
Seitdem der Aufruhr glücklich unterdrückt,
Den Barbaroux, Buzot, Roland, Louvet,
Erregt und angeführt in den Provinzen;
Seit die Verräther vogelfrei erklärt
Und wie gehetztes Wild das Land durchirren;
Seit Vergniaud und seine Spießgesellen,
Geendet haben auf dem Blutgerüst...
Man sieht es klar, an ihnen hing ihr Heil —

SOFIE. An ihnen hing ihr *Herz*, Ihr starben Freunde
Sie trauert um die Menschen, die sie liebte.

SCHLIESSER. Sie soll nicht lieben, die dem Volk verhaßt,
Soll nicht betrauern, die das Volk gerichtet!
Das macht verdächtig, das führt aufs Schaffot.
Und 's ist doch schad'! — und ist der größte Unsinn —
Und ist... Allein, was Teufel kümmert's mich?

EIN HUISSIER *(ruft durch die halbgeöffnete Thüre dem Schließer im Vorübergehen zu)*. Paßt auf, Gevatter, die Gefang'ne kommt!

(Schließer öffnet.)

SOFIE. Sie kommt! — Sie ist —

Zweiter Auftritt.

(Marie, von vier Municipalgardisten gefolgt, denen sie raschen Schrittes voraneilt, erscheint im Gange.)

SOFIE *(ihr entgegen).*   Ach, freigesprochen — frei!

(Die Municipalgardisten bleiben an der Thüre zurück. Marie tritt ein.)

SOFIE. Ich lese es auf Deinem Angesicht,
Entlarvt hast Du die Lügner und Verläumder!

MARIE. Sie selber drücken — sie mit eig'nen Händen
Den Siegeskranz verklärend auf mein Haupt!

SOFIE. Dein Auge leuchtet, Deine Wange glüh't...
Wie lange sah ich also Dich nicht mehr,
Geliebte Herrin! Beste, Gütigste! ...

MARIE. Nun sieh, — da ich so glücklich bin und froh,
Mußt Du es sein, darfst mir nicht klagen — nicht,
Wenn Du vernimmst —

SOFIE.   Wenn ich vernehme? — Sprich!

MARIE. Getrost! Was blickst Du mich so angstvoll an?
— Ich geh' zur Ruhe ein.

SOFIE.   Zur ewigen?! —
Sie haben...? Himmel! haben Dich verurtheilt!

MARIE. So nennen *sie's.* Wir wollen's anders nennen,
Wir wollen sagen — Du und ich — sie haben
Mich gleich gestellt den Edelsten und Besten,
Mich werth gehalten Eines Schicksals mit
Den Märtyrern der Freiheit und der Pflicht.
Dies Los, dies schöne, sollst Du mir vergönnen.
Und weinen nicht — nicht jetzt — dazu ist Zeit
Auch später — dann — bis ich es nicht mehr sehe,

Bis es mir nicht mehr weh thut — bis ich schlafe.
(Sie hat sich auf den Stuhl am Tische gesetzt, Sofie kniet bei ihr.)

SOFIE. Willst Du mich trösten? Jedes Deiner Worte
Zerfleischt mein Herz...

SCHLIESSER. Und mich — verdrießt ein jedes.
Ihr habt was Ihr verdient. Die Republik
Thut keinem Unrecht.

MARIE *(leise vor sich hin)*. Außer — ihren Gründern. —

SCHLIESSER *(ohne sich unterbrechen zu lassen)*.
Und wenn ich auch die Elenden verachte,
Die winselnd auf den Henkerskarren kriechen
So achte ich deßhalb die Hoffart nicht,
Die ihn besteigt wie einen Siegeswagen,
Und bis zum Block die Ueberzeugung trägt
Von ihrem Werth und aller Andern Unwerth.
Die Hoffart mahnt zu sehr mich an die Frau,
Die hier die Zelle nebenan bewohnte —
Ein Kämmerchen, so dumpfig feucht wie dieses;
Vier Wochen sind's seit man sie weggeführt;
Sie hieß bei uns: die Witwe Louis Capet's,
Und war dereinst — die Königin von Frankreich. *(Schließer ab.)*

MARIE. Die Königin von Frankreich? Und mit *ihr*
Vergleicht man *mich*? — Ich sterbe ohne Schuld.

SOFIE *(sanft verweisend)*.
Und sie — sie hat die ihre reich gesühnt.

MARIE. Gesühnt? ... *(Nach einer Pause.)*
　　　　　Auf ihrer Fahrt nach dem Schaffot
Ward sie verhöhnt, und Flüche folgten ihr
Bis in das Grab hinein. Nicht eine Hand
Erhob sich kühn für sie, in keinem Aug'
Erglänzte eine Thräne, und sie selbst
Blieb starr und kalt — die Königin aus Stein!

SOFIE. Sie war nicht kalt. Nicht Alle fluchten ihr. —
Als sich der Zug dem Richtplatz näherte,
Wo thierisch jauchzend ihn das Volk empfing,
Da trat ein armes Weib aus dem Gewühl
Und hob sein Kind zur Königin empor;
Und jenes, beide Händchen nach ihr streckend,
Warf freundlich lächelnd einen Kuß ihr zu.
Sie blickte weg — daß nicht der stumme Gruß,

Von ihr bemerkt, es auch vom Pöbel würde,
Und Unglück brächte denen die ihn boten.
Sie blickte weg — sie sprach nicht, zuckte nicht,
Doch überströmte Glut ihr Angesicht,
Und schwere Tropfen traten ihr ins Auge. —
Bei'm Anblick dieses Kindes dacht' sie wohl
An ihre —

MARIE *(mit einem Aufschrei).* Halt ein!! ... Nichts mehr von ihr!
(Sich mühsam fassend, leise vor sich hin.)
Als man den Sohn ihr nahm, sprach sie ein Wort,
Das mich ergreift, so oft ich daran denke;
Sie sprach: „Jetzt kann mir nichts mehr wehe thun!"
O Leid, das aller Leiden spottet — Leid
Der Mutter um ihr vielgeliebtes Kind! ... *(Zu Sofie.)*
Mein Töchterchen, Sofie, wie geht es ihm?

SOFIE. Ach, sie ist wohl, die Kleine, und vergnügt.
Mein Gott, die Kinder! —

MARIE.   Frägt sie noch nach mir?

SOFIE. Gewiß — wie oft! — Sie ruft Dich, weint ein Stückchen,
Läßt sich vertrösten, singt und lacht und spielt,
Schläft abends mit der festen Hoffnung ein,
Du würdest sie am nächsten Morgen wecken.
Und kommt der Morgen — denkt sie nicht mehr d'ran.

MARIE. — Ja — sie wird mich vergessen, mich entbehren. —
Doch Einer ist, der dies nie lernen wird:
Mein Gatte, weiß ich, überlebt mich nicht.
Wenn Du ihm Kunde gibst von meinem Tod,
Den ich nicht tollkühn selbst herbeigeführt,
Fleh' ihn nicht an, dem Kind sich zu erhalten;
Es wäre grausam, und es wär' vergebens.
Ein Maß besitzt die Kraft der Menschenseele,
Und das der seinen — morgen wird's erreicht. —
Ein And'rer lebt, von welchem *mehr* ich ford're:
Er darf nicht sterben, weil ein Weib gestorben,
Und war es auch das Weib, das er geliebt.

SOFIE. Du sprichst — von... *(Stockt.)*

MARIE.   Von Buzot. Was zögerst Du?
Ich darf den Namen nennen ohne Scheu.
(Sie nimmt Papiere vom Tische.)
Ihm bringe diese Blätter, die Vertrauten

Der Qual und Sehnsucht, die um ihn ich litt.
Und hier — sein Bild — mein Trost in allem Weh...
Darf mich's begleiten auf dem letzten Gang? —
Wie gerne nähm ich's mit! — wie gerne küßten
Es meine Lippen, wenn schon auf dem Block...
(Sie hält inne. Mit Entschluß.)
Doch soll's nicht sein. *(Das Bild küssend.)*
    Leb' wohl — und zürne nicht,
Daß ich Dich von mir weise — wie im Leben,
Im Sterben noch! — Mein bestes Gut, in die
Getreu'sten Hände: — Nimm es hin. Wenn Du
Ihn wiedersiehst...

SOFIE.   Werd' ich ihn wiederseh'n? —
Er ist vielleicht Dir schon vorangegangen.

MARIE. Nein, nein, er lebt! ich fühl' es. Sein Gedanke
Umschwebt mich — ist mir nah!

 (Rütteln an der Thüre, Stimmen außerhalb derselben.)

SOFIE.   Wer kommt? — Hörst Du? —

STIMME DES SCHLIESSERS. Wo habt Ihr die Erlaubniß?

STIMME LODOÏSKA'S.   Hier ist sie,
Gezeichnet von Garat.

MARIE.   O welche Stimme!

 (Schließer öffnet die Thüre.)

     Dritter Auftritt.

 (Vorige. Lodoïska tritt ein.)

MARIE *(in ihren Armen)*. Das ist die Freundin! das ist Lodoïska!

LODOÏSKA. Gekommen, Dich zu retten, zu befrei'n.

SOFIE. O Herr im Himmel!

MARIE.   Mich befreien? — mich? —
Durch wessen Hülfe? Sag', wer sandte Dich?
Woher kommst Du? was weißt Du von Roland?

LODOÏSKA *(ausweichend)*.
Ich komme von Quimper. Ich eilt' dahin,
Als mich die Nachricht wie ein Dolchstich traf,
Vom Siege uns'rer Gegner bei Vernon.
Die *eine* Schlacht brach alle Hoffnungen,
Zerstörte alle Pläne der Gironde —

MARIE. Roland focht sie nicht mit, war in Rouen...

LODOÏSKA *(wie oben)*. In Sicherheit, indeß Buzot, Louvet,
Und Barbaroux, und Ein'ge ihres Anhang's,
Getrennt vom armen Rest der Bataillone,
Getrieben von den Häschern des Convents...

MARIE. Doch insgeheim vom Volk beschützt —

LODOÏSKA.   Vom Volke?
— Von ihm gehaßt, verläugnet —

MARIE.   Lodoïska!

LODOÏSKA. Allüberall zurückgestossen —

MARIE.   Oh! —
O meine Hoffnung! meine Zuversicht!

LODOÏSKA. — Dem Elend preisgegeben, obdachlos,
Die müden Schritte lenkten gen Bordeaux.

MARIE. Und — es erreichten? — Ja? ...

LODOÏSKA.   So — hoffe ich.
Louvet, erkrankt, mußt' sich von ihnen trennen —
Sie schieden —

MARIE.   Muthvoll? — auf die Zukunft bauend?

LODOÏSKA. An ihr noch nicht verzweifelnd, denn Du lebst!

MARIE *(zuckt schmerzlich zusammen)*.

LODOÏSKA. Du lebst und wirst sie wiederseh'n!

MARIE.   Wenn's drüben
Ein Wiedersehen gibt.

LODOÏSKA.   Nein, nein, Du sollst —

MARIE. Und Ihr? Du und Louvet?

LODOÏSKA.   Er ist gerettet!
Geborgen in Rouen...

MARIE *(vor sich hin)*. Sie rettet die
Sie liebt. Ich — tödte sie. *(Laut.)* Rouen? — Nun dort —
Dort saht Ihr *ihn* — Roland! ... Ihr saht ihn nicht?
Sag' Alles! — Doch — Du hast es schon gesagt —
Dein Schweigen spricht. — Mein Gatte ist nicht mehr.

LODOÏSKA. — Vor wenig Tagen bracht' man ihm die Kunde,
Die falsche, Deines Tods. Er hörte sie
Mit Fassung an, verließ sein sicheres
Asyl, und zog allein des Weges fort,
Die Richtung nehmend gegen Baudoin.
In jenes Städtchens Nähe fand man ihn
Am nächsten Tag im Grase liegend, friedlich,
Das Haupt an eines Baumes Stamm gelehnt,
Den Dolch in seiner Brust, ein Lächeln auf
Den Lippen.

SOFIE.   Gott — mein Gott! —

LODOÏSKA.   Landleute, die
Vorüber zogen, glaubten, daß er schliefe.

MARIE. Ich folge Dir, Roland, mein armer Freund.
Der ernste Pfad, den heiter Du betreten,
Weil Du gewähnt, ich sei vorangeschritten,
Er öffnet sich vor mir, und schreckt mich nicht.
Wohin er führe, führt er doch — Dir nach!

LODOÏSKA.
Du darfst nicht sterben! darfst nicht! Nicht dem Todten,
Den Lebenden gehört die Lebende!
Denk' an Dein Kind, Marie, und denk' an Ihn,
Den Nächsten Dir nach Deinem Kinde jetzt,
An *ihn*, der nichts auf Erden hat, als — Dich!

MARIE *(fällt ihr ins Wort)*. O — schweige! schweige!

LODOÏSKA.   Rette Dich! — entflieh!
Du kannst entfliehen — Alles ist bereit.
Die Wache und der Pförtner sind gewonnen,
Ein Wagen wartet auf dem nahen Quai;
Er bringt Dich nach Pontoise, wohin La Touche
Mit Deinem Kinde heut' vorangeeilt;
Der führt Dir's zu — und sorgt für Euch dann weiter.

SOFIE. Wär's möglich? — wirklich möglich? —

LODOÏSKA.   Zög're nicht.

Hinweg, und in die Freiheit!

MARIE *(mit aufflammender Freude)*. In die Freiheit?

LODOÏSKA. Nimm meinen Mantel, meinen Schleier nimm —
Und hier den Schein, der Dir die Pforten öffnet
Du geh'st statt mir, Du geh'st als Lodoïska.

MARIE. Und Du?

LODOÏSKA.   Was ich! — Ich bleibe hier zurück.

MARIE. An meiner Stelle? — und sie finden Dich,
Wenn sie erscheinen, mich hinweg zu führen? —
Sie finden Dich — dann tödten sie Dich auch!

LODOÏSKA. Mein Opfer ist gebracht — ach freudig! — selig!

MARIE. Du wolltest sterben? Du für mich — und jetzt? —
Wo der Geliebte, Dir erhalten, lebt! ...

LODOÏSKA. Ich wiederhol's — mein Opfer ist gebracht.

MARIE. Das Seine auch? Denkst Du nicht an Louvet?

LODOÏSKA. Er ist ein Mann und wird sein Herz bezwingen,
Er ist ein Dichter, und wird mein's verstehn!
Erkauft durch Schuld war unser Liebesglück,
Die Reue stand zu dritt' in uns'rem Bunde.
Was ich gefehlt, als ich dereinst ihn schloß,
Das will ich sühnen jetzt, wo ich ihn löse! —
Ihn löse für die arme Zeitlichkeit,
Und fester knüpfe für ein ew'ges Leben.
— Ich weiß gewiß! ich geh' ihn nur erwarten,
Den Theuersten, dem diese Thräne gilt.
Ich scheide nicht, Dich zu verlieren, Liebster,
Ich scheide — Dich für ewig zu erringen.

MARIE. O dieser Glaube, dieser himmlische!
Dies göttliche Vertrau'n der starken Seele! —
O diese Demuth, die sich schuldig nennt
Und reiner ist, als wir's begreifen können,
Ihr lebt auf Erden und ich kannt' Euch nicht?
Ihr lebt in *ihr*, die ich zu richten wagte,
Und über die ich eitel mich erhob?

LODOÏSKA. Die Stunde drängt — laß' Dich beschwören: geh'!
O würd'ge mich des Glück's, für Dich zu sterben!
(Umfaßt Mariens Knie.)

MARIE. Erhebe Dich! — Nicht so — wenn Du mich liebst;
Ich kann vor mir Dich nicht auf Knien seh'n,
Du Bessere als ich, der ich mich beuge! —
Zum ersten Mal vor einem Menschenkind.
Zum ersten Mal in wahrer Demuth auch
Vor jenem Gott, der zu mir sprach durch Dich! —
Barmherziger! den frevelnd ich geläugnet
Und der sich mir so herrlich offenbart,
Ich lieg' im Staube, ich bekenne Dich!
Ich bin ein armes, irrendes Geschöpf,
Allgüt'ger! Vater! Richter! — sei mir gnädig!

LODOÏSKA. Ich fasse und versteh' Dich nicht — Du kannst
Nicht schuldig sein, Du bist es nie gewesen!
Vollkommenste, die jemals ich gekannt —
Marie! was fehlte Dir?

MARIE.   Was mir gefehlt? —
An Gott der Glaube, und an mir der Zweifel!

LODOÏSKA. Du weilst zu lange. Fort! die Zeit entflieht.

MARIE. Nicht rasch genug, um meinen Blick zu hindern,
Mich selbst zu schau'n in meiner Seele Spiegel,
Und vor dem Bild, das mir entgegen tritt
Der Reue Leid in tiefster Brust zu wecken.
Wie anders bin ich, als ich mir erschien! —
Ich hab' gehaßt, und nicht das Schlechte nur,
Das Gute auch, sobald es mich bekämpfte.
In meinem Stolz unbeugsam, rücksichtslos,
Ließ neben mir und Denen, die ich liebte,
Ich keine Größe gelten, kein Verdienst,
Der Thorheit Wahn, das Wanken zager Schwäche,
Galt mir für Schuld, im Blute nur zu sühnen!
Verachtungswerth war mir der Irrende,
Und ein Verbrecher jeglicher Bethörte!
So trug ich bei zum Sturze der Monarchen,
Und kein Gefühl des Mitleid's rührte mich,
Als sie schon lagen unter unsern Füßen...

LODOÏSKA. Genug — genug der quälenden Gedanken! —
Hinweg nun! — geh! —

MARIE *(sieht sie an. Nach einer Pause ihre Hände ergreifend).*
                    Du konntest wirklich glauben,
Daß ich mein Leben mir erkaufen würde
Um Deines Lebens unschätzbaren Preis? —

O Lodoïska! — thöricht — liebes Kind!

LODOÏSKA. So willst Du nicht? —

SOFIE *(angstvoll lauschend)*. Sie sind's — ich höre Schritte!

LODOÏSKA. Die Mörder! Herr und Gott, ich kam umsonst!

MARIE. O nicht umsonst! — o Lodoïska, nein!
Du kamst zu retten, und Du hast gerettet;
Du wolltest sühnen, und Du hast gesühnt!

Vierter Auftritt.

(Vorige. Lacroix.)

LACROIX *(zu Marie)*. Das Comité schickt mich, um anzufragen
Ob Du auf Erden einen Wunsch noch hast?

MARIE *(schweigt)*.

LACROIX. Er ist gewährt, sofern er billig ist.

MARIE. Laßt mich das Schicksal meiner Freunde kennen.

LACROIX. Noch traf von ihnen keine Kunde ein.

MARIE. O Gott! o Gott! Wer sagt mir, ob sie leben?
Ich geh' zum Tod und weiß nicht, ob sie leben!

SOFIE *(in fassungslosem Schmerze die Hände ringend)*.
So ist es wahr? — so soll ich Dich verlieren?

MARIE *(zu Lodoïska)*. Erbarm' Dich ihrer; Dir empfehl' ich sie;
Bezahle Du die Schuld an Lieb' und Treue,
In der ich bei ihr steh'!

LODOÏSKA.   Als Dein Vermächtniß
Will ich sie halten unaussprechlich werth!

MARIE. Und meine kleine — Waise — sorg' für sie!
(Zu Sofie.) Auch Du! *(Wieder zu Lodoïska.)*
          Sei milde gegen sie, nicht schwach.
Sie ist mein Kind, hat einen starken Willen,
Schon regt sich ihre junge Eitelkeit.
Bekämpf' den Fehler! beuge ihren Stolz!
Erziehe sie im Glauben an den Gott,
Zu dem Du mich im Tod zurückgeführt! ...

(Ihre Stimme zittert, sie hält inne. Nach einer Pause.)
Lehr' sie verehren, lehre sie bewundern,
Und lieben lehre sie was echt und treu,
Im Freunde, wie im Feinde, Lodoïska!
Sie werde klug, entschlossen, klar und fest
Vor Allem aber — wohlwollend und gut!
Es thu' ihr weher, Tadel auszusprechen
Als ihn erfahren. Milde werde sie!

(Schließer öffnet die Thüre. Ein Huissier tritt ein, neben ihm Beugnot, begleitet von Garden, die sich im Hintergrunde aufstellen.)

BEUGNOT *(vortretend, zu Marie).*
Der letzte Weg, Madame, führt uns zusammen.

MARIE. Beugnot! auch Ihr?!

BEUGNOT.   Ja endlich, Gott sei Dank!
Der Wand'rung müde grüß' ich froh ihr Ziel.

MARIE. Es steht vor Euch das schuldbelad'ne Weib,
Das Unheil brachte Allen, die es haßte,
Und doppelt Unheil Allen, die es liebte!
— Gebrauchet Euer Recht! verfluchet mich —
Gedenkt der Königin — gebt mir zurück,
Verzehnfacht gebt den Vorwurf mir zurück,
Den ich ihr zugeschleudert! ... O Beugnot!
Ich habe *sie* dem Volke hart genannt;
Was war ich ihm, als ich den Bürgerkrieg
Heraufbeschworen über dieses Land? —
Gebrauchet Euer Recht, verfluchet mich!
Gedenkt der Königin.

BEUGNOT.   Ich denke ihrer,
Der nichts verziehen ward, die Alles groß verzieh;
Ich denke *ihrer* — und verfluch' Euch nicht.

MARIE. In ihrem Namen denn: Erbarmen, Herr!
Ich fühl' es jetzt: was ich in ihr gehaßt,
Das war der echte, königliche Sinn,
Der unbeirrt durch Lästerung und Qual
So rein bewahrt im Jammer beispiellos
Der Seelenruhe stille Majestät! ...
Erniedrigt wollt' ich sie; — vergebens — o!
Auf *ihrem* Haupt ward Fluch zum ew'gen Ruhm,
Die Dornenkrone ward zum Diadem! ...

Vergebung, Herr! — so wie sie selbst vergab,
So wie mir Gott vergebe!

BEUGNOT. Geht in Frieden.
Geht Ihr ja doch beklagend Euer Werk,
Verwünschend diese unheilvolle Zeit.

MARIE. Nicht sie! nicht unser Werk! — nur uns're Schuld.
Das Werk ist göttlich — Menschen führen's aus.
Und dieser Kampf, in dem, wie nied're Söldner,
In letzten Reih'n, verborgen vor dem Feldherrn,
Die Leidenschaft und das Verbrechen wüthen,
Ihn hat entflammt ein heiliges Gefühl:
Der Durst nach Recht in Millionen Herzen,
Ihn kämpft die Menschheit in dem einen Volk!

ZWEITER HUISSIER *(an der Thüre stehen bleibend).*
Seid Ihr bereit?

SOFIE. Nein, nein! — o Herrin! Herrin!

MARIE. Ergebung! — Muth!

SOFIE. Ich habe keins von beiden!
Mir bleibt nur die Verzweiflung...

MARIE. Halte ein!
Erschüttern darf mein Tod, doch nicht empören.
Er ist kein Riß, kein Widerspruch ist er
In dem Gesetz, dem göttlichen, der Dinge,
Er ist Versöhnung, denn er ist gerecht.

LACROIX. Ihr thut so fromm! — Um ganz bekehrt zu sein,
Fehlt nur mehr eins: die Sehnsucht nach dem Priester.

MARIE. Sie fehlt, Lacroix. Ich kehr' zu Gott zurück,
Nicht zu der Kirche. *(Zu Lodoïska.)* Lebe wohl! leb' wohl!
(Sofie ist in die Knie gesunken. Sie berührt sanft ihr Haupt.)
Empor das Haupt! Sieh mir ins Angesicht,
Daß Du ihm sagen kannst, dem Freund, ich sei
Mit heit'rer Stirn den Weg zum Tod gegangen.
(Zum Schließer, der sich ihr nähert.)
Kannst Du auch weinen, Mann? — Leb' wohl. — Nichts mehr!
Von Welt und Menschen hab' ich mich gelöst:
Empfange, Herr, die wahnbefreite Seele,
Sie strebt zu Dir, Unendlicher! Zu Dir!
(Sie geht, ohne sich umzusehen, dem Ausgange zu.)

LODOÏSKA. Sie geht zum Sieg. Auf Feuerflügeln schwebt

Zum Himmel auf der lichtverklärte Geist;
Ihr Irrthum stirbt mit ihrem Menschendasein,
Was ewig von ihr lebt, ist ihre Größe.

Ende

ANMERKUNGEN

In beiden Dramen wurden Orthographie und Interpunktion der Erstdrucke nur dort verbessert, wo das Verständnis des Textes durch offensichtliche Fehler beeinträchtigt würde. In Fällen, wo es sich entweder um einen Druckfehler oder eine Anspielung handeln könnte (so z.B. das Verb „ebbnen" — nicht „ebnen" — im Zusammenhang mit „Wogen" in *Maria Stuart in Schottland* I, 3), habe ich Wortlaut und Orthographie des Erstdrucks übernommen. Ebenso wurden voneinander abweichende Rechtschreibungen desselben Wortes oder Ausdruckes („Edinburg" bzw. „Edinburgh"; „zu Eigen" bzw. „zu eigen" in *Maria Stuart in Schottland* III, 4; abweichende Schreibweisen von „Schafott" bzw. „Schaffot" oder „Füßen" bzw. „Füssen" in *Marie Roland*, u.v.a.m.) unverändert in diese Ausgabe übertragen.

Maria Stuart in Schottland. Schauspiel in fünf Aufzügen.

Der Text basiert auf den von Ebner handkorrigierten Druckfahnen des Erstdrucks: *Maria Stuart in Schottland. Schauspiel in fünf Aufzügen von M. v. Eschenbach,* Wien: Druck von Ludwig Mayer, 1860. Ebners handschriftliche Korrekturen wurden in allen Fällen in die vorliegende Ausgabe übernommen; Erstdruckversion und Verbesserungen der Autorin sind untenstehend angeführt.

Wie für ihr späteres Revolutionsdrama *Marie Roland* muß Ebner für *Maria Stuart in Schottland* den historischen Hintergrund genauestens recherchiert haben. Auf welche Quellen sie sich genau bezieht, ist heute aus den wenigen erhaltenen Notizbüchern nicht mehr feststellbar. Ihr Tagebuch setzt erst 1862, zwei Jahre nach Veröffentlichung des Dramas, ein.

S. 20 *Personen* (nach Reihenfolge des Personenverzeichnisses):

Maria Stuart, Königin von Schottland: Mary Stuart (1542-87), Tochter des Königs James V. von Schottland und Marie de Guise, wurde im Alter von sechs Tagen nach dem Tod ihres Vaters Königin von Schottland. Von Anfang an versuchten Schottlands pro-englische und pro-französische Faktionen sie unter ihre Kontrolle zu bekommen. Ihre Mutter stammte aus dem französischen Königshaus, übernahm die schottische Regierung bis zu Marys Volljährigkeit und schickte Mary nach Frankreich, wo sie als Teil der französischen Königsfamilie aufwuchs und 1558 den Dauphin Francis heiratete. Nach dem Tod ihres Mannes im Jahre 1560 kehrte Mary nach Schottland zurück und stellte sich als katholische Königin den protestantischen Reformern. Auf Anraten ihres Halbbruders James Stuart (später Earl of Moray) und William Maitlands erkannte sie die reformierte Kirche an, schockierte jedoch einige Reformierte, darunter John Knox, durch ihr Beharren auf katholischen Messen in ihrer eigenen Kapelle. Sie versuchte sowohl die englische Thronfolge mit Elizabeth I. als auch eine katholische Ehe mit dem spanischen Thronfolger Don Carlos auszuhandeln. Nachdem sowohl aus England als auch aus Spanien Weigerungen eingetroffen waren, heiratete sie ihren katholischen Cousin Henry Stuart, Lord Darnley, im Jahre 1565. Die Ehe widerstrebte den Protestanten, und Moray, zusammen mit anderen Adligen, zettelte eine Rebellion an, die Mary rasch niederschlug. Ihre Ehe mit Darnley war nicht harmonisch und vor allem getrübt durch ihre Weigerung, ihm die Königswürde zuzuerkennen. Ihr Vertrauensverhältnis zu ihrem italienischen Sekretär David Rizzio (auch: Riccio) erboste sowohl ihren Mann, der sie öffentlich verklagte, mit ihm ein zu intimes Verhältnis zu haben, als auch andere Adlige. Am 9. März 1566 wurde Rizzio in ihrer Gegenwart (sie war zu dem Zeitpunkt 6 Monate schwanger) von schottischen Adligen in Holyrood Palace ermordet. Mary gebar am 19. Juni ihren Sohn James (später James VI. von Schottland und James I. von England). Gegen Ende des Jahres 1566 verband sie eine Freundschaft mit James Hepburn, dem Earl of Bothwell, und Mary unternahm erste Versuche, ihre Ehe mit Darnley aufzulösen. Darnley wurde am 10. Februar 1567 in Kirk o' Field unter mysteriösen Umständen ermordet; ob Mary von dem Anschlag wußte, ist bis heute umstritten. Zeitgenossen sahen Bothwell als den wahrscheinlichsten Attentäter; dennoch wurde er vor Gericht freigesprochen. Im April 1567 wurde Mary entweder von Bothwell entführt oder floh mit ihm; im Mai ließ er sich von seiner Frau scheiden und heiratete Mary am 15. Mai in einer protestantischen Zeremonie. Die Adligen verbanden sich gegen Mary und Bothwell und zwangen Mary zur Abdankung; Bothwell floh. Mary wurde in Lochleven Castle festgesetzt, bis sie mit Hilfe von Freunden fliehen und eine Armee werben konnte; ihre Armee wurde am 13. Mai 1568 von den protestantischen Lords und ihren Streitkräften geschlagen. Daraufhin floh Mary nach England, um von Elizabeth Unterstützung zu erbitten. Elizabeth hielt sie fast 19 Jahre lang

gefangen, bis sie schließlich der Anstiftung verschiedener pro-
katholischer Verschwörungen, die das Ziel hatten, Elizabeth ab-
und Mary auf den englischen Thron zu setzen, angeklagt wurde.
Sie wurde zum Tode verurteilt und am 8. Februar 1587 in
Fotheringhay Castle hingerichtet.

Heinrich Darnley, ihr Gemal: Henry Stuart Lord Darnley,
1545-67, ältester Sohn des 4. Earl of Lennox und Lady Margaret
Douglas', ein Cousin von Mary Stuart, heiratete Mary Stuart 1565
und wurde daraufhin zum König von Schottland (allerdings ohne
königliche Machtbefugnisse) ausgerufen; Geburt des Sohnes James
(später James I. von England und James VI. von Schottland) 1566.
Während er sich 1567 in Kirk o' Field von den Pocken erholte,
wurde das Haus, in dem er sich befand, mit Schießpulver in die
Luft gesprengt. Der Verdacht fiel auf Mary und den Earl of
Bothwell; Marys Ehe mit Bothwell zwei Monate später schien
diese Verdachtsmomente zu erhärten und führte zur Rebellion der
schottischen Adligen.

Earl von Lennox, sein Vater: Matthew Stuart, 4th Earl of Lennox
(1516-71), Anführer der katholischen Adligen in Schottland.
Heiratete 1544 Margaret Douglas (1515-78), eine Nichte des
Königs Heinrich VIII von England. Er vermittelte die Ehe
zwischen seinem Sohn und Mary Stuart. Im Jahre 1570 wurde er
als Regent für den Thronfolger, seinen Enkel James, eingesetzt; die
Partei der Königin erklärte ihm jedoch den Krieg und er wurde im
darauffolgenden Jahr getötet.

Earl von Murray, natürlicher Bruder der Königin: James Stuart,
1st Earl of Moray (1531-70), Regent von Schottland von 1567 bis
zu seiner Ermordung im Jahre 1570. Moray war der uneheliche
Sohn des Königs James V. von Schottland und der Lady Margaret
Erskine, Tochter von John Erskine, 4th Earl of Mar. Nach der
Rückkehr seiner Halbschwester Mary wurde er zu ihrem Berater.
Er schlug 1562 eine Rebellion von George Gordon, 4th Earl of
Huntly nieder. Um diese Zeit heiratete er Anne (gest. 1583),
Tochter von William Keith, 1st Earl Marischal. Aufgrund seiner
Opposition gegen Marys Ehe mit Darnley wurde er für vogelfrei
erklärt und floh nach England; nach der Ermordung Rizzios kehrte
er nach Schottland zurück und wurde von Mary begnadigt. Zur Zeit
von Marys Heirat mit Bothwell hielt er sich in Frankreich auf.
Nach Marys Abdankung im Juli 1567 wurde er als Regent von
Schottland eingesetzt; er bekämpfte und besiegte ihre Armee in der

Schlacht von Langside bei Glasgow (13. Mai 1568) und zwang sie zur Flucht nach England. Moray wurde am 23. Januar 1570 von einem Anhänger Marys ermordet.

Graf von Bedfort, Gesandter England's: Francis Russell, 2nd Earl of Bedford (1527-85), war der erste Adlige, der einen Sitz im Unterhaus des englischen Parlaments innehatte; nach der Erhebung seines Vaters in den Adelsstand auch im Oberhaus als Lord Russell (ab 1552). Russells Sympathien mit den Protestanten brachten ihn zu Beginn von Mary Tudors Herrschaft kurzfristig ins Gefängnis. Seit 1555 Earl of Bedford. Nach der Thronbesteigung Elizabeths I. (1558) Ernennung zum Geheimen Rat (privy councillor) und diplomatische Aufträge an Charles IX. von Frankreich und Mary, Königin von Schottland. Zwischen 1564 und 1567 war er Gouverneur von Berwick und steter Vermittler zwischen Mary und Elizabeth. Ritterschlag zum *knight of the garter* (der älteste nationale Ritterorden der Welt) 1564. Er starb in London am 28. Juli 1585.

Graf von Brienne, Gesandter Frankreich's: französischer Gesandter und Stellvertreter des französischen Königs am Hofe Mary Stuarts. Er war als solcher der Empfänger beträchtlicher Ehren, u. a. war er es, der den Thronfolger James bei seiner Taufe in die Kapelle tragen durfte. Weitere Angaben nicht ermittelt.

James Hepburn, Graf von Bothwell: James Hepburn, 4th Earl of Bothwell (1536?-78), schottischer Adliger und dritter Ehemann der Mary Stuart. Obwohl er selber Protestant war, war er ein Partisan der katholischen Regentin Marie de Guise, Mary Stuarts Mutter. Im Jahre 1562 wurde er angeklagt, die Königin entführen zu wollen, und inhaftiert; er entkam und versuchte nach Frankreich zu fliehen, wurde aber gefangen und ein Jahr lang eingekerkert. Mary rief ihn 1565 an den Hof zurück, um mit seiner Hilfe Morays Rebellion niederzuschlagen. Nach dem Tod ihres zweiten Mannes Henry Darnley wurde Bothwell ihr einziger Vertrauter. Bothwell wurde des Mordes an Darnley verdächtigt, aber vor Gericht freigesprochen. Kurz danach entführte er Mary, ließ sich scheiden (seine erste Frau war die Schwester von George Gordon, Earl of Huntly) und heiratete Mary. Im Juni 1567 rebellierten die schottischen Adligen und zwangen ihn und Mary zur Trennung. Bothwell floh nach Dänemark, wo er erneut inhaftiert wurde und 1578 im Gefängnis starb.

Earl von Caithneß, Lord-Oberrichter: George Sinclair, 4th Earl of Caithness (1533-82), Vorsitzender des Gerichts, das Bothwell 1567 für unschuldig an Darnleys Mord befand.

Earl von Mar: John Erskine, 1st Earl of Mar (gest. 29. Oktober 1572 in Stirling), Anhänger der Reformierten, einer der Adligen, die John Knox 1557 nach Schottland zurückriefen. Nach der Rückkehr Mary Stuarts nach Schottland war er einer ihrer Berater und befürwortete ihre Heirat mit Henry Darnley. 1565 zum Earl of Mar ernannt und mit der Bewachung des Thronfolgers James betraut. Er verhinderte die Entführung James' durch Bothwell und stand an der Spitze der Armee gegen Mary und Bothwell. Er war Teil der schottischen Regierung während Marys Inhaftierung in Lochleven und nach ihrer Abdankung. Im September 1571 wurde er zum Regenten von Schottland ernannt.

Lord Douglas: James Douglas, 4th Earl of Morton (1525-81), Sohn von Sir George Douglas of Pittendriech, heiratete Elizabeth (gest. 1574), die Tochter von James Douglas, 3rd Earl of Morton, von dem er den Titel erbte. Lordkanzler von Schottland seit 1563. Seine Sympathien lagen bei den Reformierten; er war einer der Rädelsführer bei der Ermordung David Rizzios im März 1566. Floh nach Niederschlagung der Revolte der schottischen Adligen nach England und kehrte 1567, von Mary begnadigt, zurück. Er führte die Armee, die die Armee der Königin bei Langside besiegte, und war Berater des Earl of Moray während dessen Regentschaft. Nach dem Tod des Earl of Mar im Jahre 1572 wurde er zum Regenten von Schottland ernannt. Im Februar 1573 schloß er durch Vermittlung Elizabeths I. Frieden mit Huntly, den Hamiltons und katholischen Adligen, die Marys Partei angehörten. Im September 1579 wurde er der Beteiligung des Mordes an Henry Darnley angeklagt und für dieses Verbrechen auf der „Maiden", eine Art der Guillotine, die er selbst in Schottland eingeführt hatte, am 2. Juni 1581 hingerichtet.

Lord Ruthven: es ist unklar, an welchen Lord Ruthven Ebner hier dachte, möglicherweise:

Patrick Ruthven, 3rd Lord of Ruthven (c. 1520-66), Protestant, Geheimer Rat bei Mary Stuart und Rädelsführer bei der Ermordung Rizzios. Befürwortete Marys Heirat mit Darnley. Nach der Ermordung Rizzios floh er nach England, wo er am 13. Juni 1566 starb. Ruthven schrieb für Elizabeth I. eine Darstellung der Ermordung Rizzios (*Relation*), in der er die Hauptschuld auf

Darnley schob. Dieses Dokument befindet sich heute im Britischen Museum.

William Ruthven, 4th Lord of Ruthven und 1st Earl of Gowrie (c. 1541-84). Ruthven war wie sein Vater Patrick Ruthven an Rizzios Ermordung beteiligt und floh danach nach England. Begnadigung und Rückkehr nach Schottland 1567. Er war der Anführer einer Gruppe von Adligen, die 1582 die Entführung des jungen Königs James planten und durchführten (bekannt als „the Raid of Ruthven"). Er wurde 1583 erneut begnadigt und ein Jahr später für ein weiteres Komplott wegen Hochverrats angeklagt und hingerichtet.

Lord Kerr: George Kerr (auch Car, Carr, Karre, Ker) of Faudonside, schottischer Adliger, beteiligt an der Ermordung Rizzios. Weitere Angaben nicht ermittelt.

Lord Athol: John Stuart, 4th Earl of Atholl (gest. 1579), ursprünglicher Anhänger der Regierung der Marie de Guise. Er heiratete Elizabeth, Tochter von George Gordon, 4th Earl of Huntly. 1560 stimmte er als einer von drei Adligen gegen die Reformation und bekannte sich zum Katholizismus. Nach Marys Rückkehr nach Schottland wurde er einer ihrer zwölf Geheimräte (privy councillors). Er befürwortete ihre Heirat mit Darnley, wurde zum Sprachrohr des katholischen Adels, und beschützte Mary und Darnley vor Morays Versuchen, den Thron mit Waffengewalt zu erobern. Nach der Ermordung Rizzios verbündete er sich mit den protestantischen Adligen gegen Mary; später befürwortete er ihre Inhaftierung in Lochleven Castle. Im Juli 1568 wurde er erneut zu einem Anhänger Marys; zusammen mit anderen Lords schrieb er 1570 einen Brief an Elizabeth I., in dem er Marys Anspruch auf den englischen Thron unterstützte. Unter James wurde er zum Lordkanzler ernannt. Er starb wenige Tage nach einem Bankett, am 25. April 1579, möglicherweise das Opfer eines Giftmordes.

Lord Huntly: George Gordon, 5th Earl of Huntly (gest. 1576), ab 1556 Sheriff von Inverness, bis zur Eheschließung Marys mit Darnley in Dunbar gefangengehalten, danach offiziell begnadigt und wieder in seine Titel eingesetzt. Er kämpfte auf Marys und Bothwells Seite. Seit 1567 Lordkanzler; plante zusammen mit Bothwell den Anschlag auf Moray in Jedburgh. Er beeinflußte maßgeblich die Scheidung seiner Schwester von Bothwell. Später plante er, Mary aus Lochleven Castle zu befreien. Nach ihrer

Flucht nach England schloß er einen Friedensvertrag mit James Douglas, dem Regenten von Schottland.

Lady Eleanor Argyll: nicht ermittelt.

Cunningham (Freund Lennox's): Alexander Cunningham, 5th Earl of Glencairn, Befürworter der Reformation und besonderer Unterstützer des schottischen Reformators John Knox, der den Protestantismus in Schottland einführte. In der Rebellion Morays gegen Mary ergriff er Morays Seite; nach Marys Abdankung soll er ihre Möbel und Gemälde in ihrer Kapelle in Holyrood Palace zerstört haben.

Iverneß, ein Offizier: nicht ermittelt.

Andrews, ein Page: nicht ermittelt.

S. 22 *Lady Argyll: „Nach der Geburt des königlichen Prinzen"*: zur Zeit der Ermordung Rizzios war Mary Stuart schwanger; die Geburt des Thronfolgers wird hier also aus dramatischen Gründen um einiges vorverlegt.

S. 25 *Ruthven: „ ... zu seinem Königs-Titel/ Die Würde gnädigst noch hinzuzufügen"*: Obwohl Darnley zum König von Schottland ausgerufen worden war, lagen alle Befugnisse des Amtes bei Mary; Mary verweigerte ihm zudem die Thronfolge im Falle ihres kinderlosen Todes.

S. 26 *Ruthven: „In dem nicht mehr die schott'sche Jesabel/ In Unzucht schwelgt und ißt von Götzenopfern"*: im Alten Testament ist Jesabel, Frau des Königs Ahab von Israel, die Quintessenz der lasterhaften Frau und korrupten Regentin, bekannt sowohl für ihren Machtmißbrauch und Gottlosigkeit als auch für ihre Lüsternheit. Jesabel gilt seit jeher als abschreckendes Beispiel, vor allem aufgrund ihres furchtbaren Endes (sie wird von Pferden zertrampelt und von Hunden gefressen, 1. Könige 21:19). Ruthven überträgt hier durch den Vergleich mit Jesabel sowohl das Bild der herzlosen Herrscherin als auch das der lüsternen Frau auf Mary. Sein Zusatz: *„und ißt von Götzenopfern"* ist sowohl eine Evokation des Kannibalismus (auch dies eine der Sünden, derer man Jesabel verklagt hat) als auch eine Anspielung auf die katholische Kommunion (gerade Marys katholische Frömmigkeit und ihr

Festhalten an katholischen Ritualen war den schottischen Adligen ein Dorn im Auge).

Murray: „...Unschlüssig, was es thun soll oder lassen": Erstdruck S. 6: „er"; Ebners handschriftliche Korrektur: „es".

S. 36 *Lennox: „...Nein! Ich kenne meinen kühnen Sohn":* Im Erstdruck „kühnsten", von Ebner handschriftlich verbessert zu: „kühnen".

S. 44 *Maria: „...Uralter Groll hält Euch entzweit mit Bothwell":* Erstdruck S. 16: „unalter" (handschriftlich korrigiert zu: „uralter") und „entzwei" (handschriftlich korrigiert zu: „entzweit").

S. 46 *Murray: „Befiehl' doch Deiner Magd — Dich zu empfangen":* wörtliche Anlehnung an die Verkündigung Mariae: „Die Magd wird empfangen und einen Sohn gebären" (Lukas 1, 31); „Magd" ist ein häufig in der Bibel gebrauchtes Wort für Ehefrauen.

S. 49 *Maria: „Sagt meiner Schwester, Lord":* Elizabeth I. war nicht im wörtlich zu nehmenden Sinne Marys Schwester, sondern vielmehr ihre Kusine zweiten Grades (Elizabeths Vater, Heinrich VIII., war der Bruder von Margaret Tudor, Marys Großmutter). Die häufige Bezeichnung beider als Schwestern beruht teils auf ihrer Verwandtschaft und teils auf der zeitgenössischen Auffassung aller Könige und Königinnen als Geschwister.

Maria: „Wenn mein Vermitteln sich in fremder Sache": Erstdruck S. 19: „Vermittler"; Ebners handschriftliche Korrektur: „Vermitteln".

S. 59 *Maria: „...Er tödtet durch den Blick/ Wie Basilisken":* nach der griechischen Mythologie war der Basilisk (nach griech. *Basileus* = König) der König der Schlangen, imstande, allein durch den Blick zu töten oder zu versteinern.

S. 64 *Darnley: „... (leise) Ich hab' von Neuem heute ihn geseh'n":* Bühnenanmerkung „leise" im Erstdruck, S. 28, nach „heute"; von Ebner dort gestrichen und an den Zeilenanfang versetzt.

S. 66 *Ruthven: „Bewahr' uns Gott vor Satan's Synagoge!"* Anspielung auf Offenbarung 3, 7-9: „Das sagt der Heilige, der Wahrhaftige, der da hat den Schlüssel Davids, der auftut, und niemand schließt zu, der zuschließt, und niemand tut auf: Ich kenne deine Werke. Siehe, ich habe vor dir eine Tür aufgetan, und niemand kann sie zuschließen; denn du hast eine kleine Kraft und hast mein Wort bewahrt und hast meinen Namen nicht verleugnet. Siehe, ich werde schicken einige aus der Synagoge des Satans, die sagen, sie seien Juden und sind's nicht, sondern lügen; siehe, ich will sie dazu bringen, daß sie kommen sollen und zu deinen Füßen niederfallen und erkennen, daß ich dich geliebt habe."

Ruthven: „...*Bei'm Schlüssel Davids's!"* Anspielung auf Offenbarung 3, 7-9 (Text s. vorhergehende Anm.).

Ruthven: „*Lieber säh'/ Ich das apokalypt'sche Thier"*: in der Offenbarung des Johannes, auch Apokalypse genannt, ein Tier gleich einem Panther mit sieben Köpfen und zehn Hörnern, einem Löwenmaul und Bärentatzen, dem der Drache seine Gewalt übergeben hat und dessen Zahlenwert 666 ist. Dieses Tier symbolisiert die Machtherrschaft Satans auf Erden vor der Wiederkehr Christi und dem Weltende (Offenbarung des Johannes Kap.13, 1-18).

S. 67 *Ruthven:* „*Der ehrwürdige Knox"*: John Knox, 1505 (oder 1513/14) - 1572, schottischer Reformist und Gelehrter, ursprünglich katholischer Priester, trat 1545 zum protestantischen Glauben über. Er verbrachte achtzehn Monate auf einer französischen Galeere (1547-49) gefolgt von zehnjährigem Exil in England, in der Schweiz und Frankreich. Rückkehr nach Schottland 1559, wo er zur zentralen Figur der schottischen Reformation wurde und mit England zum Schutz der schottischen reformierten Kirche verhandelte. Im selben Jahr nahm er den schottischen Adligen eine Erklärung ab, die ihren Treueschwur dem Regenten gegenüber aufheben sollte; ein Jahr später formulierte die Verfassung der neuen Kirche (*The First Book of Discipline*, 1560). Nach Marys Rückkehr nach Schottland führte er mehrere religiöse Debatten mit ihr; später verwarf er sie als Ehebrecherin und Komplizin am Mord ihres Mannes. Er war einer der unverblümtesten Kritiker des katholischen „Götzendienstes" in Schottland.

S. 68 *Ruthven:* „*Ich sing' Dir Jubelhymnen, daß Du mich/ Erwählt ... Zur Peitsche Babylons"*: hier gem.: die katholische Kirche. Babylon am Euphrat, Hauptstadt von Babylonien (im Alten Testament: Babel), in der von der Offenbarung des Johannes geprägten christlichen Symbolik eine gottesfeindliche Macht und

Hort von Sünde und Dekadenz, belegt durch verschiedene biblische Geschichten (u. a. Turmbau von Babel, Verschleppung des Volkes Israel in babylonische Gefangenschaft). Martin Luther deutete das ihm verhaßte Papsttum als „Hure Babylons" (Anlehnung an Offenbarung des Johannes 17/18: mit der „Hure Babylons" war möglicherweise ursprünglich Rom gemeint).

S. 69 *Murray:* „*dieser Mosesstab/ Entlocket Deinem marmorstarren Herzen/ Entzückten Dankes lebensvollen Quell*": Anspielung auf ein von Moses vollbrachtes Wunder während der vierzigjährigen Wanderung des Volkes Israel in der Wüste: er schlug mit seinem Stab auf einen Stein und brachte so Wasser hervor (Mose 4, 10-12).

S. 71 *Murray:* „*Die Gegner des allmächtigen Cecil*": gem. Sir William Cecil (1520-98), Baron Burleigh (auch: Burghley), ein hochgeachteter Minister, Staatssekretär und Vertrauter Elizabeths I. Cecil unterstützte die schottischen Protestanten gegen Mary und bestand nach ihrer Gefangennahme in England auf ihrer Hinrichtung.

S. 72 *Murray:* „*... Erfährst Du nur, ihm Glück dazu zu wünschen*": Erstdruck S. 32: „Erführst"; Ebners handschriftliche Korrektur: „Erfährst".

S. 73 *Ruthven:* „*Bothwell — nicht?*" Ruthven wird „Rivven" ausgesprochen (reimbar mit „given"), so daß die hier angeführte Ähnlichkeit der Namen Ruthven – Bothwell auf einem Aussprachefehler der Autorin beruht.

S. 75 *Murray:* „*...O schrei Dich heiser —/ Du thöricht blödes, kurzsichtiges Volk!*" Verächtliche Bemerkungen über das Volk galten im zeitgenössischen Drama als sicheres Zeichen für die Korruption eines Herrschers. Vgl. die folgende Aussage der Königin Elisabeth in Schillers *Maria Stuart* (1800): „O Sklaverei des Volksdiensts! Schmähliche/ Knechtschaft — Wie bin ich's müde, diesem Götzen/ Zu schmeicheln, den mein Innerstes verachtet!/ Wann soll ich frei auf diesem Throne stehn!/ Die Meinung muß ich ehren, um das Lob/ Der Menge buhlen, einem Pöbel muß ich's/ Recht machen, dem der Gaukler nur gefällt" (IV, 10).

Murray: „*Ruhig Berber!/ dies alles nützt dir nichts — dein mächt'ger Reiter/ Bemerkt kaum deine Wuth*": in der Literatur der Goethezeit sind scheuende Pferde beim Einritt in die Stadt häufig

Anspielungen auf das Verderben, das ihrem Reiter droht, so u.a. in Goethes Dramen *Götz von Berlichingen* (1771) und *Egmont* (1788).

S. 77 *Murray:* „*...Schottlands Distel"*: die Distel ist bis heute das nationale Symbol Schottlands.

S. 81 *Ruthven:* „*Was David ließ/ Vollziehen an Urias, und Moses that/ An dem Egypter"*: Anspielung auf David, der Uriahs Frau Bathsheba begehrte und ihren Mann an die Front schickte, so daß er dort getötet wurde (Samuel 2, 6-7). Moses ermordete einen Ägypter, weil er sah, wie dieser einen Israeliten schlug, und verscharrte ihn im Sand (2. Mose 2, 11-12). Ruthven spielt auf die solchermaßen biblisch verbürgte Möglichkeit an, einen Meuchelmord zu begehen und sich trotzdem die eigene Heiligkeit zu bewahren.

S. 84 *Maria:* „*Mein armes Hirn ist fieberkrank, und leiht"*: Erstdruck S. 38: „leicht"; Ebners handschriftliche Korrektur: „leiht".

S. 85 *Lady Argyll:* „*... Das Crucifix in den gefalt'nen Händen"*: Erstdruck S. 39: „Crucifißx"; Ebners handschriftliche Korrektur: „Crucifix".

S. 86 „*Lady Argyll:* „*...Und wirbt sich Helfer..."*: Erstdruck S. 39: „Felsen"; Ebners handschriftliche Korrektur: „Helfer".

S. 89 *Bühnenanweisung* „*neben den Eingängen Estraden"*: Estrade = Dais oder gehobene Plattform (für ein Bett oder einen Thron).

S. 90 *Bühnenanweisung* „*Alle erheben sich..."*: Im Erstdruck S. 41 ist der Name „Kerr" ausgelassen, von Ebner handschriftlich hinzugefügt.

S. 91 *Murray:* „*Seid Ihr mit Blindheit denn geschlagen, Sir,/ Der Göttin gleich, in deren Dienst Ihr steht?/ ... Heut muß die Themis blinzeln"*: Themis, altgriechische Göttin der gesetzlichen Ordnung und des Rechts, Personifizierung der Gerechtigkeit, häufig mit Waagschale und Zepter oder Waage und Schwert und mit verbundenen Augen dargestellt (in der römischen Mythologie: Justitia). Ihre „Blindheit" (für Reichtum, Status, andere Vorteile) symbolisiert das Prinzip des gleichen Rechts für alle. Mit „blinzeln" mein Murray hier: unter ihrer Augenbinde hervorlugen, d. h. voreingenommen Recht sprechen.

S. 93 *Lennox: „Und Hohn Euch jedes Recht"*: Erstdruck S. 43: „Hohn ruft jedes Recht"; Ebners handschriftliche Korrektur (unleserlich): „Euch" [?].

S. 102 *Maria: „Bedenkt dies Wort — und höret!"*: Erstdruck S. 48: „hört"; Ebners handschriftliche Korrektur: „höret".

Kerr: „Nicht weiter, Königin": Im Erstdruck S. 48 wird dieser Dialogteil Athol zugeschrieben; von Ebner handschriftlich verbessert.

S. 103 *Caithneß: „Gestatt' auch mir das Amt, das ich verwalte"*: Erstdruck S. 48: „Das Amt"; Ebners handschriftliche Korrektur: „das Amt".

Bothwell: „Das ist Felonie!": Felonie = vorsätzlicher Bruch des Treueverhältnisses zwischen Lehnsherr und Lehnsmann, seitens des Lehnsmannes (z.B.: Verweigerung der Dienste, unerlaubtes Veräußern des Lehens, Bündnis mit Feinden) oder Lehnsherrn (z.B.: Rechtsverweigerung oder grundloser Entzug des Lehens).

Maria: „... Ein Act der Nothwehr ist mein jetzig Handeln": Erstdruck S. 49: „Nothrache"; Ebners handschriftliche Korrektur (unleserlich): „Nothwehr" [?].

S. 106 *Athol: „Ihr seid des Königs"*: gem. hier: der Thronfolger James, später James VI. von Schottland.

S. 111 *Bothwell: „...Ihr Andern folgt, und hört den Schlachtenplan"*: Erstdruck S. 53: „Schlachtenruf"; Ebners handschriftliche Korrektur: „Schlachtenplan".

S. 112 *Brienne: „O Königin! Gott schütze Eure Hoheit..."*: Erstdruck S. 53: „segne"; Ebners handschriftliche Korrektur: „schütze".

S. 113 *Maria: „... wer führt' Euch an,/ Als Ihr den Murray schlugt?"* Anspielung auf die von Moray angeführte Rebellion im Jahre 1565, die Mary erfolgreich niederschlug.

S. 114 *Huntly: „...Indessen Murray Dumbarton umgeht"*: Erstdruck S. 55: „Dombarton".

S. 118 *Maria: „Starrt die/ Meduse mir aus jedem Antlitz?!"* Medusa war in der griechischen Mythologie ein schlangenbehaartes Monster, dessen Anblick jeden, der sie ansah, versteinerte.

S. 120 *Bothwell:* „*...Als meines Hochlands stolze Föhren tragen":* Föhr = Fichte.

S. 122 *Bothwell:* „*Ich durchschaue/ Dich ganz, Syrene":* die Sirenen, Töchter des Acheloos, waren in der griechischen Mythologie (u. a. belegt in Homers *Odyssee*) Mischgestalten aus Mensch und Vogel, die durch ihren lieblichen Gesang vorbeifahrende Schiffer so betörten, daß sie an den Klippen zerschellten und umkamen.

S. 126 *Huntly:* „*Ihr greift mit kirchenschänderischen Händen,/ An* Gottes *vorbehalten Eigenthum":* gem. ist Maria, „von Gottes Gnaden" Königin von Schottland.

S. 129 *Maria:* „*...Die achtzehnjährige Kön'gin dreier Reiche":* Als Dauphin Francis, ihr erster Ehemann, im Jahre 1559 König von Frankreich wurde, war Mary Königin von Frankreich und Schottland; viele Katholiken sahen Mary als rechtmäßige Erbin des englischen Thrones nach dem Tod der katholischen Königin Mary Tudor, der die anglikanische Königin Elizabeth I. auf den Thron folgte. Marys Anspruch auf den englischen Thron basierte auf der Tatsache, daß sie die Enkelin von Margaret Tudor war (Schwester von Heinrich VIII., Elizabeths Vater). Für Katholiken, für die die Ehe unauflöslich war, war Heinrichs VIII. zweite Ehe mit Anne Boleyn, aus der Elizabeth hervorging, unrechtmäßig; nach englischem Gesetz durften nur ehelich geborene Königskinder die Thronfolge antreten.

Marie Roland. Trauerspiel in fünf Aufzügen.

Der Text basiert auf den von Ebner handkorrigierten Druckfahnen des Erstdrucks: *Marie Roland. Trauerspiel in fünf Aufzügen. Von M. von Eschenbach,* Wien: Druck von J. H. Wallishausser's k. k. Hoftheater-Druckerei, 1867. Ebners handschriftliche Korrekturen wurden in allen Fällen in die vorliegende Ausgabe übernommen; Erstdruckversion und Verbesserungen der Autorin sind untenstehend angeführt.

Zwei von Ebners Hauptquellen für das Drama waren die Memoiren der Marie Roland und Alphonse de Lamartines (1790-1869) Geschichte der Girondisten (*Histoire des Girondins,* 1847). Im April 1866 notierte Ebner in ihrem Tagebuch: „Fast nichts gelesen als Bücher die sich auf *Marie Roland* bezogen. Memoiren"

(*Tagebücher* I, S. 139). Das Drama war im Herbst 1866 fertiggestellt. Tagebucheintragung am 30. Oktober 1866: „Ich änderte an der *Roland*" (*Tagebücher* I, S. 125). Am 5. Dezember 1866 schickt sie das Drama an den Dramatiker Friedrich Halm (Pseud. für Elegius Franz Josef Reichsfreiherr von Münch-Bellinghausen, 1806-71) mit der Bitte um Beurteilung. Der, ebenfalls ein unter Pseudonym schreibender Adliger, reagierte mit dem Rat, das Drama zu vergraben, und mit großer Besorgnis, Ebners Name könne mit einem derart kontroversen Thema assoziiert werden. Am 9. Dezember findet sich folgender Eintrag: „Vorm.: Münch bei mir. Er warnt mich die *Roland* aufführen zu lassen, wenn ich nicht unverbrüchlich auf die Verschwiegenheit Derer rechnen kann, welche sie kennen" (*Tagebücher* I, S. 131). Dennoch schickte sie das Drama an Eduard Devrient mit der Bitte um eine Karlsruher Aufführung. Seine Reaktion beschreibt sie in ihrem Tagebucheintrag am 3. März 1867: „Merk ich mir den Tag! Der Schatten vom lichten 26. Jänner [an diesem Tag erhielt sie eine enthusiastische Reaktion auf das Drama von Heinrich Laube, s. u.] froh u. wohlgemut an den Kleinigkeiten gearbeitet die noch an der *Roland* zu ändern sind — da kommt ein Paket aus Karlsruhe. Das Herz steht mir still — Devrient schreibt mir selbst — Er schickt *M. Roland* zurück. Er erwartet keinen Bühnenerfolg von ihr. ‚Die Gifthauchatmosphäre der Revolutionszeit ist zu treu darin geschildert.' Der Brief widerspricht in vielen Punkten jenem den mir Devrient im Herbste schrieb. Damals fand er sie zu edel, jetzt findet er sie so unweiblich dass man keine Sympathie für sie empfinden kann. Und an ihrem Charakter habe ich doch nichts geändert, das ist alles geblieben was es war" *(Tagebücher* I, S. 162).

Bereits zwei Monate vor dieser Enttäuschung, als Ebner das Drama Heinrich Laube mit dem Antrag auf eine Aufführung am Burgtheater übergab, fühlte sie sich so geübt im Entgegennehmen von Ablehnungen, daß sie die Laubes ausführlich vorwegnahm: „Heute werde ich mein Manuskript *Roland* bei Laube abholen u. erwarte dass er mir sagen wird: Ihr Stück hat viel Schönes, aber es ist ein Buchdrama, für die Bühne nicht geeignet. Das Publicum wird gleich im Anfange mit fertigen Situationen überrascht, von denen es nicht erfährt wie sie so geworden sind. Das verwirrt und hemmt das Interesse" (*Tagebücher* I, S. 155). Laube jedoch überraschte sie mit uneingeschränktem Enthusiasmus, den sie jauchzend in ihrem Tagebuch festhält: „Von Laube kommend:

Alleluja! Danke, Dir mein Gott! Du bist mir doch gnädig u. huldreich über alles Verdienst, über alle Erwartung" (26. Januar 1867, *Tagebücher* I, S. 155). Nach Laubes Ablösung als Intendant des Hoftheaters durch Münch wurden die Pläne zur Aufführung der *Marie Roland* schweigend begraben. Ebners enttäuschter Tagebuchvermerk: „Leb wohl *Marie Roland*! — Es ist einmal wieder eines meiner Kinder gestorben bevor es auf der Welt war" (Eintrag vom 11. Juli 1867, *Tagebücher* I, S. 193).

Mehrere Aussagen der Marie Roland im Drama sind wortgetreu aus Marie Rolands *Mémoires* übersetzt; einige zentrale Szenen, darunter die Verhaftung der Marie Roland, sind genau aus den Memoiren übernommen.

Historischer Hintergrund: Das Drama spielt vier Jahre nach dem Beginn der Französischen Revolution, der häufig mit dem Sturm auf die Bastille (14. Juli 1789) identifiziert wird. Wichtige Entwicklungen vor 1793, die Ebner als bekannt voraussetzt, sind u.a.: die Selbsterklärung des Dritten Standes zur Nationalversammlung am 17. Juni 1789; die Verkündigung der Allgemeinen Erklärung der Menschenrechte (*Déclaration des Droits de l'Homme et du Citoyen*) durch die Nationalversammlung am 26. August 1789, die Abschaffung der Monarchie und der Adelsrechte, inklusive Steuerfreiheit, Jagdrecht und Leibeigenschaft (4. August 1789); der mißglückte Fluchtversuch des Königs und seiner Familie (20. Juni 1791); die Beschränkung der königlichen Macht auf ein Vetorecht in der Verfassung von 1791 (Etablierung der Volkssouveränität); schließlich die Gefangennahme von Louis XVI. und Marie Antoinette, ihre Verurteilung durch die Nationalversammlung und Hinrichtung am 21. Januar (Louis) und 16. Oktober (Marie Antoinette) 1793.

Im engeren Sinne konzentriert sich das Drama auf den Fall der *Girondisten* (s. u.).

Wichtige Begriffe:

Nationalkonvent: Bezeichnung für die dritte gewählte Nationalversammlung, die sich in die Montagnarden (von frz. *la montagne* = Berg) bzw. Bergpartei, Jakobinern und die aus dem Jakobinerklub ausgetretenen Girondisten (s. u.) spaltete. Viele Montagnarden waren Jakobiner, obwohl die Bergpartei keineswegs mit dem Jakobinerklub identisch war; beide opponierten gegen die Girondisten. Die Mitte, die z. T. mit den Montagnarden und z. T.

mit den Girondisten stimmte, wurde „Ebene" genannt, da ihre Abgeordneten in der Nationalversammlung unter den Abgeordneten der Bergpartei, aber über den Girondisten saßen.

Der *Wohlfahrtsausschuß* (*Comité de salut public*) wurde am 25. März 1793 vom Nationalkonvent als Exekutivorgan eingerichtet und umfaßte anfangs 25 Mitglieder; seine Funktion bestand hauptsächlich in der Kontrolle des Konvents und der Regierung. Der Wohlfahrtsausschuß konnte Verfügungen der Minister suspendieren und selbständige Maßnahmen ergreifen. Seine Vollmacht war auf einen Monat beschränkt und mußte danach erneuert werden; auch Mitglieder wurden nur auf einen Monat gewählt. Ab Mitte 1793 stand der Wohlfahrtsausschuß unter der Kontrolle von Robespierre und Danton; vor allem unter Robespierres Einfluß wurde der Wohlfahrtsausschuß, ausgestattet mit diktatorischen Vollmachten, zum ausführenden Organ der Terrorherrschaft. Der Wohlfahrtsausschuß wurde 1795 aufgelöst.

Der *Sicherheitsausschuß* (*Comité de sûreté générale*), eine Abspaltung des Wohlfahrtsausschusses, war offiziell für die Justiz zuständig und stand häufig im Konflikt mit dem Wohlfahrtsausschuß, der die Politik bestimmte. Zusammen mit dem Wohlfahrtsausschuß und dem *Comité de l'instruction* bildete der Sicherheitsausschuß einer der drei bedeutendsten Organe des Nationalkonvents.

Girondisten: gemäßigte bürgerliche Revolutionäre in Opposition zur Bergpartei, von dieser verächtlich als „Sumpf" bezeichnet. Die Girondisten, deren Name sich daher ableitet, daß viele von ihnen aus dem Département Gironde (bei Bordeaux) kamen, hatten zwölf Abgeordnete im Nationalkonvent. Obwohl sie gleiche Ziele mit den Jakobinern vertraten (beide waren Demokraten und Republikaner; beide waren prinzipielle Gegner der Monarchie), standen sie in erklärter Opposition zueinander. Die Girondisten waren bekannt als Idealisten und Theoretiker, als die Konservativen des Konvents, deren Bedürfnis nach einer Wiederherstellung der Ordnung in eklatantem Widerspruch zu dem Fanatismus der Organisierer des Terrors stand. Bis März 1793 hielten die Girondisten die Mehrheit im Nationalkonvent, kontrollierten den Exekutivrat und stellten das Kabinett; sie zogen sich jedoch durch ihre scheinbar unbeständige Politik das Mißtrauen großer Teile der Bevölkerung zu, was durch populäre Redner wie Marat, die ständig gegen die Gironde polemisierten, noch verstärkt wurde. Die Wahl des von ihnen scharf kritisierten und schließlich wegen Inkompetenz abgelösten Ex-Girondisten Jean Nicolas Pache (1746-1823) zum Bürgermeister von Paris (15. Februar 1793) besiegelte das Schicksal der Gironde. Zusammen mit Pierre Gaspard Chaumette (1763-94), dem Staatsanwalt der Kommune, und Jacques-René Hébert (1757-94), dem stellvertretenden Staatsanwalt, plante er den bewaffneten Aufstand gegen die Gironde im Konvent (10. März 1793). Gegenmaßnahmen der Girondisten (darunter der am 18. Mai ernannte Zwölferausschuß und die Verhaftung Marats und Héberts) wurden durch Aufstände der Sansculottes am 27. und 31. Mai niedergeschlagen. Am 2. Juni wurde der Nationalkonvent von Girondisten „gesäubert". Der Konvent bestätigte die Erstellung einer Liste von 22 Abgeordneten und zehn Mitgliedern des Zwölferausschusses, die zunächst unter Hausarrest gesetzt werden sollten. Einige ergaben sich, darunter Gensonné und Vergniaud; andere, darunter Louvet und Buzot, entkamen aus Paris und organisierten in den Provinzen eine Bewegung gegen die Hauptstadt. Dieser Versuch, den Bürgerkrieg zu entfesseln, und die bald darauffolgende Ermordung Marats durch Charlotte Corday (1768-93) führten zur Inhaftierung der internierten Abgeordneten und wurde zum Vorwand für den darauffolgenden Terror. Am 28. Juli wurden einundzwanzig Abgeordnete als Staatsfeinde und Verräter geächtet; am 24. Oktober folgten weitere 39 Namen. Der Prozeß begann am 24. Oktober 1793 und endete am 31. Oktober mit der Guillotinierung aller Angeklagten mit Ausnahme von Dufriche de Valazé (1751-93), der Selbstmord begangen hatte und dessen Leichnam auf dem Henkerskarren mitgenommen wurde. Unter den Hingerichteten befanden sich Gensonné und Vergniaud. Von den in die Provinzen Geflohenen wurden die meisten gefangengenommen und hingerichtet oder begingen Selbstmord, darunter Barbaroux, Buzot, und Jean-Marie Roland. Einer der wenigen Entkommenen war Jean Baptiste Louvet, dessen *Mémoires* die Lage der flüchtigen Girondisten schildern.

Jakobiner: Klub der Jakobiner, ursprünglich der gut organisierte Bretonische Klub, der zur Linken gehörte und während der Parlamentsdebatten die meisten Entscheidungen durchsetzte (so genannt, da sie in einem nach dem heiligen Jakob benannten Kloster tagten). Dem Jakobinerklub gehörten ca. 400 Abgeordnete der Linken an; er wurde mit der Zeit so mächtig, daß er in Konkurrenz zur Nationalversammlung trat. Nachweislich wurden

Susanne Kord

viele Anträge zuerst im Jakobinerklub besprochen, bevor sie der Nationalversammlung zur Diskussion vorgelegt wurden.

S. 132 *Personen* (nach Reihenfolge des Personenverzeichnisses):

Jean-Marie Roland de la Platière, 1734-93, Innenminister in Ludwigs XVI. girondistischem Kabinett (1792). Ehe mit Manon Jeanne Phlipon (Marie Roland) 1781 und Geburt der Tochter Eudora im selben Jahr. Arbeitete von 1781-85 als Fabrikinspektor in Amiens, dann Umzug nach Lyon. Bei Ausbruch der Revolution nahmen sowohl er als auch Marie Roland großen Anteil an den Geschehnissen in Paris, Marie Roland schrieb Artikel für den *Courrier de Lyon*, die er unterzeichnete und in denen der Fortschritt der Revolution beschrieben wurde. Roland wurde 1791 als Lyoner Abgeordneter nach Paris gesandt, mit dem Auftrag, um Erlaß der Schulden der Stadt zu bitten. Ab Dezember 1791 Mitglied des Jakobinerklubs; sein und Madame Rolands Salon wurde zum Treffpunkt vieler politischer Anführer, darunter Jérôme Pétion (1756-94, Bürgermeister von Paris 1791), Robespierre, und Buzot. Am 23. März 1792 wurde Roland zum Innenminister ernannt. Aufgrund eines Protestbriefes an Ludwig XVI., den Marie Roland geschrieben haben soll, wurde Roland seines Ministeramts entkleidet, das er erst nach der Absetzung des Königs am 10. August wieder antrat. Er stand als Moderater im Widerspruch zur Bergpartei und machte sich besonders durch Angriffe auf Robespierre unbeliebt. In dem Prozeß gegen den König forderte er Bestätigung des Todesurteils durch Volksabstimmung und trat am 23. Januar 1793, zwei Tage nach der Hinrichtung Ludwigs XVI., von seinem Ministeramt zurück. Obwohl stetigen Angriffen, vor allem von Seiten Marats, ausgesetzt, blieben die Rolands in Paris. Nach der Ächtung der Gironde floh Jean-Marie Roland nach Rouen, wo er von der Hinrichtung seiner Frau erfuhr und zwei Tage danach Selbstmord beging.

Pierre Victurnien Vergniaud, 1753-93, Redner und Rechtsanwalt, 1789 in die Nationalversammlung gewählt. Sein Ruhm als Redner basierte u. a. auf einer Verteidigungsrede, in der er das Elend der Bauern beschrieb. Ursprünglich Befürworter der konstitutionellen Monarchie, schlug er sich nach der Flucht des Königs in das Lager der Republikaner. Aufgrund seines Aufrufes erfolgte die Kriegserklärung gegen den König von Böhmen und Ungarn am 20. April 1791. Seine öffentlichen Reden, vor allem gegen den König, werden häufig als der wichtigste vereinzelte Faktor in politischen Entscheidungen der Zeit gesehen. Er entwarf den Beschluß, den König abzusetzen. In einer seiner größten Reden befürwortete er den Volksentscheid im Bezug auf Ludwigs XVI. Hinrichtung. Er denunzierte die Septembermassaker auf das schärfste und stellte die Verschwörung gegen die Girondisten im Nationalkonvent bloß. Robespierre benutzte einen Brief an Ludwig XVI., unterzeichnet u. a. von Vergniaud und Gensonné, als Basis für eine Anklage des Hochverrats. Verurteilung am 27. Oktober 1793; er wurde als letzter der Girondisten am 31. Oktober 1793 hingerichtet. Von ihm stammt der berühmte Ausspruch: „Die Revolution ist wie Saturn, sie frißt ihre eigenen Kinder."

François-Nicolas Léonard Buzot, 1760-94, Rechtsanwalt, 1789 zum Abgeordneten der Generalstände gewählt; verlangte u. a. die Nationalisierung der Besitztümer des Klerus und das Recht aller Bürger, Waffen zu tragen. 1792 zum Abgeordneten in den Nationalkonvent gewählt; forderte die Bildung einer Nationalgarde, um den Konvent gegen den Pöbel zu schützen. Im Prozeß gegen Ludwig XVI. stimmte er für dessen Tod. Befürwortete das Todesurteil für nicht zurückgekehrte französische Emigranten und alle Anhänger der Monarchie. Nach seiner Ächtung am 2. Juni 1793 floh er in die Normandie; nach Fehlschlagen des Aufstandes gegen den Konvent nach Bordeaux. Selbstmord am 18. Juni 1794 in den Wäldern von Saint-Emilion, zusammen mit Jérôme Pétion, dem ehemaligen Bürgermeister von Paris.

Charles Jean Marie Barbaroux, 1767-94, Rechtsanwalt, ursprünglich Mitglied des Jakobinerklubs, später prominenter Gegner Marats und Robespierres, den er 1792 beschuldigte, die Diktatur anzustreben. Entwarf die Anklageakte gegen Ludwig XVI. und stimmte in dem darauffolgenden Prozeß für dessen Tod. Nach der Ächtung der Gironde entkam er nach Caen, wo er den bewaffneten Widerstand organisierte, dann nach Saint-Emilion bei Bordeaux, wo er seine Memoiren schrieb (veröffentlicht 1822 von seinem Sohn). Nach seiner Entdeckung fehlgeschlagener Selbstmordversuch durch Erschießen; Hinrichtung durch die Guillotine in Bordeaux, nachdem seine Identität zweifelsfrei festgestellt war, im Jahre 1794.

Jean-Baptiste Louvet de Couvrai, 1760-97, Schriftsteller. Sein erster Roman, *Les Amours du chevalier de Faublas* (1787-89), beschreibt eine Heldin namens Lodoïska. Diese Figur ist Madame Cholet, der Ehefrau eines Pariser Juweliers, nachgebildet, mit der Louvet eine Liebesaffäre unterhielt. Lodoïska Cholet ließ sich 1792 von ihrem Mann scheiden und heiratete Louvet 1793. Louvets Romane befassen sich vorwiegend mit Fragen, die von der Revolution aufgeworfen wurden, u. a. die Frage nach der Priesterehe und der Legitimität der Ehescheidung. Louvet etablierte sich als Politiker durch seine Schrift *Paris justifié*, in der er das Recht der Pariser, den König vor Gericht zu stellen, verteidigte. Daraufhin wurde er in den Jakobinerklub gewählt. 1792 ging er zu den Girondisten über und veröffentlichte, auf Rolands Kosten, eine Zeitschrift mit dem Titel *La Sentinelle*. Als Herausgeber des *Journal des débats* machte er sich einen Namen als Kritiker Robespierres, Marats und anderer Mitglieder der Montagnards. Zusammen mit Roland forderte er bei dem Prozeß gegen Ludwig XVI. die Bestätigung des Todesurteils durch Volksabstimmung. Nach der Ächtung der Gironde floh er aus Paris; nach dem Fall Robespierres wurde er in den Konvent zurückberufen und diente als Mitglied des Verfassungskommittees, Präsident der Nationalversammlung, und Mitglied des Sicherheitskommittees. Er wurde zum Konsul von Palermo ernannt, starb jedoch, bevor er sein Amt antreten konnte. Louvets Memoiren (*Quelques notices pour l'histoire et le récit de mes périls depuis le 31 mai 1793*, veröffentlicht 1795, heute bekannt als *Mémoires de Louvet de Couvrai*), sind eine der Hauptquellen für die Erlebnisse der entkommenen Girondisten nach ihrer Flucht aus Paris. Louvet starb 1797 im Faubourg Saint-Germain an einer Krankheit.

Armand Gensonné, 1758-1793, ab 1790 Staatsanwalt der Kommune, 1791 vom neugeschaffenen Département Gironde zum Mitglied des Appellationsgerichts gewählt; im gleichen Jahr girondistischer Abgeordneter in der Nationalversammlung. Er schlug zwei der revolutionärsten Maßnahmen vor: Das Dekret zur Anklage der Brüder des Königs (1. Januar 1792) und die Kriegserklärung gegen Böhmen und Ungarn (20. April 1792). Im Prozeß gegen Ludwig XVI. stimmte er für die Todesstrafe. Als Präsident des Konvents (7. – 21. März 1793) beteiligte er sich an den Angriffen der Girondisten gegen die Montagnarden. Mit den Girondisten am 2. Juni geächtet; Prozeß am 24. Oktober, Hinrichtung am 31. Oktober.

Georges Danton, 1759-94, zusammen mit Camille Desmoulins (1760-94) und Jean-Paul Marat einer der Gründer des Jakobinerklubs und zusammen mit Marat und Louis Antoine Léon de Saint-Just (1767-94) deren Anführer. Engagierter Vertreter der Republik; spielte eine maßgebliche Rolle beim Sturm der Tuilerien und der Verhaftung der königlichen Familie am 10. August 1792. Ab 1792 Justizminister. Entgegen der Darstellung in Ebners Drama beteiligte er sich nicht an den Septembermorden und legte sein Ministeramt kurz darauf nieder. Verbündete sich zum Sturz der Girondisten mit der Bergpartei und erreichte am 10. März 1793 die Einrichtung eines außerordentlichen Gerichtshofes, des späteren Revolutionstribunals. Durch seinen Einsatz für das Ende des Terrors 1794 zog er sich die Feindschaft Robespierres zu; sein darauffolgender Versuch, mit dem feindlichen Ausland Friedensverhandlungen aufzunehmen, führte zu seinem Ausschluß aus dem Wohlfahrtsausschuß. Verhaftung am 31. März 1794, kurzer Prozeß vor dem Wohlfahrtsausschuß, Hinrichtung mit 13 seiner Anhänger am 5. April 1794.

Maximilien François Marie Isidore de Robespierre, 1758-94, Jurist, vom Volk der „Unbestechliche" genannt, einer der einflußreichsten Männer der Revolution. Mit 12 Jahren legte er das juristische Universitätsexamen ab; mit 24 Jahren trat er sein erstes Richteramt an, das er niederlegte, als er sein erstes Todesurteil hätte verhängen müssen. Frühe polemische Publikationen gegen Privilegien des Adels und der Geistlichkeit. Mit 31 Jahren wurde er zum Delegierten der Generalstandsversammlung gewählt (die von Ludwig XVI. dazu berufen worden war, seine Steuererhöhungen durchzusetzen). Vertrat eine Staatstheorie, die auf den Theorien seines Mentors Jean-Jacques Rousseau (1712-78) aufbaute, und forderte die Vernunft als Grundlage und Tugend als Ziel der Staatsordnung. Ab 1790 Präsident der Jakobiner. Im Prozeß gegen Ludwig XVI. stimmte er für dessen Tod und erklärte ihn zum Verräter Frankreichs und zum Verbrecher an der Menschheit. Robespierre vertrat den Terror in Verbindung mit der Tugend, da ohne Tugend der Terror verhängnisvoll, ohne Terror die Tugend machtlos sei. Robespierre entwickelte sich mit Hilfe des Wohlfahrtsausschusses zum Blutrichter der Revolution; er war direkt verantwortlich für die Hinrichtung der Enragés, der Anhänger des Jacques Roux (1752-94), des Jacques-René Hébert und seiner Anhänger, und Dantons und seiner Anhänger; die vom Wohlfahrtsausschuß genehmigten Hinrichtungen im Jahr 1794 beliefen sich auf mehrere Hunderte pro Monat. Nach einer Rede vor dem Parlament am 26. Juli 1794, in der er auf neue ungenannte Verräter anspielte, die mit aller Schärfe bestraft werden müßten, bildete sich eine Koalition aus Abgeordneten, die fürchteten, als Verräter bezeichnet zu werden. Am Tag darauf wurde seine Verhaftung im Nationalkonvent einstimmig beschlossen. Robespierre entkam mit Freunden aus dem Kerker und schoß sich in den Mund; er wurde notdürftig ärztlich behandelt und am 28. Juli 1794 schwerverletzt guillotiniert.

Jean-Paul Marat, 1743-93, Arzt, Verleger, Journalist, Naturwissenschaftler, gilt als einer der radikalsten Anführer der Französischen Revolution, wandte sich entschieden gegen die Monarchie und war bekannt als Befürworter politischer Gewalt. 1775 Doktor der Medizin (St. Andrews University, Schottland); Rückkehr nach Frankreich 1777, wo er Leibarzt des Comte d'Artois, des jüngsten Bruders Ludwigs XVI. und des späteren Karl X., wurde. Buchpublikationen auf Englisch und Französisch in Physik, Jura, Physiologie, und Politiktheorie. 1789 Herausgeber des *Ami du Peuple*, der einflußreichsten radikalen Zeitung Frankreichs, die bis zu zweimal täglich erschien und in der er vornehmlich die gemäßigte Gironde und bürgerliche Abgeordnete in der Nationalversammlung angriff. Er befürwortete die Ansicht, daß alle Revolutionsgegner Verräter seien, und veröffentlichte ihre Namen in *Ami du Peuple*, um sie der Rache des Volkes auszusetzen. Befürwortete im Juli 1790 die Guillotinierung von 500-600 Gegnern. Nach dem Sturz der Monarchie 1792 schloß er sich den radikalen Jakobinern an und wurde Delegierter des Nationalkonvents und Präsident der Jakobinischen Partei. Marat litt von Kindheit an an Skrofulose, einer mit schwerem Juckreiz verbundenen Hautkrankheit. Marat wurde am 13. Juli 1793 von Marie Anne Charlotte Corday d'Armont (1768-93), einer Anhängerin der Girondisten, ermordet. Corday wurde für diese Tat wenige Tage später guillotiniert.

Jean François Lacroix (auch: Delacroix), 1753-94, Sohn eines Chirurgen und Anwalt, zunächst Mitglied der Bergpartei, dann Jakobiner und einer von Dantons wichtigsten Verbündeten. Mit Danton wurde er in einem militärischen Auftrag nach Belgien geschickt. Er trug maßgeblich zur Vernichtung der Girondisten bei. Mitglied des Nationalkonvents von 1792-94 und dessen Präsident 1792; Mitglied des Sicherheitsausschusses 1793. Er war ein Verfechter der Abschaffung der Sklaverei, als die Situation der aufständischen Kolonie Haiti vor dem Nationalkonvent diskutiert wurde, und schrieb den 18. Artikel als Zusatz zur *Déclaration de l'homme et du citoyen*, der die Sklaverei verbot. Er wurde angeklagt, den Nationalkonvent stürzen zu wollen, am 31. März 1794 verhaftet und zusammen mit Danton und anderen Dantonisten am 5. April 1794 hingerichtet.

Louis Legendre, 1752-97, Metzger, Mitglied des Jakobinerklubs und Mitgründer des Cordelier-Klubs. Legendre war einer der Anführer beim Sturm auf die Bastille und bei dem Angriff auf die Tuilerien (10. August 1792). Als Abgeordneter des Nationalkonvents stimmte er bei dem Prozeß gegen Ludwig XVI. für dessen Tod. Mitglied des Sicherheitsausschusses und maßgeblich am Fall der Girondisten beteiligt. Nach Robespierres Hinrichtung wurde Legendre Teil der reaktionären Bewegung und beaufsichtigte die Schließung des Jakobinerklubs.

Jacques Claude, Comte Beugnot, 1761-1835, Politiker und Anhänger der Gironde, mit den Girondisten geächtet und 1793-94 inhaftiert. Im Gefängnis lernte er Marie Roland kennen, von der er zuvor wenig hielt: als sie ihm einmal als Frau des Innenministers eine Einladung zukommen ließ, lehnte er sie ab. Im Gefängnis allerdings änderte er seine Meinung; seine Memoiren enthalten sehr positive Äußerungen sowohl über ihren Charakter als auch ihren Mut (er war einer der Augenzeugen ihrer Vorbereitungen für den Gang zur Guillotine). Unter Napoleons I. Herrschaft wurde er Präfekt und Staatsrat und schließlich unter Jérôme Bonaparte Finanzminister. 1808 erhielt er das Kreuz der Ehrenlegion und den Grafentitel; 1814 wurde er zum Innenminister ernannt. Unter Louis Philippe setzte er sich nachdrücklich für die Pressefreiheit ein. Er starb am 24. Juni 1835. Seine Memoiren mit Passagen über die letzten Tage der Marie Roland erschienen 1868, herausgegeben von seinem Sohn.

Jeanne Marie Roland de la Platière, née Manon Jeanne Phlipon, 1754-93, bekannt als Madame Roland, Autodidaktin, Schriftstellerin und Befürworterin der Republik. Ihre Passion für eine französische Republik stützte sich vor allem auf Schriften von Plutarch, Montesquieu, Voltaire und Rousseau. Ehe mit Jean-Marie Roland 1781 und Geburt der Tochter Eudora im selben Jahr. Sie schrieb politische Artikel für den *Courrier de Lyon* in den 1780er Jahren und spielte eine noch aktivere Rolle nach ihrer Ankunft in Paris 1791; sie galt als Vordenkerin und Zentrum der girondistischen Partei. In ihrem Salon trafen sich die wichtigsten Denker der Revolution, u. a. Jacques Pierre Brissot (1754-93), Pétion, und Robespierre. Mit Buzot, der ebenfalls bei ihr ein- und ausging, verband sie eine platonische Liebe, die sie tatsächlich — wie in Ebners Drama dargestellt — ihrem Mann gestand. Zusammen mit ihrem Mann verlor sie an Popularität, als sie sich gegen die Exzesse der Revolution aussprach; in einer persönlichen Ansprache im Nationalkonvent, in der sie sich gegen eine Verleumdung wehrte, gewann sie die Zustimmung des Konvents und wurde freigesprochen. Aufgrund einer zweiten Anklage am 1. Juni 1793 wurde sie verhaftet; im Gefängnis schrieb sie ihre Menoiren, genannt „Appell an die unvoreingenommene Nachwelt" (*Appel à l'impartiale postérité*), heute bekannt als *Mémoires de Madame Roland*, zuerst veröffentlicht 1795 von ihrem Freund Louis Augustin Guillaume Bosc (1759-1828). Sie wurde wegen angeblicher royalistischer Sympathien verurteilt und am 8. November 1793 guillotiniert.

Marie Thérèse Eudora Roland, 1781-1858, Tochter von Jean Marie und Jeanne Marie Roland. Kurz vor der Hinrichtung ihrer Mutter wurde Eudora Roland vom Haus der Creuzé-Latouches, denen Marie Roland sie ursprünglich anvertraut hatte, aus Sicherheitsgründen in das Internat der Madame Godefroid überwiesen. Nach Ende des Terrorregimes wurde der Familienfreund Louis Augustin Guillaume Bosc (1759-1828) ihr Vormund. Sie heiratete den zweiten Sohn des Luc-Antoine Champagneux und bekam mit ihm zwei Töchter. Sie war weder schriftstellerisch noch politisch tätig. 1847, kurz vor der nächsten französischen Revolution und anläßlich des Erscheinens von Lamartines Geschichte der Girondisten, protestierte sie nachdrücklich, ihre Mutter werde auf Kosten ihres Vaters verherrlicht. Sie gab alle Dokumente in ihrem Besitz an Paul Faugère mit dem Auftrag, eine Studie über ihren Vater zu schreiben und dessen Ruf zu rehabilitieren. Faugère starb, bevor er den Auftrag ausführen konnte. Viele Männer ihrer Familie und Bekanntschaft (ihr Vormund Bosc, ihr Schwiegervater Champagneux, und Paul Faugère selbst) waren Herausgeber verschiedener Ausgaben der Memoiren der Marie Roland. Eudora Roland starb 1858 im Alter von fast 77 Jahren.

Lodoïska Louvet, in erster Ehe verheiratet mit dem Pariser Juwelier Cholet, ab 1793 Frau von Jean Baptiste Louvet. Sie soll nach dem Tod ihres Mannes Gift genommen, jedoch überlebt haben. Weitere Angaben nicht ermittelt.

Nicaud: nicht ermittelt.

Stanislas Maillard: Mitglied der Nationalgarde, der bei dem Angriff auf die Bastille und anderen Ereignissen der Revolution eine zentrale Rolle spielte. In Thomas Carlyles *The French Revolution: A History* (1837) findet sich eine ausführliche Beschreibung seiner Tollkühnheit.

Sofie, Lecoq, Diener bei Roland: Louis Lecocq (1764-94) war seit August 1792 der Butler der Rolands und weigerte sich bei ihrer Verhandlung, gegen sie auszusagen. Er wurde daraufhin der Komplizität mit den Girondisten angeklagt und mehrere Monate lang inhaftiert. Im Juni 1794 wurde er als Komplize seiner Herrin verurteilt und guillotiniert.

Eine „Sofie" ist im Haushalt der Rolands nicht belegt. Ebners Figur ist eine Mischung aus zwei Figuren: Marie Rolands Freundin *Sophie Grandchamp*, die Marie Roland bat, ihre Hinrichtung mit anzusehen, um wahrheitsgetreu darüber berichten zu können, und Rolands Köchin und Hausmädchen *Marie Marguerite* (in einigen Quellen: Marie Cathérine) *Fleury*. Wie Lecocq weigerte auch Fleury sich, ihre Herrin bei der Gerichtsverhandlung zu belasten und wurde daraufhin monatelang inhaftiert. Im Juni 1794 stand sie mit dem Butler Lecocq vor dem Revolutionstribunal, wurde jedoch im Gegensatz zu ihm freigesprochen.

S. 134 *Barbaroux: „Der niedrigste Verläumder sei Hébert"*: Jacques René Hébert, 1757-94, Herausgeber der radikalen Zeitschrift *Le Père Duchesne,* die ihm den Spitznamen „Père Duchesne" verlieh. Seine einflußreichen Artikel in dieser Zeitschrift erschienen zwischen 1790 und 1794; auf der Ebene von Schmähschriften geschrieben, bewegten sie sich bewußt auf simpelstem, z. T. vulgären Niveau, um den Pariser Mob zu mobilisieren. Seine Attacken gegen die Gironde zogen seine kurzfristige Verhaftung am 24. Mai 1793 nach sich; kurz darauf wurde er aufgrund der drohenden Haltung der Menge wieder entlassen. Seine Angriffe auf Robespierre führten schließlich zu seiner Verhaftung und Hinrichtung am 24. März 1794 und zur Hinrichtung seiner Frau zwanzig Tage später.

Barbaroux: „Meinst Du, sie zweifeln d'ran, die Triumviren?" *Triumviren*: ursprünglich eine Bezeichnung für drei gleich mächtige Herrscher, die sich in die Administration und Staatsleitung teilen, besonders im alten Rom. Hier gemeint: Danton, Robespierre, Marat.

Barbaroux: „...*Der Leu Danton*": Der Leu: antiquiert für: Löwe.

S. 135 *Roland:* „*Wie Scipio gethan vor seinen Klägern*": Anspielung auf Publius Cornelius Scipio Africanus den Jüngeren (236-184 v. Chr.), der Hannibal in mehreren Schlachten besiegte. 187 v. Chr. wurde sein Bruder Lucius Scipio von dem berühmten Redner Cato angeklagt, im Krieg gegen Antiochus III. Bestechungsgelder entgegengenommen zu haben; Scipio Africanus selbst stand im Verdacht, Antiochus daraufhin ungebührlich mild behandelt zu haben. Scipio Africanus weigerte sich, vor dem Tribunal zu erscheinen, und zerriß vor dem Senat die Unterlagen, die seine Unschuld erwiesen hätten. Sein Bruder Lucius wurde daraufhin für schuldig befunden, seines Status als *equites* entkleidet, und zu einer Geldbuße verurteilt.

Barbaroux: „...*statt dieses stummen Redners/ ... Der sich fürwahr! um seinen Ruhm noch — schweigt*": Vergniaud war einer der hinreißendsten Redner des Nationalkonvents, aber bekannt dafür, daß er wichtige Debatten schweigend verfolgte und sein ungeheures oratorisches Talent erst dann einsetzte, wenn es zu spät war.

Barbaroux: „...*Am Aufruhr der Vendée...*": Der Bauernaufstand im Landstrich Vendée im Jahre 1793 begleitete die gewaltsame Phase der Französischen Revolution. Den Bauern in der Vendée, die zumeist Pächter waren und deren Situation sich durch die neuen Besitzverhältnisse kaum änderte, brachte die Revolution keine wirtschaftlichen Vorteile; den Anlaß zum Aufstand bot schließlich die Aushebung von Wehrpflichtigen für den Krieg. Der Aufstand wurde im September 1793 von Truppen des Nationalkonvents niedergeschlagen.

Roland: „*Der Zwölferausschuß aber schwankt...*": Der Zwölferausschuß wurde am 18. Mai 1793 unter Druck der Girondisten von dem Nationalkonvent ernannt, um extreme Parteien zu mäßigen.

S. 137 *Louvet:* „*Die Würger des Septembers*": Anspielung auf die von den Jakobinern durchgeführten „Septembermorde" an Königstreuen und allen, die sie dafür hielten, sowie sämtlichen politischen Gefangenen, im September 1792. Den Septembermorden fielen mehr als 1000 Menschen zum Opfer.

Roland: „...Wie Cato und wie Brutus will ich sterben": Anspielung auf Marcus Porcius Cato Uticencis (bekannt als Cato der Jüngere, im Unterschied zu seinem Urgroßvater Cato dem Älteren), 95-46 v. Chr., und Marcus Junius Brutus, 85-42 v. Chr., die beide Selbstmord begingen.

S. 138 *Vergniaud: „Man wirft mir vor, daß ich seit langer Zeit/ Die Macht des Worts.../ Nicht übe":* Vergniaud verkündete am 17. Januar 1793 als Vorsitzender des Nationalkonvents das Todesurteil Ludwigs XVI. und weigerte sich danach viele Wochen lang, das Wort wieder zu ergreifen.

S. 142 *Lodoïska: „Und jedes seiner Worte rief zum Mord/ Der Zweiundzwanzig":* Anspielung auf die „Säuberung" des Nationalkonvents von Girondisten am 2. Juni; der Nationalkonvent bestätigte den von den Jakobinern erstellten Haftbefehl für 22 Abgeordnete.

Lodoïska: „...Im Senat ward Cäsar hin-/ Gemordet": der Staatsmann und Feldherr Gaius Julius Cäsar, 100-44 v. Chr., wurde im römischen Senat ermordet, nachdem er das Ende der römischen Republik herbeigeführt und sich selbst zum Alleinherrscher erklärt hatte.

S. 143 *Marie: „... Ihr findet bei/ Du Bosc ein sicheres Versteck":* Louis Augustin Guillaume Bosc, 1759-1828, Freund der Rolands seit 1780; unterstützte Jean-Marie Roland bei der Flucht und wurde nach dem Tod ihrer Eltern Eudoras Vormund.

Marie: „Die Bürgergarde zu den Waffen rufen": die Bürgergarde (*garde nationale*) wurde im Juli 1789 kurz nach dem Sturm auf die Bastille gebildet.

S. 144 *Marie: „Zu ihrem Führer wählet Lanthenas":* François Lanthenas, 1754-99, Arzt und Freund der Rolands, Mitglied des Nationalkonvents, von Jean Marie Roland mit einer wichtigen Position im Innenministerium betraut, zerstritt sich später mit den Rolands und lief zu Robespierre über. Später zog er sich völlig aus der Politik zurück und widmete sich den Naturwissenschaften.

S. 149 *Bühnenanweisung: „eine Schaar bewaffneter Sansculottes":* als „Sansculottes" (von frz. *sans culottes* = ohne Kniehosen, die übliche Beinbekleidung Adliger) wurden zur Zeit der Revolution die radikalen Revolutionäre bezeichnet, die im Gegensatz zu den Adligen lange Hosen (*pantalons*) trugen. Die Bezeichnung soll entstanden sein, als Robespierre nach dem Sturm auf die Bastille Matrosen und Hafenarbeiter aus der Gegend von Marseille zur Verteidigung der Revolution nach Paris rief. Z. T. auch als Spottname gebraucht, entwickelte sich der Begriff zur Bezeichnung für revoltierende Proletarier. Als besondere Kennzeichen der Sansculottes galten die Jakobinermütze und die gegenseitige Anrede mit „Bürger" anstelle, wie bisher, mit „Herr".

Maillard: „Beim Blut Capets!" Gem. hier: Ludwig XVI. Die Capet-Dynastie schloß mehrere Könige von Frankreich ein. Der Name bedeutet „ein Cape tragend", nach Hugues Capets Gewohnheit (938-996, König von Frankreich von 987-996). König Ludwig XVI. wurde im Zuge der Französischen Revolution sein Familienname „Capet" wieder beigelegt, um ihn seiner Königswürde zu entkleiden.

S. 151 *Lodoïska: „Er läßt dem Berge Zeit":* hier gem.: die Bergpartei.

S. 156 *Beugnot: „Im Namen der Gefangenen im Tempel":* gem. Marie Antoinette, die bis zu ihrer Enthauptung im Oktober 1793 im „Tempel" (= der Conciergerie im Zentrum der Île de la Cité) gefangensaß. In ihrer Zelle wurde später eine ihr geweihte Kapelle eingerichtet.

S. 157 *Beugnot: „...jene Mutter, welcher man den Sohn,/ ... erbarmungslos entriß":* Nach ihrer Verhaftung wurde Marie Antoinette ihr Sohn weggenommen, der nach der Hinrichtung Ludwigs XVI. von geflohenen Royalisten zum König Ludwig XVII. ausgerufen worden war. Der damals Achtjährige wurde daraufhin zur Einzelhaft verurteilt, wo er im Juni 1795 an Tuberkulose starb.

S. 158 *Eudora: „Das ist Capet... man macht ihn eben todt":* Eudora bietet Beugnot als Dankgeschenk eines der vielen zeitgenössischen Bilder der Hinrichtung Ludwigs XVI.

S. 159 *Roland: „der falsche Lanthenas,/ Der Renegat, thront auf des Berges Spitze":* gem.: ist Anführer der Bergpartei (Lanthenas lief von den Girondisten zu den Montagnards über).

S. 165 *Petitionnaire*: Bittsteller.

Huissier: Büttel, Gerichtsdiener.

S. 166 *Danton: „(Ihn parodirend.) Die Tugend muß durch den Schrecken herrschen":* bekannter Ausspruch Robespierres und Maxime der radikalen Phase der Revolution, ebenfalls wörtlich zitiert in Georg Büchners *Dantons Tod* (1835), I,6: „[Robespierre:] Das Laster muß bestraft werden, die Tugend muß durch den Schrecken herrschen."

Robespierre: „Die Revolution muß aufhören...": dieser Abschnitt und der folgende Text Robespierres sind den Reden des historischen Robespierre vor dem Nationalkonvent entnommen.

Danton: „Abdiciren."/ Marat: „Das Leben": abdicieren = von einem Amt zurücktreten. Danton befürwortet hier, in einer ironischen Anspielung auf die Königswürde, die Ludwig XVI. in gleicher Weise „abdicirte", die Entmachtung der Girondisten durch Mandatsentzug; Marat dagegen ihre Hinrichtung.

S. 167 *Danton: „...sie ist die Circe der Revolution":* Marie Rolands Spitzname in revolutionären Kreisen war „die Circe". In Homers *Odyssee* war Circe (auch Kirke), Tochter des Sonnengottes Helios und der Meergöttin Perseis, eine Zauberin, die Odysseus' Mannschaft bezauberte und dann in Schweine verwandelte. Seitdem wird Circe mit unwiderstehlicher, aber böser Verführungskraft assoziiert. Der etwas harmlosere Ausdruck „bezirzen" ist von ihrem Namen abgeleitet.

S. 168 *Danton: „Sie sagten, Robespierre sei... ihr Blutmessias":* „Messias" war ein gebräuchlicher Beiname für Robespierre; in Büchners *Dantons Tod* wird Robespierre von Camille Desmoulins als „Blutmessias" bezeichnet.

Marat: „Der Narr, der meint den Cromwell spielen zu können": Oliver Cromwell (1599-1658), englischer Parlamentarier und Feldherr, zentrale Figur in der englischen Revolution von 1648-49, die einige Parallelen mit der Französischen Revolution aufweist, darunter die Absetzung, Verurteilung und Hinrichtung des Königs Charles I. Cromwell war von 1653 bis zu seinem Tod im Jahre 1658 Lord Protector von England, ein Amt, das ihm *de facto* viele Machtbefugnisse erteilte, die vorher dem König vorbehalten waren.

S. 169 *Danton: „...Der Andere zerfleischte, die er haßt, am liebsten mit seinen Zähnen":* Anspielung auf Friedrich Schillers Darstellung der Französischen Revolution in seinem Gedicht „Das Lied von der Glocke" (1800): „Da werden Weiber zu Hyänen/ Und treiben mit Entsetzen Scherz,/ Noch zuckend, mit des Panthers Zähnen/ Zerreißen sie des Feindes Herz."

S. 175 *Danton: „ ...Noch bin ich stärker..."*: Erstdruck S. 22: „noch bin stärker"; „ich" von Ebner handschriftlich hinzugefügt.

S. 176 *Danton: „ ...die wilde Posse/ Der Revolution, die wie Saturn/ die eig'nen Kinder... frißt"*: Vergniauds berühmter Ausspruch auf dem Schafott wird hier Danton beigelegt.

S. 182 *Barbaroux: „Dem Leichenzuge ihrer Ehre folgen"*: Erstdruck S. 25: „Ehren", „n" von Ebner gestrichen.

S. 184 *Marie: „Der Tarn, der Lot, Cantal und Puy-de-Dôme"*: Regionen in Frankreich.

S. 185 *Barbaroux: „ ...In seinem Flug der Furien Fackeln löschen"*: Die Furien (röm. Bez. für griech.: Erinnyen oder Eumeniden) waren der griechisch-römischen Mythologie zufolge Rachegöttinnen, die Übeltäter verfolgten und vor allem Blutschuld und Mord bestraften, indem sie die Frevler in Wahnsinn versetzten. Sie wurden als geflügelte weibliche Wesen mit in die Haare eingeflochtenen Schlangen, Fackeln oder Geißeln dargestellt, z. T. auch mit aus den Augen tretenden Blutstropfen.

S. 191 *Fünfter Auftritt:* Im Originaldruck irrtümlich als „Vierter Auftritt" fehlnumeriert. Ich habe in dieser Ausgabe den Numerierungsfehler für diese und die zwei Folgeszenen korrigiert.

S. 195 *Zur Guillotine!:* Die Verhaftungsszene, inklusive der letzte Ausruf, ist Marie Rolands *Mémoires* wortwörtlich nachgebildet.

Conciergerie: die Conciergerie auf der Ile de la Cité, ehemals königliche Residenz, später berüchtigtes Staatsgefängnis, in der viele prominente Gefangene, darunter Marie Antoinette, Charlotte Corday und Georges Danton einsaßen.

Schließer: „Stellt Eure Blumen her; daher!" Die Anekdote mit den Blumen im Gefängnis wird in Lamartines *Geschichte der Girondisten* erwähnt.

S. 200 *Stimme Lodoïska's: „ ...Gezeichnet von Garat":* Garat = nicht ermittelt. Es ist unwahrscheinlich, daß die Erlaubnis, die Lodoïska hier vorweist, von Marat stammt bzw. daß es sich bei „Garat" um einen Druckfehler handelt (der historische Jean-Paul

Marat war zum Zeitpunkt von Marie Rolands Hinrichtung im November 1793 bereits mehrere Monate tot).

DRAMATISCHE ARBEITEN UND SÄMTLICHE WERKE

Dramen von Marie von Ebner-Eschenbach

In der folgenden Dramenliste sind alle mir bekannten Dramen und Dramenentwürfe aufgenommen. Bei Manuskripten ist der Standort angegeben, andernfalls der Druck und/oder die Aufführung des betreffenden Dramas zu Lebzeiten der Autorin.

Cinq-Mars (Richelieus Ende). Zwei undatierte Dramenfragmente (MS). Wiener Stadt- und Landesbibliothek, I.N. 60651 und 60652

Strafford. Ca. 1860. Text verschollen

Maria Stuart in Schottland. Historische Tragödie. Wien: Ludwig Mayer, 1860. Gespielt: Karlsruhe, 1861; Danzig, Februar 1867

Das Geständnis. Schauspiel in 5 Akten. 1861. Gespielt: Prag, 1867

Die Schauspielerin. Künstlerdrama in 3 Aufzügen. 1861. Text verschollen

Die Veilchen. Lustspiel in 1 Akt. Wien: Wallishauser, 1862. Gespielt: Burgtheater Wien, 1863; weitere Aufführungen: Breslau, Prag, Coburg, Brünn 1863, München 1873, Friedrichshafen 1911

Die Heimkehr. Anderer Titel von: *Mutter und Braut* (s. a. *Mutter und Sohn*). Gespielt: Berlin, Juli 1863

Mutter und Braut. Schauspiel. Fragment. 1863. Wiener Stadt- und Landesbibliothek, I.N. 54498. Gespielt: Hamburg 1863

Mutter und Sohn. Anderer Titel von: *Mutter und Braut*

Jacobäa von Bayern. Trauerspiel. 1863. Wiener Stadt- und Landesbibliothek, I.N. 54500

Marie Roland. Trauerspiel in 5 Aufzügen. Wien: Wallishauser, 1867. Gespielt: Hoftheater Weimar, 1868

Die Egoisten. Anderer Titel von: *Die Selbstsüchtigen*

Die Selbstsüchtigen. Lustspiel in 3 Aufzügen. 1867. Wiener Stadt- und Landesbibliothek, I.N. 54497. Gespielt: Wiener Stadttheater, 1867

Doctor Ritter. Dramatisches Gedicht in einem Aufzuge. Wien: Jasper, 1869. Neudruck Wien: T. Rosner, 1872. Gespielt:

Kärntnertortheater Wien, 1869; Sigmaringen, 1885; Burgtheater Wien, 1869 und 1900; Verein für heitere Kunst, Wien 1906; eine weitere Aufführung belegt 1912

Das Waldfräulein. Lustspiel in 3 Aufzügen. 1873. Hg. Karl Gladt. Wien: Belvedere, 1969. Neudruck in *Aphorismen. Erzählungen. Theater.* Hg. Roman Roček. Graz & Wien: Böhlau, 1988. 485-574. Gespielt: Stadttheater Wien, 1873

Die Witwe. 1873. Text verschollen

Idée fixe. 1873. Text verschollen

Männertreue. Lustspiel in 3 Aufzügen. Wien: Wallishauser, 1874. Neudruck *Der Merker* 3 (1912): 25-29, 72-74, 103-10, 143-48. Gespielt: Böhmisches Landestheater Prag 1874; Gotha 1875

Untröstlich. Lustspiel in 1 Akt. Um 1874. Text verschollen. Gespielt: Stadttheater Wien, 1874.

Die Pessimisten. 1874. Text verschollen

Mein Opfer. 1874. Text verschollen

Am Ende. Scene in einem Aufzug. 1895. Berlin: Bloch, 1897. Gespielt: Berlin, München, Karlsruhe, Burgtheater Wien, 1900

Genesen. Dialogisierte Novelle. 1896. *Der Nachlaß der Marie von Ebner-Eschenbach.* Hg. Heinz Rieder. Wien: Agathonverlag, 1947.

Ohne Liebe. Dialogisierte Novelle. 1898.

Ohne Liebe. Lustspiel in 1 Akt. Berlin: Bloch, 1891. Gespielt: verschiedene Bühnen in Berlin; Burgtheater Wien, 1898, 1900

Es wandelt niemand ungestraft unter Palmen. Dramatisches Sprichwort. 1900. *Der Nachlaß der Marie von Ebner-Eschenbach.* Hg. Heinz Rieder. Wien: Agathonverlag, 1947.

Ein Sportsmann. Dialogisierte Novelle in 1 Akt. 1902. *Der Nachlaß der Marie von Ebner-Eschenbach.* Hg. Heinz Rieder. Wien: Agathonverlag, 1947.

Zwei Frauen. Dialogisierte Novelle. Nach 1902. *Der Nachlaß der Marie von Ebner-Eschenbach.* Hg. Heinz Rieder. Wien: Agathonverlag, 1947.

Zwei Schwestern. Drama in 1 Akt. Nach 1902

Ihre Schwester. Dialogisierte Novelle. Deutsche Rundschau 117 (1903): 321-29

Werkausgaben von Marie von Ebner-Eschenbach

In Werkausgaben aufgenommene Dramen sind spezifisch vermerkt.

Gesammelte Schriften. 10 Bde. Berlin: Paetel, 1893-1910.

Letzte Chancen: Vier Einakter von Marie von Ebner-Eschenbach. Hg. Susanne Kord. London: MHRA, 2005. [Enthält *Ohne Liebe, Es wandelt niemand ungestraft unter Palmen, Genesen, Am Ende.*]

Sämtliche Werke. 6 Bde. Berlin: Paetel, 1920. [Enthält *Am Ende*, Bd. 1, S. 671-688; *Ohne Liebe: Dialogisierte Novelle*, Bd. 2, 703-34]

Sämtliche Werke (Hafis Ausgabe). 12 Bde. Leipzig: Fikentscher & Schmidt & Günther, 1928.

Der Nachlaß der Marie von Ebner-Eschenbach. Hg. Heinz Rieder. Wien: Agathonverlag, 1947.

Gesammelte Werke in drei Einzelbänden. Hg. Johannes Klein. München: Winkler, 1956-58.

Gesammelte Werke. Hg. Edgar Gross. 9 Bde. München: Nymphenburger Verlagshandlung, 1961.

Marie von Ebner-Eschenbach: Kritische Texte und Deutungen. Hg. Karl Konrad Polheim. 4 Bde. Tübingen: Niemeyer, 1989.

Tagebücher. 6 Bde. Hg. Karl Konrad Polheim unter Mitwirkung von Rainer Baasner. Tübingen: Niemeyer, 1989-.

LITERATURVERZEICHNIS

Alkemade, Mechthild. *Die Lebens- und Weltanschauung der Freifrau Marie von Ebner-Eschenbach.* Graz und Würzburg: Wächter-Verlag, 1935.

Artaud, Antonin. *Les Cenci. Œuvres Complètes d'Antonin Artaud.* Bd. 4. Paris: Éditions Gallimard, 1964. 183-271.

Baker, Keith, Hg. *The French Revolution and the Creation of Modern Political Culture.* 4 Bde. Oxford: Pergamon Press, 1987-94.

---. *Inventing the French Revolution: Essays on French Political Culture in the Eighteenth Century.* Cambridge: Cambridge University Press, 1990.

Benesch, Kurt. *Die Frau mit den hundert Schicksalen: Das Leben der Marie von Ebner-Eschenbach.* Wien, München: Österreichischer Bundesverlag, 1966.

Bettelheim, Anton. *Marie von Ebner-Eschenbach: Biographische Blätter.* Berlin: Gebrüder Paetel, 1900.

---. *Marie von Ebner-Eschenbach: Wirken und Vermächtnis.* Leipzig: Quelle und Meyer, 1920.

Birch-Pfeiffer, Charlotte. *Elisabeth. Gesammelte dramatische Schriften.* 2 Bde. Berlin: o. V., 1847. Bd. I, S. 169-374.

Bovenschen, Silvia. *Die imaginierte Weiblichkeit: Exemplarische Untersuchungen zu kulturgeschichtlichen und literarischen Repräsentationsformen des Weiblichen.* Frankfurt/M.: Suhrkamp, 1979.

Bramkamp, Agatha. *Marie von Ebner-Eschenbach: The Author, Her Time, and Her Critics.* Bonn: Bouvier, 1990.

Brandwein, Pearl J. *Mary Queen of Scots in Nineteenth and Twentieth-Century Drama: Poetic License with History.* Frankfurt/M.: Peter Lang, 1989.

Brecht, Bertolt. „Der Streit der Fischweiber (Zu Schillers „Maria Stuart", III. Akt)." *Gesammelte Werke in 20 Bänden.* Hg. Elisabeth Hauptmann. Frankfurt/M.: Suhrkamp, 1967. Bd. 7, S. 3007-13.

Brokoph-Mauch, Gudrun. „'Die Frauen haben nichts als die Liebe': Variationen zum Thema Liebe in den Erzählungen der Marie von Ebner-Eschenbach." *Des Mitleids tiefe Liebesfähigkeit: Zum Werk der Marie von Ebner-Eschenbach.* Hg. Joseph P. Strelka. Bern etc.: Peter Lang, 1997. 57-76.

Buchanan, George. *The Tyrannous Reign of Mary Stewart. George Buchanan's Account.* Hg. und übers. W. A. Gatherer. Edinburgh: Edinburgh University Press, 1958.

Carlyle, Thomas. *The French Revolution: A History.* 3 Bde. New York: Charles Scribner's Sons, 1903.

Cella, Ingrid. „Nachwort: Leben und Werk Marie von Ebner-Eschenbachs." Marie von Ebner-Eschenbach, *Aphorismen.* Stuttgart: Reclam, 1988. 63-69.

Cocalis, Susan. „Der Vormund will Vormund sein: Zur Problematik der weiblichen Unmündigkeit im 18. Jahrhundert." *Gestaltet und gestaltend: Frauen in der deutschen Literatur.* Hg. Marianne Burkhard. Amsterdam: Rodopi, 1980. S. 33-55.

Colvin, Sarah. „Ein Bildungsmittel ohnegleichen: Marie von Ebner-Eschenbach and the Theatre." *Harmony in Discord: Women Writers in the 18th and 19th Centuries.* Hg. Laura Martin. Oxford: Peter Lang 2002. 161-82.

---. „Disturbing Bodies: Mary Stuart and Marilyn Monroe in Plays by Liz Lochhead, Marie von Ebner-Eschenbach and Gerlind Reinshagen." *Forum for Modern Language Studies* 35 (1999): 251-60.

---. *Women and German Drama: Playwrights and Their Texts, 1860-1945.* Rochester, NY: Camden House, 2003.

Consbruch, Helene. „Das Kind bei Marie Ebner-Eschenbach." *Die Lese* 9/1 (1917): 224-25.

Cornut-Gentille, Pierre. *Madame Roland: Une femme en politique sous la Révolution.* Paris: Perrin, 2004.

Čoupková-Hamerníková, Anna. „Der schriftliche Nachlaß der Marie von Ebner-Eschenbach im Familienarchiv Dubsky." *Marie von Ebner-Eschenbach: Ein Bonner Symposion zu ihrem 75. Todesjahr.* Hg. Karl Konrad Polheim. Bern etc.: Peter Lang, 1994. 27-65.

Crosby, Allen J., und John Bruce, Hg. *Accounts and Papers Relating to Mary Queen of Scots.* Westminster: Printed for the Camden Society, 1867.

Danzer, Gerhard. „'Es schreibt keiner wie ein Gott, der nicht gelitten hat wie ein Hund' — das Leben der Marie von Ebner-Eschenbach." Josef Rattner und Gerhard Danzer, *Österreichische Literatur und Psychoanalyse.* Würzburg: Verlag Königshausen & Neumann, 1997. 37-69.

Demant, Karoline. „Marie von Ebner-Eschenbachs Kindergestalten." Diss. Wien 1922.

Diecks, Thomas. „'Schuldige Unschuld': Schillers *Maria Stuart* vor dem Hintergrund barocker Dramatisierungen des Stoffes." *Schiller und die höfische Welt.* Hg. Achim Aurnhammer et. al. Tübingen: Niemeyer, 1990. 233-46.

Dietrick, Linda. „Gender and Technology in Marie von Ebner-Eschenbach's 'Ein Original'." *Women in German Yearbook* 17 (2001): 141-56.

Duden, Barbara. „Das schöne Eigentum: Zur Herausbildung des bürgerlichen Frauenbildes an der Wende vom 18. zum 19. Jahrhundert." *Kursbuch* (47) 1977: 125-40.

Ebner-Eschenbach, Marie von. *Aphorismen.* Hg. Ingrid Cella. Stuttgart: Philipp Reclam, 1988.

---. *Autobiographische Schriften.* Bd. 1: *Meine Kinderjahre. Aus meinen Kinder- und Lehrjahren.* Hg. Christa-Maria Schmidt. Tübingen: Niemeyer, 1989.

---. *Bei meinen Landsleuten: Erzählungen, Novellen und Skizzen. Der Nachlaß der Marie von Ebner-Eschenbach in vier Bänden.* Bd. 1. Hg. Heinz Rieder. Wien: Agathonverlag, 1947.

---. *Bettelbriefe, Erzählungen. Autobiographische Schriften.* Hg. Johannes Klein. München: Winkler, 1958.

---. *Letzte Chancen: Vier Einakter von Marie von Ebner-Eschenbach.* Hg. Susanne Kord. London: MHRA, 2005.

---. *Maria Stuart in Schottland: Schauspiel in fünf Aufzügen.* Wien: Ludwig Mayer, 1860.

---. *Marie Roland: Trauerspiel in fünf Aufzügen.* Wien: J. B. Wallishausser, 1867.

---. *Meine Kinderjahre. Erzählungen, Autobiographische Schriften.* München: Winkler Verlag, 1978.

---. *Sämtliche Werke.* 6 Bde. Berlin: Paetel, 1920.

---. *Tagebücher.* 6 Bde. Hg. Karl Konrad Polheim unter Mitwirkung von Rainer Baasner. Tübingen: Niemeyer, 1989-97.

---. *Werke in einem Band.* Hg. Alice Koch. Berlin, Weimar: Aufbau-Verlag, 1985.

Ehrlich, Lothar. „Zur Interpretation von Schillers ,Maria Stuart'." *Weimarer Beiträge* 27/8 (1981): 31-43.

Felbinger, Elisabeth. „Marie von Ebner-Eschenbachs dramatische Arbeiten." Diss. Wien 1947.

Fichte, Johann Gottlieb. „Erster Anhang des Naturrechts: Grundriß des Familienrechts." *Fichtes Werke.* Leipzig: Felix Meiner, 1922. Bd. 2, S. 306-70.

Fuhrmann, Helmut. „Revision des Parisurteils: ‚Bild' und ‚Gestalt' der Frau im Werk Friedrich Schillers." *Jahrbuch der deutschen Schillergesellschaft* 25 (1981): 316-66.

Fussenegger, Gertrud. *Marie von Ebner-Eschenbach, oder Der gute Mensch von Zdisslawitz*. München: Delp'sche Verlagsbuchhandlung, 1967.

Gerber, Gertrud. „Wesen und Wandlung der Frau in den Erzählungen Marie von Ebner-Eschenbachs." Diss. Göttingen 1945.

Giesing, Michaela. „Verhältnisse und Verhinderungen — deutschsprachige Dramatikerinnen um die Jahrhundertwende." *Frauen Literatur Geschichte: Schreibende Frauen vom Mittelalter bis zur Gegenwart*. Hg. Hiltrud Gnüg und Renate Möhrmann. Stuttgart, Weimar: Metzler, 1999. 261-78.

Gögler, Maria. *Die pädagogischen Anschauungen der Marie von Ebner-Eschenbach*. Leipzig: Kurt Vieweg, 1931.

Gorla, Gudrun. *Marie von Ebner-Eschenbach: 100 Jahre später. Eine Analyse aus der Sicht des ausgehenden 20. Jahrhunderts mit Berücksichtigung der Mutterfigur, der Ideologie des Matriarchats und formaler Aspekte*. Bern etc.: Peter Lang, 1999.

Grengg, M., und Dora Siegel. *Österreichische Dichterfürstin: Marie von Ebner-Eschenbach*. Prag, Wien, Leipzig: A. Haase, o.J.

Gutmann, Anni. „Ein bisher unbeachtetes Vorbild zu Schillers *Maria Stuart*." *The German Quarterly* 53 (1980): 452-57.

---. „Tronchins *Marie Stuart* und Schillers *Maria Stuart*: Parallelen und Kontraste." *Neophilologus* 67 (1983): 242-51.

Hans, Maria. „Die religiöse Weltanschauung der Marie von Ebner-Eschenbach." Diss. Frankfurt/M. 1934.

Harriman, Helga. „Marie von Ebner-Eschenbach in Feminist Perspective." *Modern Austrian Literature* 18/1 (1985): 27-38.

Hartmann, Horst. „Schillers ‚Maria Stuart': Der Streit der Königinnen aus heutiger Sicht." *Impulse* 8 (1985): 155-70.

Hausen, Karin. „Die Polarisierung der ‚Geschlechtscharaktere' — Eine Spiegelung der Dissoziation von Erwerbs- und Familienleben." *Sozialgeschichte der Familie in der Neuzeit Europas*. Hg. Werner Conze. Stuttgart: Klett, 1976. 363-93.

Hegel, Georg Friedrich Wilhelm. *Philosophie des Rechts: Die Vorlesung von 1819/20 in einer Nachschrift*. Hg. Dieter Henrich. Frankfurt/M.: Suhrkamp, 1983.

Henkel, Arthur. „Wie Schiller Königinnen reden läßt: Zur Szene III,4 in der *Maria Stuart*." *Schiller und die höfische Welt*. Hg. Achim Aurnhammer et. al. Tübingen: Niemeyer, 1990. 398-406.

The Historie of the Life and Death of Mary Stuart Queene of Scotland. London: Printed by Iohn Haviland, 1636.

Hoffmann, Volker. „Elisa und Robert oder das Weib und der Mann, wie sie sein sollten: Anmerkungen zur Geschlechtercharakteristik der Goethezeit." *Klassik und Moderne: Die Weimarer Klassik als historisches Ereignis und Herausforderung im kulturgeschichtlichen Prozeß*. Hg. Karl Richter und Jörg Schönert. Stuttgart: Metzler, 1983. 80-97.

Humboldt, Wilhelm von. „Plan einer vergleichenden Anthropologie." *Werke*. Stuttgart: J. G. Cotta, 1960. Bd. I, 337-75.

---. „Über den Geschlechtsunterschied und dessen Einfluß auf die organische Natur." *Werke*. Stuttgart: J. G. Cotta, 1960. Bd. I, 268-95.

---. „Über männliche und weibliche Form." *Werke*. Stuttgart: J. G. Cotta, 1960. Bd. I, 296-336.

Kant, Immanuel. „Anthropologie in pragmatischer Hinsicht." *Sämtliche Werke*. 4. Aufl. Leipzig: Felix Meiner, 1920. Bd. 4, S. 1-328.

---. „Die Metaphysik der Sitten." *Sämtliche Werke*. 4. Aufl. Leipzig: Felix Meiner, 1920. Bd. 3, S. 1-358.

Klokow, Ida. *Die Frau in der Geschichte*. 2. Aufl. Leipzig: Otto Spamer, 1894.

Klostermaier, Doris M. *Marie von Ebner-Eschenbach: The Victory of a Tenacious Will*. Riverside, CA: Ariadne Press, 1997.

Koch, Alice. „Einleitung." Marie von Ebner-Eschenbach, *Werke in einem Band*. Berlin, Weimar: Aufbau-Verlag, 1985. v-xxv.

Kord, Susanne. *Ein Blick hinter die Kulissen: Deutschsprachige Dramatikerinnen im 18. und 19. Jahrhundert*. Stuttgart: Metzler, 1992.

---. „Einleitung." *Letzte Chancen: Vier Einakter von Marie von Ebner-Eschenbach*. Hg. Susanne Kord. London: MHRA, 2005. 1-20.

---. „Performing Genders: Three Plays on the Power of Women." *Monatshefte* 86 (1994): 95-115.

---. „The Right to Mount the Scaffold: The French Revolution and La Petite Différence Between Human Rights and Women's Rights." *Stet* (May 1989): 4, 9.

---. *Sich einen Namen machen: Anonymität und weibliche Autorschaft, 1700-1900.* Stuttgart: Metzler, 1996.

Kubelka, Margarete. *Marie von Ebner-Eschenbach: Porträt einer Dichterin.* Bonn: Bund der Vertriebenen, 1982.

Lamport, Frank J. „Krise und Legitimitätsanspruch: *Maria Stuart* als Geschichtstragödie." *Schiller: Aspekte neuerer Forschung. Sonderheft zur Zeitschrift für deutsche Philologie* 109 (1990): 134-45.

---. „Schiller and Euripides: The Translations of 1788 and Schiller's Later Plays." *German Life and Letters* 58/3 (2005): 247-70.

Lange, Sigrid, Hg. *Ob die Weiber Menschen sind: Geschlechterdebatten um 1800.* Leipzig: Reclam, 1992.

Leistner, Bernd. „'Ich habe deinen edlern Teil nicht retten können.' Zu Schillers Trauerspiel ,Maria Stuart'." *Zeitschrift für Germanistik* 2 (1981): 166-81.

Lewis, Jayne Elizabeth. *Mary Queen of Scots: Romance and Nation.* London, New York: Routledge, 1998.

Loomis, Stanley. *Paris in the Terror, June 1793-July 1794.* Philadelphia & New York: J. B. Lippincott, 1964.

Lynch, Michael, Hg. *Mary Stewart: Queen in Three Kingdoms.* Oxford: Basil Blackwell, 1988.

Mahon, Reginald Henry. *The Tragedy of Kirk o' Field.* Cambridge: Cambridge University Press, 1930.

Mansouri, Rachid Jai. *Die Darstellung der Frau in Schillers Dramen.* Frankfurt/M.: Peter Lang, 1988.

Mühlberger, Josef. *Marie von Ebner-Eschenbach: Eine Studie.* Leipzig: Frankenstein und Wagner, 1930.

Nabl, Franz. *Marie von Ebner-Eschenbach.* Königstein/Ts.: Karl Robert Langewiesche Verlag, 1953.

Necker, Moritz. *Marie von Ebner-Eschenbach: Nach ihren Werken geschildert.* Leipzig, Berlin: Georg Heinrich Mayer, 1900.

Otto-Peters, Louise. *Einflußreiche Frauen aus dem Volke, geschildert von Louise Otto.* Leipzig, 1869.

Paulson, Michael G. *The Queens' Encounter: The Mary Stuart Anachronism in Dramas by Diamante, Boursault, Schiller and Donizetti.* New York: Peter Lang, 1987.

Pfeiffer, Peter C. „Geschichte, Leidenspathos, feminine Subjektivität: Marie von Ebner-Eschenbachs Autobiographie *Meine Kinderjahre.*" *Monatshefte* 87 (1995): 68-81.

---. „Geschlecht, Geschichte, Kreativität: Zu einer neuen Beurteilung der Schriften Marie von Ebner-Eschenbachs."

Zeitschrift für deutsche Philologie. Sonderheft zum Band 120: „Realismus"? Zur deutschen Prosa-Literatur des 19. Jahrhunderts (2001): 73-89.

---. „Im Kanon und um den Kanon herum: Das Beispiel Marie von Ebner Eschenbachs." *Akten des X. Internationalen Germanistentages Wien 2000: „Zeitenwende? Die Germanistik auf dem Weg vom 20. ins 21. Jahrhundert."* Hg. Peter Wiesinger. Bd.8. Bern etc.: Peter Lang, 2003. 113-118.

Polheim, Karl Konrad. „Einführung." *Marie von Ebner-Eschenbach: Ein Bonner Symposion zu ihrem 75. Todesjahr.* Hg. Karl Konrad Polheim. Bern etc.: Peter Lang, 1994. 7-13.

---, Hg. *Marie von Ebner-Eschenbach: Ein Bonner Symposion zu ihrem 75. Todesjahr.* Bern etc.: Peter Lang, 1994.

Rattner, Josef, und Gerhard Danzer. *Österreichische Literatur und Psychoanalyse.* Würzburg: Königshausen & Neumann, 1997.

Reichard, Georg. „Die Dramen Marie von Ebner-Eschenbachs auf den Bühnen des Wiener Burg- und Stadttheaters." *Marie von Ebner-Eschenbach: Ein Bonner Symposion zu ihrem 75. Todesjahr.* Hg. Karl Konrad Polheim. Bern etc.: Peter Lang, 1994. 97-121.

Richel, Veronica C. *The German Stage, 1767-1890: A Directory of Playwrights and Plays.* Westport, CT: Greenwood Press, 1988.

Riemann, Else. *Zur Psychologie und Ethik der Marie von Ebner-Eschenbach.* Hamburg: H. O. Persiehl, 1913.

Robertson, William. *The history of Scotland during the reigns of Queen Mary and of King James VI, till his accession to the Crown of England. With a review of the Scottish history previous to that period; and an appendix containing original papers: in two volumes.* 4. Aufl. London: Printed for A. Millar, 1761.

Roland de la Platière, Jeanne Marie Phlipon. *Appel à l'impartiale Postérité.* Hg. Robert Chesnais. Paris: Éditions Dagorno, 1994.

---. *Collection des Mémoires relatifs à la Révolution Française: Mémoires de Mme. Roland.* 2 Bde. Hg. MM. Berville et Barrière. 3. Aufl. Paris: Baudouin Frères, 1827.

---. „Justificative Documents, or A Collection of Material Papers Relative to the Imprisonment and Condemnation of Jeanne-Marie Phlipon Roland." *The Works (Never Before Published) of Jeanne-Marie Phlipon Roland.* Hg. L. A. Champagneux. London: J. Johnson, 1800. 299-339.

---. *Madame Roland: Sa Détention à l'Abbaye et à Sainte-Pélagie 1793, Racontée par elle-même dans ses Mémoires.* Paris: Georges Hurtrel, 1886.

---. *Mémoires de Madame Roland, Écrits durant sa captivité. Nouvelle Édition.* Hg. M. P. Faugère. Paris: L. Hachette, 1864.

---. *Mémoires de Madame Roland. Nouvelle Édition.* 2 Bde. Paris: Rapilly, 1823.

Rose, Ferrel V. „The Disenchantment of Power: Marie von Ebner-Eschenbach's *Maria Stuart in Schottland.*" *Thalia's Daughters: German Women Dramatists from the Eighteenth Century to the Present.* Hg. Susan Cocalis und Ferrel Rose. Tübingen: Francke, 1996. 147-60.

---. *The Guises of Modesty: Marie von Ebner-Eschenbach's Female Artists.* Columbia, S.C.: Camden House, 1994.

Sagmo, Ivar. „'...Schillers M.S., deren Psychologie mir unwahr vorkam.' Zu Björnsterne Björnsons ‚Maria Stuart i Skotland.'" *Der Ginkgobaum* 3 (1984): 15-19.

Sautermeister, Gert. „*Maria Stuart.*" *Schillers Dramen: Neue Interpretationen.* Hg. Walter Hinderer. 2. Aufl. Stuttgart: Reclam, 1983. 174-216.

Scher, Helene. „British Queens in German Drama: Elizabeth and Mary in Plays by Schiller, Bruckner and Hildesheimer." *Theatrum Mundi: Essays on German Drama and German Literature.* Hg. Edward R. Haymes. München: Fink, 1980. 159-74.

Schiller, Friedrich. „Macht des Weibes." *Werke in drei Bänden.* Hg. Gerhard Fricke und Herbert Göpfert. München: Hanser, 1984. Bd. 2, S. 727.

---. *Maria Stuart. Werke in drei Bänden.* Hg. Gerhard Fricke und Herbert Göpfert. München: Hanser, 1984. Bd. 3, S. 245-360.

---. „Über Anmut und Würde." *Werke in drei Bänden.* Hg. Gerhard Fricke und Herbert Göpfert. München: Hanser, 1984. Bd. 2, S. 382-424.

---. „Über das Erhabene." *Werke in drei Bänden.* Hg. Gerhard Fricke und Herbert Göpfert. München: Hanser, 1984. Bd. 3, S. 607-18.

Schönfeldt, Sybil Gräfin. „Marie von Ebner-Eschenbach." *Marie von Ebner-Eschenbach: Dichterin mit dem Scharfblick des Herzens.* Hg. Sybil Gräfin Schönfeldt. Stuttgart: Quell, 1997. 9-68.

---, Hg. *Marie von Ebner-Eschenbach: Dichterin mit dem Scharfblick des Herzens.* Stuttgart: Quell, 1997.

Scholz, Ingeborg. *Friedrich Schiller: Maria Stuart. Die Schaubühne als eine moralische Anstalt betrachtet.* Hollfeld: Joachim Beyer, 1981.

Shelley, Percy Bysshe. *The Cenci: A Tragedy in Five Acts.* Hg. Alfred Forman und H. Buxton Forman. New York: Phaeton Press, 1970.

Sievern, Sabine. „Das historische Drama von Autorinnen im 19. Jahrhundert und die geschichtliche Darstellung." Diss. University of Alberta, Canada 2004.

Steiner, Carl. *Of Reason and Love: The Life and Works of Marie von Ebner-Eschenbach (1830-1916).* Riverside, CA: Ariadne Press, 1994.

Streitfeld, Erwin. „Ein bisher verschollenes Porträt der Marie von Ebner-Eschenbach. Zu seiner Wiederentdeckung nach 100 Jahren." *Marie von Ebner-Eschenbach: Ein Bonner Symposion zu ihrem 75. Todesjahr.* Hg. Karl Konrad Polheim. Bern etc.: Peter Lang, 1994. 275-99.

Strelka, Joseph P. „Vorwort." *Des Mitleids tiefe Liebesfähigkeit: Zum Werk der Marie von Ebner-Eschenbach.* Hg. Joseph P. Strelka. Bern etc.: Peter Lang, 1997. 7-9.

---, Hg. *Des Mitleids tiefe Liebesfähigkeit: Zum Werk der Marie von Ebner-Eschenbach.* Bern etc.: Peter Lang, 1997.

Tannenbaum, Samuel A. und Dorothy A. *Marie Stuart, Queen of Scots: A Concise Bibliography.* New York: S. A. Tannenbaum, 1944.

Tanzer, Ulrike. *Frauenbilder im Werk Marie von Ebner-Eschenbachs.* Stuttgart: Akademischer Verlag Hans-Dieter Heinz, 1997.

Tögel, Edith. „Daughters and Fathers in Marie von Ebner-Eschenbach's Works." *Oxford German Studies* 20-21 (1991-92): 125-36.

---. „'Entsagungsmut' in Marie von Ebner-Eschenbach's Works: A Female-Male Perspective." *Forum for Modern Language Studies* 28 (1992): 140-49.

---. „The ‚Leidensjahre' of Marie von Ebner-Eschenbach. Her Dramatic Works." *German Life and Letters* 46/2 (1993): 107-19.

---. *Marie von Ebner-Eschenbach: Leben und Werk.* New York etc.: Peter Lang, 1997.

Van Ingen, Ferdinand. „Macht und Gewissen: Schillers ‚Maria Stuart'." *Verantwortung und Utopie: Zur Literatur der Goethezeit.* Hg. Wolfgang Wittkowski. Tübingen: Niemeyer, 1988. 283-309.

Wartmann, Brigitte. „Die Grammatik des Patriarchats: Zur ‚Natur' des Weiblichen in der bürgerlichen Gesellschaft." *Ästhetik und Kommunikation* 13/14 (1982): 125-40.

Weilen, Alexander von. „Marie von Ebner-Eschenbach auf dem Theater." *Über Land und Meer* 64 (1890): 1003.

Witte, William. „Schiller's ‚Maria Stuart' and Mary, Queen of Scots." *Stoffe, Formen, Strukturen: Studien zur deutschen Literatur.* Hg. Albert Fuchs und Helmut Motekat. München: Hueber, 1962. 238-50.

Wormald, Jenny. *Mary, Queen of Scots: Politics, Passion and a Kingdom Lost.* London: Tauris Parke, 2001.

---. *Mary Queen of Scots: A Study in Failure.* London: Collins & Brown, 1991.

Zeman, Herbert. „Ethos und Wirklichkeitsdarstellung—Gedanken zur literaturgeschichtlichen Position Marie von Ebner-Eschenbachs." *Des Mitleids tiefe Liebesfähigkeit: Zum Werk der Marie von Ebner-Eschenbach.* Hg. Joseph P. Strelka. Bern etc.: Peter Lang, 1997. 111-18.

http://gutenberg.spiegel.de/autoren/ebnresch.htm